书山有路勤为径，优质资源伴你行
注册世纪波学院会员，享精品图书增值服务

U0449473

简致咨询组织发展系列丛书

# 极简组织课

邝耀均 王小红 孙茜 尹光镕 董晓琪 著
汤如枫 绘图

电子工业出版社
Publishing House of Electronics Industry
北京·BEIJING

未经许可，不得以任何方式复制或抄袭本书之部分或全部内容。
版权所有，侵权必究。

**图书在版编目（CIP）数据**

极简组织课 / 邝耀均等著；汤如枫绘图．—北京：电子工业出版社，2023.4
ISBN 978-7-121-45280-2

Ⅰ．①极… Ⅱ．①邝…②汤… Ⅲ．①企业组织—组织管理学—研究 Ⅳ．① F272.9

中国国家版本馆 CIP 数据核字（2023）第 049841 号

责任编辑：杨洪军　　特约编辑：王　璐
印　　刷：中煤（北京）印务有限公司
装　　订：中煤（北京）印务有限公司
出版发行：电子工业出版社
　　　　　北京市海淀区万寿路173信箱　邮编100036
开　　本：720×1000　1/16　　印张：18　字数：288千字
版　　次：2023年4月第1版
印　　次：2023年4月第1次印刷
定　　价：79.00元

凡所购买电子工业出版社图书有缺损问题，请向购买书店调换。若书店售缺，请与本社发行部联系，联系及邮购电话：（010）88254888，88258888。
质量投诉请发邮件至zlts@phei.com.cn，盗版侵权举报请发邮件至dbqq@phei.com.cn。
本书咨询联系方式：（010）88254199，sjb@phei.com.cn。

# 推荐语

作为一个创业者，我时常被这样的问题所困扰：如何创建一个高效的组织？如何打通部门墙？如何让组织既富有活力又井然有序？如何让人才既富有创造力又能高效协同？如何既达成组织目标又兼顾个人目标？这本书的作者用简洁明了的语言和生动活泼的形式解答了这些问题，让读者在极其简短的时间内对组织有了全面的认识，可谓开卷有益。

——金才兵，铭师坊创始人、畅销书《TTT5.0》作者

这本书立意甚佳，能够帮助业务领导者快速了解和体会组织发展的重要性。书中内容言简意赅又不失深刻，活泼有趣且切合实际。

——张炜，广州酒家集团食品营销中心负责人、广州酒家集团利口福营销有限公司总经理

作者将组织发展（Organizational Development，OD）的理论与概念融入具体的管理实践，通过讲故事的方式呈现应用场景，使看上去"高高在上"的OD在组织管理上实现"软着陆"，无论是对OD小白还是OD高手来说，本书都值得深读。

——赖凌云，广东省人力资源研究会学术委员会委员、格兰仕集团原全球人力资源总监

作者实战经验丰富，后转型咨询领域，扎根OD领域，翻译OD专著。在VUCA时代，如何推动组织变革以适应组织内外部环境的需要，适应数智时代对企业的需求，是当代管理者要关注的首要问题，我相信很多问题的答案都可以在本书中找到。

——李有刚，加速高商&厦门大学管理学院华南中心主任

这本书的几位作者是OD领域杰出的实践者。这本书从故事切入，以生动和简练的语言让我们轻松、全面地透视组织。强烈推荐！

——董如峰，小懂心理创始人，英国剑桥经理人协会认证培训师

这本书可以帮助我们理解组织、活在组织、影响组织并"找到组织"。

——何德文，七八点股权设计事务所创始人

这本书从引人入胜的故事入手，带领我们体验、理解组织，并用严谨的理论和方法让我们更加宏观、系统地观察组织、影响组织。这本书是一本不可多得的组织发展参考书，强烈推荐给企业家、企业高管、企业顾问等为组织效能提升而工作的各界同人。

——翟广辉，北京坐标系教育科技有限公司董事长、
塔维斯塔克认证系统咨询与组织变革顾问

这本书第一部分用小说的笔法，以一个"真实的企业组织"为背景，以一位首席人才官（Chief People Officer，CPO）的思考与行动为脉络，引出一系列概念、框架及要点，帮助读者生动地理解组织、活在组织和影响组织，让读者基于直观的事实和感受来学习，更好地把握现象背后的抽象理论和原

则。第二部分则以图文并茂的方式编写了组织系统的"知识充电站",让读者简明扼要地理解关键的理论和原则。相信读者一定能通过这本书更好地理解组织、活在组织、影响组织。

——梁海光,满天星公益创始人

组织只有通过人们的切身体验才能被感知、理解和赏析。这本书以"现象—原理—应用"逻辑展开叙述,与人们认识组织的过程高度一致。活在组织,感知组织,用自我在身体性实践中来"做"组织。期待这本书能带你踏上通往OD方法的旅程。

——汪立耕,Lego Serious Play 教练、中国LSP推广人

在这本书完稿之前,我就有幸读了一些章节,当即便觉得很欣喜:用这样的创作手法把OD的专业手法展现出来,这种鲜活和细腻的表达技巧本身就是OD实践的精髓,也是作者的用心之处。相信这本书会成为更多企业转身向内、关注和开启OD工作的入门好书。

——黄莺(徽娘),组织发展顾问

# 推荐序1
## 五味杂陈的组织生活

看完这本书，我受到了太多的触动，仿佛进入了一场记忆的旅程，回顾公司从小到大、从大到强、从强到衰的过程，内心五味杂陈……

作为公司的创始人，很多时候并不能把所有的事情都交给管理层，而是身兼CEO和CPO于一身，努力诠释公司的愿景、使命、价值观和企业文化。除了要推动组织变革、战略规划、流程管理、年度预算、人岗匹配/盘点/年度PBC绩效考核/薪酬回顾等，还要主持周例会、月度经营分析会、季度回顾、年度总结等。过程中有兴奋，有初见成果的喜悦，有遭遇挫折的失落，有坚持下去的决心，有中途放弃的冲动，有杨逸想改变的诉求，也有李敏在实施过程中遭遇的种种窘境。

这本书的第一部分讲述了在组织变革实施过程中所遭遇的种种困境及破局后的勇往直前，直至达到组织变革的目标；第二部分讲述了组织知识的赋能，帮助读者找到变革实施过程中所需的理论依据。

愿每位读者都能根据自身企业所处的发展阶段找到变革的方向和方法，因为改变是永无止境的！

Demi<br>
企业家<br>
经历并购、整合、重组<br>
亲手缔造了两家上市公司

# 推荐序2
## 《极简组织课》：本土业界人士撰写的OD读物

2022年夏初，本书主要作者邝耀均来找我面谈，说他们简致咨询准备撰写出版一本以通俗简明风格介绍OD及其在中国情景下如何运用的入门级读本，我赞赏他们的学习能力和勤奋多产，当场就欣然答应写推荐序。

回想起来，大概在五年前的夏天，简致咨询的邝耀均、王小红、孙茜来中山大学找我交谈OD学习问题，说他们看到了我刚翻译出版的《组织发展学：原理与应用》一书，并且他们也在准备面向国内业界人士翻译引进实战操作性强的OD著作。我当时就有感叹，OD在国内业界开始"火"起来了，而他们就是国内第一批进入OD学习和实操领域中的几个业界人士了。2019年春季，在我发起成立大型的OD学习和交流平台CODN（China Organization Development Network）时，简致咨询是最早、最坚定的成员单位之一，而耀均也代表简致咨询成为CODN的创始理事。

我算是国内最早关注西方OD理论与实践的学界人士之一了。在2007年准备翻译介绍OD进入国内时，我感到，不论是学界还是业界都对OD不关心。那时我常对别人讲OD是个好东西，但往往得不到回应。当时，我曾对OD在国内的发展心灰意冷，但是没有想到我翻译的《组织发展学：原理与应用》一书于2017年5月首次出版时，OD在国内企业HR和高管中已经流行起来。确实，近五六年来，我们一起见证了国内HR和组织与管理业界人士一波又一波的OD学习热潮。

不过，我注意到一个现象：在业界人士有关OD学习、探讨和交流的大量论坛讲座、培训课件和网络文章中，对于OD的诠释比较随意，个人自主理解和发挥成分偏大，甚至存在有意泛化、滥用OD范畴，以及夸大、误导OD作用的倾向。我认为，OD不是什么都可以往里面装的框，必须有其边界；OD也不是万能的，其作用的发挥受制于一定的条件；我们需要探讨OD在中国情景下的应用以及OD的中国本土化问题，但也要秉持"正本清源"的态度，在学习借鉴OD比较成熟的学科范式、内容框架和分析方法的基础上去推进。可喜的是，耀均他们还是具有学科精神和边界意识的，在这本OD读本中，他们尽可能地用轻松活泼的笔调和企业日常生活场景去诠释OD的基本概念、理论和方法及其在实践中的应用。

西方的OD学科创立于20世纪50年代并兴盛于六七十年代，是一套以价值观为基础的学说和方法论，以解决组织运行过程中的变革与发展问题为导向，旨在有效推进个人、团队、组织和社会层面符合既定目标的变化及进步。在美英国家，OD有两个流派，一个是狭义OD，另一个是广义OD。前者被认为是人力资源开发的一个领域，已形成较为严密的逻辑体系，但影响力不够大；后者的影响力较大，却没有形成一套严密的逻辑体系，但至少与人力资源管理密不可分。目前，国内业界对OD的探索和讨论总体上偏向于广义的OD，基于时代的变化和中国的特色，我也是认同这种思路的，但仍主张在消化吸收原有OD知识和理论基础上做出具有中国特色的发展和创新。

在20世纪40—70年代的西方国家，OD不仅是组织管理研究的重要分支，还在西方组织管理学科形成和发展过程中扮演着将理论与实践连接起来的桥梁的作用，对指导企业管理实践发挥了非常重要的作用。但自80年代组织管理学科逐渐成熟起来之后，OD在主流组织管理理论和研究中逐渐被边缘化。主要原因是：西方组织管理主流研究奉行的是实证主义（positivist）哲学，从最初重视质化的实证研究、描述性的知识和理论逐

## 推荐序2

渐转向强调科学方法、客观中立、非价值取向以及标准化的模型和量化分析，因而把组织管理研究引向了一条过分强调学理但忽视实践的象牙塔之路；而OD研究奉行的是实用主义（pragmatist）哲学，保留了价值判断和规范（normative）研究的方法论，强调知识的实用性和指导性、质化的行动研究（action research）及其分析方法和工具、管理理论在真实世界的应用和有效性，却被主流研究贴上了科学性和严谨性不够强的标签，从而使得OD走到了与正统组织管理学科分道扬镳的地步。

虽然西方组织管理学界一些有识人士开始呼吁OD的回归，以解决当今日益严重的理论与实践脱节问题，但是OD在西方组织管理研究中的地位和学科影响力由曾经的显赫一时变为近30年来的持续衰落，也是不争的事实。这就是我国组织管理学界人士很少关注OD的根本原因，也是为什么关于OD的讨论和研究至今仍然处于业界"热"、学界"冷"的局面。好在我国组织管理学界目前也在反思过去二三十年来一味向西方主流研究看齐而导致的理论与实践脱节问题，所以预料陆续会有一些学界人士参与到OD的探讨之中，毕竟只有业界和学界充分互动，OD在中国的发展之路才能行稳致远。

在当前国内学界人士很少以本土视角撰写OD读物的背景下，业界人士已经捷足先登，这本《极简组织课》就是其中之一，值得庆贺。而且，该书可读性强，能将艰涩的概念和抽象的道理通过浅显的文字、易懂的图画和生动的故事表达出来，相信会受到读者的喜欢并使读者受益。

王晓晖
中山大学教授、博士生导师
广东省企业可持续发展研究会会长
及该会OD专业委员会主任（CODN Founder）

# 推荐序3
## 在地OD的首创：一起来认识这支南方的"异军"

### 一场OD盛宴

被耀均（Simon）邀请为他们团队的新书《极简组织课》写一篇序，我荣幸之至。在这本充满诚意的本土首创之作中，作者用故事、理论和大量插图来呈现他们对理论与实践的沉淀，偶尔还有一些真理。这本书的特色在于第一部分开场虚构了一个CPO角色——李敏（我很有理由相信这个角色是很多OD工作者的混合体）来叙述一个关于"介入"的组织发展故事，其用意就是要求读者们不要只顾理论，却忘了真实处境中的艰难。"我的处境是什么""我该如何介入"等重要但又常被忽略的问题，是每个OD／HR工作者都在问的问题。"介入"似乎是个关键词，当然也是简致团队的拿手好戏。这是一个有里有外、同步解读的"双调式"故事，旨在帮助读者更细腻地反映、反思职场中的种种坑洞与可能性。我相信读者会像我一样看得入迷，但这只是这本书"戏码"的一部分。

这本书是一场关于OD的教育式洗礼：既是一场丰富的盛宴（书中有太多"干货"），同时也是一本"简致式"手册，从中读者可以感受到Simon团队多年来沉淀的知识，是一个可以终生学习的大库，也是所有OD同行都需要修的一些功课。"组织课"不仅是知识上的，更是个人修炼上的一门大"课"。我诚心邀请大家，如我一样，从细读这本书开始，学习很多我也没有读过的OD理论方法，更重要的是，借这个机会，认识一下这支很有意思的南方小分队。据我所知，简致的名声，已经传播到全国各地。透过这本书，读者大概可以明白为什么简致越来越被人们关注。

## 因《行动探询》而结缘

好了，关于这本书的内容我就先说到这里，我相信读者都有一双慧眼，如我一样欣赏这个团队的用心、实力与智慧。此刻，我更想借这个机会来说一下我所认识的Simon及他在简致的队友。

首先要谢谢Simon邀我写这篇序，让我有机会回想我是怎样认识他的。我是从一个外国人那里听到Simon的名字的。这个外国人不是别人，正是Bill Torbert。他是《行动探询》（Action Inquiry）一书的作者，也是成人发展理论界中经常被提到的"大咖"。我于2005年认识Bill，那一年我们洽谈过翻译他那本当年刚出版不久的新书（《行动探询》），结果由于一些原因不了了之。十余年之后，在《领导者的意识进化》出版前后，我收到Bill的电邮，他老人家邀请我帮他联系一位愿意将Action Inquiry翻译成中文的中国译者。老人家很客气，我既尴尬又欣喜地接受了这份温馨的邀请。

由此，我认识了Simon。他当时与我对接这件事。Simon是个地道的广东人。我少有地用广东白话与他洽谈了好一阵子，两人意外地投缘。他是一个自信但不失谦卑的实践者。从他的话语中我隐约嗅到一股"沙因派"（提出"过程咨询"的OD大家、"企业文化之父"沙因）的味道。虽然还不知道他是什么来路，但我清楚地感知到他肯定打过"木人巷"，不是那种"软泡泡"OD同行。无论如何，我决定去南方见一下这个令我好奇的Simon。随后的深圳造访之行，让我更加欣赏这位好手，以及一直陪伴他的小红（Tony）与孙茜（Ivy）。我认为他们这个组合是南方实力派的代表。

### 从最基础的教育入手

我后来发现,在我眼中属于后辈的Simon,却在很多致力于本土OD的部署上,总是先知先觉地走在很多同行的前面,这也证明了简致团队一直都有一幅"OD该是什么样子"的蓝图。毫无疑问,这次Simon与他简致的队友们又往前迈进了一大步。

但OD在内地该用什么方式来呈现呢?万一Simon心中所想的并非正解,那企业岂不是被带歪了?我评价的标准永远是他们有没有挑一些容易的路走。虽说他们先知先觉地走在同行的前面,但这并不代表他们一定能抢先尝到什么好处,现实往往是"先行者总要先吃点苦"。让我欣赏的是,他们总是选择挑一些难走的路:从最基础的教育入手,让更多人理解OD到底是怎么一回事。在我认识他们之前,Simon、小红与孙茜就快人一步地挑选了几本OD领域的好书:《行动探询》《NTL组织发展与变革手册》《引导型教练》——三本被我称为"松土壤"的业界经典,并花了很大的心血将它们翻译出版。这些年来我一直致力于OD图书的翻译出版工作,可以说,Simon团队编写这本书的初心,是为了"教育本土OD工作者",是"大德"。

### 能打才算你牛

难的并不只是出版上的挑战,更重要的是如何让自己练出"真功夫"。就如我台湾的伙伴少玲跟我说的:"能打才算你牛。"在OD行业,没有打出"真功夫",没有从种种理论中沉淀出一套自己的打法,先不说能不能服众,单从一门小生意的角度来看,就不得不长期依赖外国人的力量来帮助自家门派撑场。在OD行业,如果没有经营上的自由度,就很容易在发展过程中遭遇种种困难,也很容易掉进用不断推课、卖课来维系营运的"坑",从而失去了对自己更重要的训练。但在打出"真功夫"之前,我可以肯定地告诉各位同行：你得走一段既迂回又痛苦的路。我知道，简致在早期发展的时候，做过一些艰难的决定，刻意放弃了很多赚钱的机会，选择了先充实自己的实力。在我看来，这本该是行业的常识，奈何这并不是行业的常规。

简致今天已经发展出了很多产品和课程，但他们真正的实力沉淀在哪里？对于Simon及他的团队，我可以真诚地说：Simon与小红是我在内地见过的最灵敏同时也是最"反动"的团体动力"双枪手"。他们两人有本事翻转任何一个小团体动力的场域，将它变成一个能彼此打开心扉的"浴场"。他们的灵敏可能是一种由务实的行动力滋养出来的气质。他们同时也游走在沙因、阿吉里斯、舍恩等人的理论中，并借用很多OD框架、小团体动力及行动学习，将其综合为一种行动与理论相结合的实践派。我真心地认为，这支南方的OD小分队，是一支"异军"。我曾一度替他们担心，这些真功夫得在现场才能见识到，但该怎样吸引他们想服务的对象来体验他们的实力呢？《极简组织课》这本书（以及他们的其他产品）的面世，就为企业了解简致，了解如何做好OD创建了一条渠道。

除了欣赏、羡慕、向他们学习，我还可以做什么？还好，起码我可以帮忙写一篇对他们衷心的介绍。是为序。

陈颖坚（Joey）
资深组织发展工作者
《人人文化》《领导者的意识进化》《重塑组织：插画精简版》译者

# 前言
## 为你而写的组织课

当今社会，最不缺的一样事物，就是组织。小到生活中油、盐、酱、醋、茶的生产和流通，大到太空飞船上天探索宇宙，都需要由各司其职的组织所组成的协作网络，帮助完成这些或小或大的挑战性任务。人们需要各类组织为自己提供服务，同时，大部分人也都生活在类型各异的组织中。洞察组织，以真我状态活在组织中，甚至影响组织使其更有效力，是大部分人都应该修行的一门功课，这与每个人的事业成就、职业发展和生活感受密切相关。

现实中，有很多聪明能干、希望成就一番事业的企业家或心怀善心、期待推动公益事业的领导者，在组织建设方面却无所建树。有的忙于经营事务而忽略了组织建设，醒悟之际已然痛彻心扉；有的假手于人，却发现所托非贤，最终只收获了无尽的失望；还有的硬着头皮亲自上阵，以高昂的代价和风险用自己一手创建的企业做实验。为此，本书构建了一个CPO角色作为本书的主人公。希望身处以上处境的企业家和领导者能够从本书主人公的视角，了解一位有能力的内部组织发展实践者在进行细腻的思考和实践时，会有怎样的眼光、判断、困扰和贡献。也许，这会激发他们"嗅出"自己需要一位怎样的组织专家来一起打造高绩效的组织。当然，从这位CPO遭遇的窘境和压力中，企业家和领导者们也能更好地换位思考，多一点对自身的觉察和微调，说不定马上就能让他们的组织发展搭档（CPO）发挥更大的作用。反观自变，应能激活他人，使自己在建设组织、革新组织方面得到更多助力！

# 前言

对于已经身处CPO、首席人力资源官（Chief Human Resource Officer，CHO）、人力资源总监（Human Resource Director，HRD）等位置的高管，期待你们从这本书主人公经历的那些相似或相异的种种情境和大胆的行动中，激活自身沉淀已久的丰富记忆和体验，将本自具足的丰富经验进一步转变为助人助己的无形资产。在此过程中，无论是批判书中故事的主人公能力不足，还是欣赏她为了实现理想而付出的不懈努力，整个故事只是你内在智慧的"引子"，那被激荡的情感、记忆、事件和洞察才是你学习与反思的"戏肉"[1]。

对于期待将来在CPO或CHO位置上发光发热的人士，相信你们会用自己独特的视角来重构本书故事中主人公的经历和心得，提前进入主人公的处境，为当下找突破，为未来做预演。故事是一时一地的历程，背后的思维方式和原则则可以帮助你建立自己的独特思想。

对于上述提及和未提及的"组织中的人"，希望你们能认识，本书故事中的主人公也是一位会因为辅导孩子作业而咆哮的妈妈、一位被IT"直男"老公"磨砺"的太太、一位需要培育下属又担心下属不胜任的管理者，更是一位既忠心地追随首席执行官（Chief Executive Officer，CEO）也敢于挑战CEO的高能下属。她既普通又不普通，就和每位职场打工人一样，既坚强又脆弱！她在组织中空降、落地、存活、绽放的历程，相信会让你感同身受，并能从中汲取营养。

作为组织发展的实践者，我们希望这本书能像韵味悠长的中国水墨画一样，有恰当的留白，也希望你能利用本书中的潦草笔墨，构建属于自己的组织课、人生课。

《极简组织课》作者团队

---

[1] "戏肉"是广东方言，"肉"一般指好的东西，"戏肉"原指戏剧的精彩部分，现在引申为某事的精彩部分。

# 致 谢

这本书是集体智慧的结晶。作为主要创作者之一，我要衷心感谢跟我一起奋斗的5位伙伴，他们分别是王小红（Tony）、尹光镕（Amos）、孙茜（Ivy）、董晓琪（Sherry）和汤如枫（Icey）。每位伙伴都发挥了自己独特的价值，没有大家的共同努力，这本书就无法面世。

书中描述的是企业CPO的工作，为此，我们采访了包括吴娟女士在内的若干位企业的HRD或CPO。从她们讲述的职业经历中，我们看见了艰难中的坚持、挑战中的睿智，以及坚守善良底线时的毅力和勇气。她们有时跟CEO据理力争，有时懂得退让隐忍，急业务领导者之所急，助力业务发挥更大的潜力……书中的情节和故事虽然整体是虚构的，但每个细节都源自这些鲜活的事例，在此感谢这些允许我们借用她们经历的朋友……

我们创作这本书的初心是，普及一些与组织和组织发展相关的知识，书中参考并引用了许多学者毕生研究的成果，我们希望更多人了解这些重要的研究及观点，以及它们能够带来的影响。我们尽力将相关内容的源头和出处都予以详细标注，让读者能追根溯源，从原作者处学到更多，或者得到更直接、更深刻的指导。正是有了他们，才有了现在我们能看到的丰富多彩的组织理论世界。在此感谢这些学者给我们带来的思想启迪和给予大众的思想财富。

最后，还要感谢支持我们创作的伴侣、孩子和朋友，他们给了我们创作的灵感，也分享了我们完成创作后的喜悦！

邝耀均

# 导读[1]

组织是一个动态的系统,有显性的部分,也有隐性的部分。要理解组织、活在组织进而影响组织,需要的不仅是理性的分析和思考,还需要很多直观的体验和感受。因此,我们在创作这本书时,构建了一个故事,同时整理了一个组织系统方面的小知识库,希望对应现实与理论两个世界,并使两者连接起来。

本书第一部分以故事的形式,讲述了某组织一位空降的首席人才官(Chief People Officer,CPO),在入职一年内的组织发展实录,希望为读者呈现"处境中的行动者"所面临的各种挑战和困难。每章的最后都特意设置了一个思考空间,给读者一个暂停阅读、斟酌反思的机会,借助设问,帮助读者关注一些现象,激发思考,丰富学习。

在阅读故事前,大致了解组织发展的基本定义、价值取向和实践路径,也许可以帮助读者更好地理解故事中主人公的思维和行动。

本书第二部分是一个扼要的组织系统知识库,以"要点陈述+手绘图"的方式为读者提供一些与理解组织、活在组织和影响组织相关的知识内容。其中,有些理论知识和第一部分的故事有所关联,另外一些虽然与故事无关,但我们认为与组织密切相关,且比较重要,因此我们希望读者有所了解。我们编写第二部分的本意是帮助读者建立一幅必要的学习地图,

---

[1] "导读"部分相关插图皆基于布伦达·B.琼斯(Brenda B. Jones)和迈克尔·布拉泽(Michael Brazzel)合著的《NTL组织发展与变革手册》一书,经简致咨询整理后重新绘制。

让自己可以自由在地图中探索、前进或深潜;通过这些努力,将理论知识逐渐与自己的实践融会贯通,打磨出在组织发展中最重要的工具——一个内在状态良好、可以随时介入任何情境并发挥正向影响力的自我!

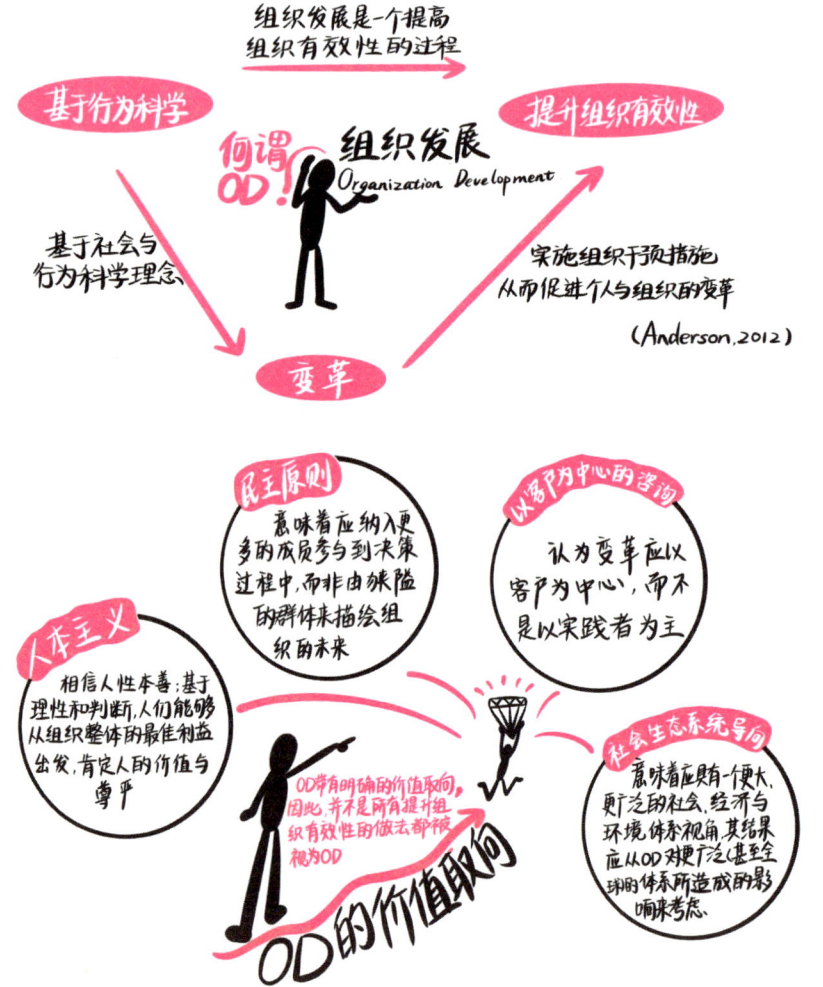

翻开本书的你,既是理论的学习者,也是现实的行动者,"情境—行动策略"作为一个高度相关的动态整体,需要被整体地感知。因此,我们借助故事帮助你代入具体人物的视角来看待组织现象并思考每个行动策略,借助知识库帮助你建立一个理论知识的索引,让理论指导你的实践,让实践丰富你所理解的理论。我们认为,这种方式最有可能提升你在现实情境中调用具体知识的能力。

希望你也享受这一共同构建的学习过程，并实现满满的收获！

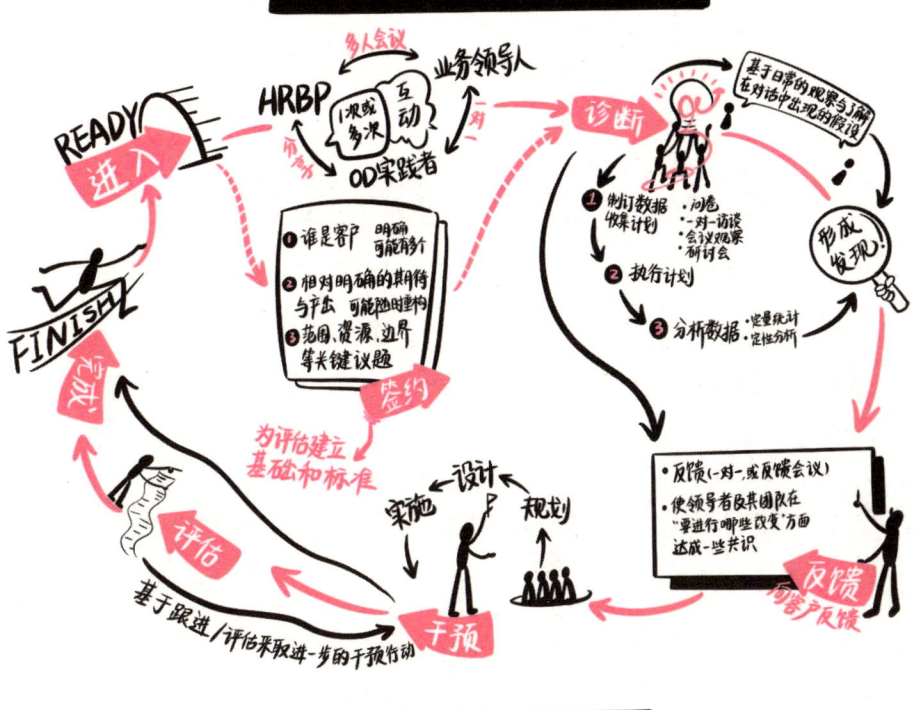

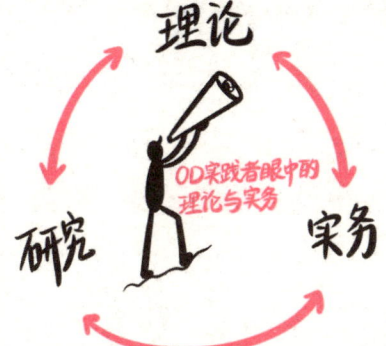

# 目录

## 第一部分　空降CPO的全年组织发展实录

### 第一章　转轨 ······ 004
第一节　暂离职场 ······ 004
第二节　天降机缘 ······ 007

### 第二章　初探 ······ 012
第一节　惊喜和惊讶 ······ 012
第二节　与团队初会 ······ 016
第三节　例行却不常规 ······ 019
第四节　组织诊断 ······ 022
第五节　突然卡住 ······ 027
第六节　内心的挫败感 ······ 030

### 第三章　破局 ······ 033
第一节　成长，永无止境 ······ 033
第二节　因爱生痛 ······ 037
第三节　即兴发挥 ······ 040
第四节　不期而遇 ······ 044
第五节　建立联盟 ······ 049

## 第四章　介入 ········································································ 053

第一节　在心中遇见彼此 ························································ 053
第二节　放下焦虑 ·································································· 056
第三节　经营策略共创会 ························································ 058
第四节　共识与行动 ······························································ 062

## 第五章　深潜 ········································································ 065

第一节　寻找下一步的方向 ····················································· 065
第二节　躬身入局 ·································································· 068
第三节　兼顾失衡的家庭 ························································ 070
第四节　对组织能力提升的新领悟 ············································ 073

## 第六章　行动 ········································································ 076

第一节　创建组织系统洞察 ····················································· 076
第二节　拉通组织建设的目的 ·················································· 080
第三节　制定组织发展策略 ····················································· 082
第四节　为高管团队提供教练 ·················································· 085
第五节　鼓励团队继续前进 ····················································· 093
第六节　旧业务的人员精简行动 ··············································· 095
第七节　组织建设进行时 ························································ 097
第八节　组织协作开放空间 ····················································· 100
第九节　既是结束，也是开始 ·················································· 102

## 第七章　复盘 ········································································ 105

第一节　个人复盘 ·································································· 105
第二节　团队复盘 ·································································· 108
第三节　变与不变 ·································································· 112
第四节　重新出发——从心出发 ··············································· 114

# 第二部分 组织系统知识充电站

## 组织洞察篇 ········································· 121

### 第八章 组织洞察的基本概念 ······················ 122

- 第一节 组织是什么 ································ 123
- 第二节 为什么人们需要组织 ······················ 124
- 第三节 如何衡量组织的有效性 ···················· 125
- 第四节 组织的利益相关者 ························ 127
- 第五节 从社会生态系统的高度审视组织 ············ 130
- 第六节 如何看待组织的运作 ······················ 132
- 第七节 组织的隐喻 ································ 133
- 第八节 组织能力 ·································· 137

### 第九章 建立组织洞察的宏观视角 ················ 139

- 第一节 组织的外部环境 ···························· 139
- 第二节 组织的使命和愿景 ························ 141
- 第三节 组织的核心价值观 ························ 142
- 第四节 战略的决策、涌现与进化 ·················· 146
- 第五节 企业组织的业务组合 ······················ 150
- 第六节 企业组织的商业模式 ······················ 152
- 第七节 组织的创新活动 ···························· 153

### 第十章 建立组织洞察的微观视角 ················ 156

- 第一节 组织的关键转化过程 ······················ 156
- 第二节 组织的决策 ································ 159
- 第三节 组织中的分工与协作 ······················ 162
- 第四节 组织的架构 ································ 163

## 目录

- 第五节　组织中的横向连接机制 …………………………………… 166
- 第六节　组织中的流程 ……………………………………………… 170
- 第七节　组织的目标与衡量 ………………………………………… 171
- 第八节　组织的5种协调手段 ……………………………………… 172
- 第九节　组织成员的激励/回报 …………………………………… 173
- 第十节　组织中的冲突 ……………………………………………… 176
- 第十一节　组织的士气 ……………………………………………… 178
- 第十二节　人与人之间的信任 ……………………………………… 180

### 第十一章　建立组织洞察的文化视角 …………………………… 182

- 第一节　理解组织文化 ……………………………………………… 182
- 第二节　文化的"功能与强度"矩阵 ……………………………… 185
- 第三节　对立价值架构 ……………………………………………… 186

### 第十二章　建立充满好奇的前瞻性视角 ………………………… 190

- 第一节　先锋理念 …………………………………………………… 191
- 第二节　只有少数特例的组织理论与实践 ………………………… 192

## 组织生活篇 ……………………………………………………… 197

### 第十三章　在接触中理解人 ……………………………………… 198

- 第一节　思维偏好探索 ……………………………………………… 198
- 第二节　情绪模式识别 ……………………………………………… 200
- 第三节　人际互动风格剖析 ………………………………………… 201
- 第四节　理解团体和团体中的人 …………………………………… 203

### 第十四章　走进自我与他人的内在世界 ………………………… 206

- 第一节　价值观排序 ………………………………………………… 206
- 第二节　理解自我与权威的关系 …………………………………… 208

第三节　理解自己的边界意识 ·················209

　　第四节　理解自身的多重角色和期待 ···········211

　　第五节　探索自身理性、感性和灵性的力量 ·····213

　　第六节　从成人发展的角度理解人 ·············214

## 第十五章　从领导自我到领导组织 ········ 217

　　第一节　理解领导力的内涵 ···················217

　　第二节　做一个内外一致、格局宽广的领导者 ···220

　　第三节　视人为人 ···························221

　　第四节　树立一个超越金钱的伟大使命 ·········223

　　第五节　汇聚一群能够一起奋斗的能者 ·········224

　　第六节　创造并维持有自主能动性的工作环境 ···226

　　第七节　有意识地塑造组织文化 ···············227

　　第八节　践行创造性推理和行动 ···············230

# 组织发展篇 ································ 233

## 第十六章　辨析增长、变革与发展 ········ 234

　　第一节　发展组织以支撑业务增长 ·············234

　　第二节　认识变革与转型 ·····················236

　　第三节　组织发展与变革的契机 ···············237

　　第四节　辨别"技术性问题"与"适应性挑战" ···238

　　第五节　变革的阶段循环 ·····················241

## 第十七章　催生组织系统的变革与转型 ···· 243

　　第一节　复杂系统组织变革的5个关键任务 ······243

　　第二节　持续地感知并诊断组织 ···············246

　　第三节　寻找杠杆点改变系统稳态 ·············248

第四节　对利益相关者进行有效整合 ………………………………… 250

第五节　描绘吸引人的组织未来景象 …………………………………… 251

第六节　为高管团体提供领导力团体教练 ……………………………… 252

## 参考文献 …………………………………………………………… 254

# 第一部分

## 空降CPO的全年组织发展实录

李敏，一个有着职业理想的HR，结识了有着组织理想的企业创始人杨逸。作为YC集团的创始人，杨逸邀请李敏担任YC的CPO。他们共同开启了一段组织发展的实践旅程。在这段旅程中，你可以清晰地看见李敏所经历的兴奋、挫败、烦躁及欢欣鼓舞等各种时刻……

希望你在读故事的同时，尝试着将自己代入李敏的角色中，想想她为什么有这些想法和行动。书中李敏采取的行动并非唯一的行动范本，只是一个不完美的人在一时一地的想法、感受和行动。在读的过程中，你不妨想一想以下几个问题。

- 她正面对什么样的挑战和困难？
- 她制定了什么目标并采取了哪些行动？为什么选择它们而不是别的？
- 如果你是这位CPO，你会怎么想？怎么做？为什么？

# 第一章　转轨

## 入职 YC 前

## 第一节　暂离职场

虽去意已决，但真到离职的那一刻，李敏心中还是有诸多不舍，毕竟她在这家外企度过了近10年的时光。在这10年里，她成功地从一名业务主管转身，进入HR领域。回看职业生涯，李敏从商务运营和分析做起，刚加入HR团队时负责的是薪酬福利。后来恰逢外企在中国市场飞速发展的好时机，凭借对业务的洞见，她被任命为负责大中华区业务的人力资源业务合作伙伴（Human Resource Business Partner，HRBP）。在HRBP角色中，她进一步拓展了对业务的理解，并及时有效地给予专业人力资源支持，大力推动了多个人力资源项目，助力业务目标的实现。正因如此，她不断获得业务和总部的认可。同时，这段工作经历也点亮了她在OD[1]领域发展的理想之光。于是，李敏在职业生涯的巅峰期转岗到新成立的组织发展部，在当时国内刚刚兴起的OD领域赤手空拳地闯下了一片天地。这一干就是5年，她联手HRBP一起为业务实施组织诊断，结合业务目标推进了组织架构的设计和调整，实施了关键人才培养、组织痛点甄别和改善等

---

[1] OD是一个研究领域，也是一个实践领域，其实践基于行为科学，目的是促进组织系统的变革，宗旨是提升组织有效性。

各项举措。这一系列改革和落地实施措施获得了业务部门的高度认可，也让李敏的职位不断晋升，直至升任公司的人力资源副总裁。

这家公司是李敏曾经一手参与构建的精神家园，有着令人向往的组织氛围，让她成就满满。但是，自从新的投资人进入，董事会结构随之变化，公司逐渐变得越来越短视，一味地鞭打快牛，对员工也越来越苛刻。组织能力建设方面的举措则一律被搁置，实施了有些年头且口碑良好的项目也被无故喊停。李敏深深地感觉到自己做事的空间越来越狭窄，而她曾经引以为傲的组织及组织氛围正在被逐渐侵蚀。最让李敏难受的是，现在的高管会议常常演变为一场指责和自保的甩锅大戏，难道高管们就不懂得，一些问题**表面上看起来是个人的错误，但其背后往往都有系统的因素**？找到一个"替罪羔羊"就能让系统大为改善吗？上述种种现象，让李敏渐渐地萌生了去意。

曾经与李敏共事了3年的CEO，在各方压力之下，一改往日的温和，变得有些冷酷无情，他常挂在嘴边的一句话是："企业不是慈善机构，不能把员工给惯坏了，没有强力的手段，是不会有好绩效的。"这话无从反驳，企业要考虑盈利，在运作上必须关注经济有效性，李敏也认同。只是，李敏坚信，一个真正可持续的高绩效组织，必须兼顾所有利益相关者的需求，大大小小的组织成败案例都体现了这个规律。员工是重要的利益相关者，与组织运作息息相关，对员工没有足够的尊重、关怀和培育，不可能有长远的积极效果。公司的投资者和领导层如果在这个基本价值取向上和自己有如此明显的差异，未来一定会发生难以弥合的冲突。李敏做着一些自己内心极度不认同的事情，无法给予自己职业上的满足感。难道要在这里痛苦地熬到退休吗？每每想到此，李敏就更加不想继续干下去了。

李敏也跟从事IT行业的先生几次提起离职的想法，虽然这位IT"直男"听不太懂李敏常常挂在嘴边的专业术语,但对她的决定一向都持包容和支持的态度。反正,家有他养着,太太暂时不工作也无妨。女儿多多今年9岁,刚上小学三年级,作业难度比以前大多了,妈妈能多一点时间陪陪孩子也是好的。女儿在旁边听到父母的对话,开心地跳了起来:"太好了,妈妈可以多点时间陪我玩啦……"李敏知道,自己在女儿心目中的地位是先生无法取代的,且不说别的,就拿辅导作业来说,爸爸只会吼,根本就没有方法。而她读大学时好歹同时辅导过3个中小学生,陪读经验非常丰富……

带着先生的支持和女儿的期待,李敏向公司递交了辞呈——中年人的裸辞,42岁,重新再出发。李敏在多家公司加起来拥有十几年的工作经历,亲历过各种大大小小的变革,这几年她投入了很多精力、时间和金钱去学习OD,在OD的理论和实践世界,逐渐找到了一些与自己有强烈共鸣的东西。李敏从心底渴望能用自己这些年所学的理念和方法来帮助组织发展。

对李敏来说,OD吸引人的地方是,它所呈现出来的美好愿景及底层的价值观让她从灵魂深处感受到了共鸣与期待。**OD关注的是组织中每个实实在在、有血有肉的人,谋求的是共赢**。通过改善组织中人的状态,让组织变得更有效,从而实现组织整体的发展。这样的组织发展是一种有温度的方法论。想象一下,工作在这样的组织中,无论你身居何职,都会感受到被接纳、被认同、被支持,也会得到信任与机会去尝试创造更多的价值,这时候的工作不再只是一种养家糊口的手段,而是激发你生命底层的能量与激情的"扳机"。那种"上班如上坟"的感受在这样的组织中是不会存在的。这是李敏梦寐以求的组织环境,若有机会去创建这样一种组织,将让她永远充满激情和动力。

## 第二节　天降机缘

离职后不久的一天，李敏接到闺蜜的电话："妮子，明天下午3点半，你家旁边的那家慢咖啡，我帮你约了个人，别迟到哈！" 啥意思？李敏一头雾水。原来闺蜜有个相识多年的朋友，是一家公司的创始人兼CEO，正在物色合适的CPO人选来帮助自己处理"组织"相关的事宜。闺蜜听说后，觉得李敏可能就是他要找的人，当下便自作主张，帮李敏约了和他见面的时间。李敏乍一听还有点后悔太早宣布自己离职的消息，才刚刚过了几天逍遥日子，还没有很强的动力去找工作。不过因为是朋友介绍，不算正式的面试，而且见面地点离自己家也不远，就当认识个朋友吧。就这样，李敏第一次见到了杨逸。

初次见面的那个下午天气特别好，暖暖的阳光透过落地玻璃慵懒地斜洒在咖啡桌上。咖啡厅里的顾客不多，蓝调萨克斯风的乐曲缓慢而轻柔地响起，氤氲的咖啡香气弥漫在整个咖啡厅。也许是因为环境温暖，也许是因为闺蜜是彼此共同的朋友，初次见面的李敏和杨逸，完全没有陌生人之间的疏离和拘谨，两人一见如故，很快就畅聊开了。

杨逸分享了他公司的基本情况。他创立的公司叫Yours'Care（以下简称"YC"），是一家医疗器械行业的上市民营企业，产品覆盖心血管、手术、急重症支持等医疗领域，并致力于以先进的医疗科技为患者提供全面的医疗解决方案。上一年YC实现营业总收入将近11亿元，较前年增长了18%。杨逸认为目前公司整体发展势头还不错，主营的医疗器械业务营收约8亿元，新业务的营收占比也在快速增长。YC在医疗行业发展了12年，3年前已经上市，现在的人员规模有800多人，杨逸自己担任CEO，高管成员还包括器械事业部VP、医疗服务事业部VP、技术服务部VP、法务合规VP、首席运营官（Chief Operating Officer，COO，统管生产和质量、供应链部门）、首席财务官（Chief Financial Officer，CFO）、首席科学官（Chief Scientific Officer，CSO，统管研发和医学事务部）和首席技术官（Chief Technology Officer，CTO）。

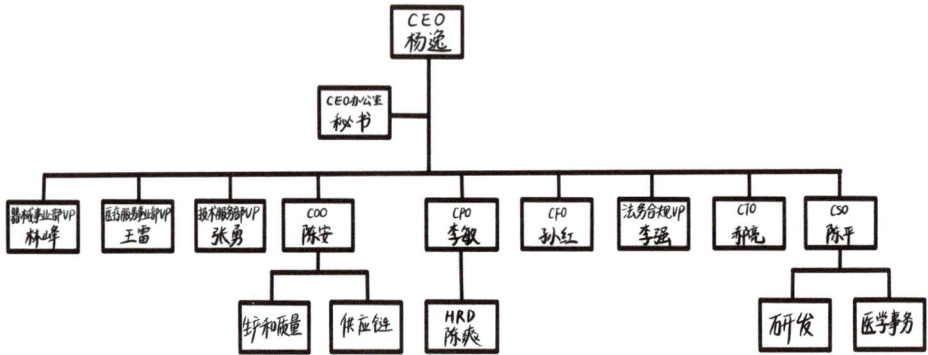

YC成为上市公司后，获得了长足的发展，各方面的资源、机会更多了，发展明显在加速……现在公司希望业务能有进一步的扩张，深化市场布局，抢占民营医疗诊所市场。作为CEO，杨逸期待有朝一日，公司能够在提高整个社会的医疗可及性方面做出更大的贡献，这是他多年来的创业梦想。因此，他希望找到一位CPO，负责公司整体的组织发展与人才发展，以支撑公司立足于未来的战略目标。从朋友介绍的情况来看，他认为李敏可能是自己要找的人。

李敏在表达了被欣赏的感谢以外，为了判断这家公司是否适合自己，还询问了很多关于组织的情况。她了解到，YC的HR部门是一个十几人的团队，HRD带领3名核心骨干，以人力资源通才的职责定位统管两大事业部和职能部门的人力相关工作，既担任业务人力资源伙伴，又分别兼任招聘、培训、薪酬福利等事务性工作。HR部门其他成员则更侧重后台系统、各地分公司行政管理等工作。李敏在了解YC的同时，也尝试着澄清杨逸对CPO这个角色的期待，并主动分享了自己的职业经历和对组织的理解与理念，以帮助杨逸来判断自己是否真的是合适的人选。在这个过程中，两人完全感知不到面试中常有的彼此评判与拿捏，更多地像朋友之间的交流，既有真诚的分享，也有直接的甚至触及灵魂的拷问。就这样，在短短几小时里，李敏和杨逸就建立了不错的连接，感觉非常美妙。李敏知道有些说不清道不明的化学反应发生了。

但犹豫还是有的，李敏从杨逸的介绍中得知，YC相对于自己的前东家规模更小一些，自己好歹在大型外企做到了人力资源副总裁，如果去一家小公司做CPO，职位实质上是降了级，似乎有点……杨逸诚意十足，表示薪水由李敏来定，自己就是想把公司做大做强。李敏没有被薪水打动，她不缺高薪的职业机会，却被杨逸表达的理想和愿景触动了……

杨逸分享了自己小时候得哮喘的经历。当时他居住在小城镇，一时看不上病，那种无奈、恐惧给他小小的心灵留下了难以磨灭的印记，从那时起，他就发誓要做点什么来创造改变。后来他有机会通过读书来到了上海，在创业热潮中凭借对儿时梦想的执着，踏入了医疗行业，一路破风而行，在国家大力推动本土医疗发展的时代背景下，抓住机遇打拼至今。公司做到现在的规模，一方面圆了自己的创业梦想，另一方面他希望别人不要再经历他小时候曾遭受的磨难，让医疗成为更多人都能享受的一种服务。

当话题慢慢聚焦到组织能力建设上时，杨逸对李敏在上一家公司所做的搭建长期组织能力的举措非常感兴趣，不断追问具体的实施经过。这让李敏颇有一点知音难求的共鸣，也就一五一十地分享了具体过程和其间自己的心得……

谈话结束前，一个抉择摆在李敏的面前：要接受眼前这份工作邀约吗？杨逸明显求贤若渴，也很有组织理想。从他的创业经历来看，他是一个不拘一格、敢于创新的企业家。对于自己践行OD，这应该是一个难得的机遇。但是，这也意味着自己从一个百亿级的跨国企业进入一家小型民企，如果能够支持这家公司快速发展，自己当然倍有面子，也证明自己确实"实力杠杠的"。但万一不顺利呢？这到底是"陷阱"还是"馅饼"呢？

虽然带着一丝犹豫，但李敏最终选择把握这个不确定的机会，为了理想而放下对"保住面子"的执着。

这次谈话让李敏与杨逸建立了初步的连接和信任。更可贵的是，两人的首次接触塑造了一种比较平等、坦诚和深入探寻的沟通模式，这为两人将来的互动建立了重要的基础。**"模式一旦建立，本身就拒绝改变。"** 李敏想起当时学习OD时的一个金句，她庆幸这重要的第一步应该是迈对了……

### 思考空间1

真诚的产生不是源于一成不变的行为，也不是源于不断标榜同一个原则，而是源于我们对差距进行更加动态和持续的探寻。

——《行动探询》，比尔·托伯特

示人以真、以身作则，是领导力的首要原则。对希望引领他人完成挑战性任务的领导者而言，真实，无疑是其在当下社会中最需要具备的宝贵品质。我们曾经发出一句感慨："当系统中的真诚弥足珍贵时，说明系统本身的虚伪已经触目惊心。"以此来描述我们所看见的某个组织现实。也许，真诚的血淋淋比虚假的甜蜜蜜更加吸引人。

**转轨阶段**

1. 促使李敏离职的原因和吸引她加入YC的原因之间，存在什么样的关系？

2. 为什么李敏和YC的CEO杨逸会产生化学反应？"真诚"在中间发挥了什么作用？

3. 李敏一番思想挣扎后选择接受杨逸的邀请，加入YC，你觉得这对她而言意味着什么？

4. 对于李敏和杨逸这两个提升组织能力的搭档，你对他们取得成功的信心打几分？（1分表示完全不可能成功，10分表示一定会成功，成功的标准由你来定。）

# 第二章　初探

## 初入职

## 第一节　惊喜和惊讶

李敏正式加入YC后，见到的第一个人就是HRD陈爽，她跟着杨逸干了差不多10年。李敏的职位是CPO，按照杨逸的设定，她是陈爽的上级。杨逸评价陈爽是一个非常忠诚的人，在HR事务性工作上为自己助力不少。但在组织能力建设方面，杨逸觉得还是要由更具专业能力的人来主导，否则，组织建设与发展只会拖后腿。

在知道自己空降的部门有一位老资历的"功臣"时，李敏马上代入感十足地想象要如何与现任HRD处理这种微妙的合作关系。换位思考一下，应该没有人喜欢公司空降一个新领导对自己指手画脚吧？这里潜伏着无数关于角色、边界和权威[1]相关的问题，让人顾此失彼。不过，李敏向来不太惧怕这类所谓的政治议题或人际关系问题，她相信自己的直觉——"一切

---

[1] 角色、边界和权威是塔维斯托克强调的BART模型中的主要元素。BART模型是一个研究团体动力的有效工具，包含四大元素：B——Boundary，代表边界，如时间、人群、空间和任务等的边界；A——Authority，代表权威，如上级指派职位或任务的正式权威、因为具有某些特定特征而形成的个人权威等；R——Role，代表角色，如面向任务的角色（CEO、财务、HR）、以社会情感为导向的角色（团队中总是激励众人的啦啦队队员、吵架时总是安抚双方的调解员）等；T——Task，代表任务，如需要实现的目标、想实现的结果等。上述四大元素的具体阐释乃作者之陋见，仅供参考。

都搞得定"！

在李敏的预想中，跟陈爽的见面会有一些尴尬，甚至对方应该会有一些敌意，而这都是完全能够理解的。毕竟，从陈爽的角度来看，李敏的形象很可能就像江湖骗子，忽悠了CEO，骗取了他的信任，满嘴都是不知所云的虚无概念。想到这些，李敏意识到这是自己对陈爽的心理投射[1]，不代表陈爽真是这样想的。

当李敏见到陈爽时，她正在座位上埋头工作。她抬头看到李敏就说："啊，李总，是吧？陈总跟我说了你今天过来……"语调中自带三分爽朗，让李敏有点始料未及，这风格真是人如其名。陈爽似乎料到李敏想和她聊聊，主动说已经预约了会议室。这又让李敏不由得对她多了几分好感，感觉与她相处还是挺舒服的。**每个人都有被尊重、被看见的需求**，而李敏常常能体证这些理念，因为她自己在这方面的需求就挺高的。

李敏认为，在会议室谈话感觉会更好一些。如果是在陈爽的办公室，那种场域也许更加容易有别的暗示：是她在面试我？还是我在考察她？主观理解中的环境与人是一个整体，会构建一个场域，对身处其中的人施加影响，让对话的味道发生改变——无论是变好还是变差。李敏经历过那么多"场子"，这种感受还是很强烈的。

陈爽介绍了公司更多的基本情况，特别提到CEO杨逸的5年规划目标是突破和创新医疗服务，提高医疗服务的可及性，并把公司股价翻番。因此，当前公司迫在眉睫的目标是提升原有业务的市场竞争力，开源节流，降本增效；推动公司的数字化转型；进一步开拓新业务，抓住扩张机遇，抢占市场先机。

---

1 投射，心理学名词，是指把自己的性格、态度、动机或欲望，投射到别人身上。

必须说，在整个对话过程中，李敏都感觉到了陈爽的全然配合与帮助，她既事无巨细地向李敏介绍了公司的历史、行业与业务情况，以及过去在人力资源工作中取得的进展和经验教训，又就一些问题很谦逊地向李敏请教，至少从李敏的角度来看，她确实是在诚心请教，而不是刻意地挑战和考验。当然，李敏体验到的可能只是意识层面的部分，无意识层面的隐性竞争、防御，说不准已经在暗暗地施加作用了。后来李敏才知道，杨逸提前和陈爽做了充分的沟通，得到她的支持，为李敏尽量减少一些阻碍。

总而言之，陈爽爽朗的风格让李敏颇为惊喜，原本一直担心的对立和敌意虽然尚未一扫而空，却也大大增强了李敏对未来合作的信心。当然了，李敏预期她们之间肯定还存在很多理念上的差别，因为据杨逸的描述，陈爽是一个典型的事务型HR，如果她感觉某个东西比较"虚"，就会担心风险，变得非常审慎。而埋头在大大小小的各种基础性事务中，似乎让陈爽很充实。李敏认为这属于典型的"老黄牛"思想。当然，这些事一定需要有人来做，但她渴望的是跟高层领导团队一起协作，打造一个能创造共赢的事业平台。对于这些差异及由此可能带来的张力甚至冲突，李敏认为自己已经做好了心理准备，日后再来——面对。

简单聊完公司的整体情况后，陈爽还向李敏热心地介绍了几位管理层的领导及他们的业务分工。

林峰，器械事业部VP。医疗器械是YC的主营业务，主要专注于提供心血管、手术、急重症支持等医疗设备及全面医疗解决方案，以及目前正在研发的远程患者管理等创新疗法。林峰早年和杨逸一起带着团队凭借主营业务为公司打下了江山。近年来，随着国家医改政策的进一步深入，竞争多了，业务不好做了。林峰认为器械业务面临发展瓶颈，调整组织架

## 第二章 初探

构、减员增效是当务之急。而林峰面对一群老部下，觉得执行起来困难重重。

王雷，医疗服务事业部VP。他加入YC快3年了，医疗服务是YC的新业务，主要涉及民营诊所。王雷认为要想实现杨逸提出的股价翻番的目标，抢占市场领先地位，抓住民营医疗未来的扩张机遇，是YC的必经之路。虽然方向是对的，但眼下的路似乎不太好走。公司的两家民营医院经营至今已经两年了，由于受医保政策法规的限制，能招纳的病人不多，整体业务没有完全达到预想的起飞态势。而王雷的行事及待人风格更是在跨部门合作中令大家感到有些压力。

张勇，技术服务部VP，从事售后服务多年。他在加入YC的4年中，带领近百人的工程师团队，为业务部门提供医疗器械的安装、保养和维修服务。然而，工程师团队的沟通风格普遍偏理性，经常收到销售部门的投诉。再加上目前器械市场竞争激烈，替代品也多，有时YC的机器运行不够稳定，客户一投诉，销售人员和工程师就会因为"影响复购率"的责任归属问题而争起来……这些都令张勇十分头疼。

没等陈爽一一介绍完，李敏就从这些信息中嗅到了高管成员之间的一些张力，而这些在她和杨逸的交谈中并未被提及，甚至在杨逸看来，虽然公司目前面临一定的业务挑战，但管理层的互动、跨部门的合作还是非常不错的。想到这里，李敏不禁挺了挺身板，感到些许惊讶的同时，又产生了一些期待和向往，因为她可以在YC这个组织实验场来验证自己坚信的理论。

李敏想起了德鲁克的名言："**管理的验证不在于逻辑，而在于成果。**"她希望自己作为OD专家加入YC之后，能够为这个组织的发展带来一些不一样的成果。

## 第二节　与团队初会

跟陈爽聊完，李敏又和整个HR团队的成员进行了集体见面和交流。她感觉自己遇到了一群"火星人"。HR团队成员的年龄基本上都在23~26岁，既有HR专业出身的同事，也有从广告、媒体领域转行过来的伙伴，大家组成了一支非常多元化的团队。尽管整体上显得比较稚嫩，但不得不说这支团队本身充满了活力。

当李敏和这个年轻的HR团队一起交流时，她发现成员中居然有六七个人是杨逸亲自招募进来的，当然，也包括从业务部门直接调动过来的。杨逸认为，要打造一个独特的组织，就需要有一些外行人来做一些大胆的事。这让李敏觉得杨逸真是一个有独特思路的领导者，在他身上，很少有所谓的陈规陋习。正当李敏感叹之际，一位HR团队成员幽幽地来了一句："我以前在市场部做媒体、广告之类的工作，被老板'忽悠'到了HR部门，说公司要大力推动组织发展。过来后才发现，现实是多么骨感。没有人知道组织怎么发展，到底该干啥。那些普通的员工招聘面试预约、员工档案管理之类的鸡零狗碎，把人都快整抑郁了……"李敏好奇心起，觉得这是个难得的机会，可以了解大家所理解的HR该干些什么、得有什么能力、未来会有什么职业发展机会……另外，李敏也想透过HR同事的眼睛，先对组织有些感知。**不同层级、职能视角下的每个人，都有可能看到公司的不同侧面，当有机会对这些视角深入探寻时，就等同于在进行随时随地的组织诊断。**与此同时，这次谈话也会让李敏对HR团队成员有更多的了解，从而有机会与他们建立更紧密的连接。

"我以前其实特别喜欢YC的公司氛围，非常多元化，感觉也很有前景，反正就是挺有特色的一家公司，那时候我之所以加入YC而没有去

4A，就是奔着公司文化来的。"她顿了顿，眼睛扫了一圈大家，看起来接下来这段话大家私下应该交流过不止一次，"不过现在公司可能规模大了，公司文化真的乏善可陈……我们HR不是应该搞好组织氛围，让公司变得更好一些吗？说实话，如果我是业务部门的人，是不会喜欢现在的公司氛围的，离职率不高才怪呢！"

听到这段表达，说实话，李敏还是有冲击感的。作为一个自认为的OD实践者，李敏对组织文化既不陌生，也充满敬畏。但当一名年轻员工谈到是因为喜欢公司文化而加入公司，又因为感知到现实与预期之间的差距而体验到强烈的失望感时，既让李敏感动，也让她心惊。她原以为自己已经算虔诚的组织文化力量的信奉者了，但在面对一个真实的、纯粹被公司的价值观所吸引的个体时，她瞬间觉得自己只是在认知上认为组织文化很重要，是逻辑上的认同，而缺乏全然沉浸的文化体验感。当碰到这样简单而纯粹的人时，李敏竟然有一瞬间觉得不太真实。也许，对和李敏同期迈入职场的一代人来说，公司文化都不过是说给员工听的罢了。

这些打心底认同公司文化的同事，是最有力的文化践行者和传播者。同时，当他们感受到公司言行不一致时，又是如此失望。李敏深知，她需要依赖这些人一起进行组织建设与发展方面的工作。她得好好想想如何发挥这个多元化团队的优势与活力。

李敏还留意到一个情况或者说模式[1]：团队成员这些半认真半调侃的吐槽，引发了陈爽的反应。作为公司的老兵，她对YC的感情非常深厚，以致

---

[1] 模式出自与其他推动者就差异之处反复进行的重复式互动和联系。"显著的差异决定了自组织过程中出现的主要模式"（Olson & Eoyang，2001）。在作者的理解中，模式意味着事件在重复发生，在促进复杂系统的涌现性变革方面，可以帮助组织领导者看见自身无意识陷入的思考与反应模式。模式往往是促进系统变革的关键。感兴趣的读者可以参考更多关于复杂性科学的著述。

容不下别人说公司一点点不好。于是陈爽开始苦口婆心地劝慰大家，要多关注公司好的方面。当陈爽讲话时，尤其是当她带着关怀同时也有些说教意味地劝导大家时，年轻的团队成员基本上都会陷入沉默。他们似乎能够感受到领导者的关怀，但对于说教，他们既没有公开辩驳的意愿，也没有打心底的认同。李敏知道这里潜藏着一个对话模式的改善机会，但还是留待日后再看怎么处理吧。第一次接触就贸然做这种干预似乎不太合适，自己和团队的信任关系缺乏基础，彼此的准备度也不够。

也许是得益于一些成长性团体[1]的训练，李敏比以往更能够发现，这里的每个人都有可爱、可敬的一面。对组织来说，就像OD中常常强调的，**如果有人能带着一种新鲜的、欣赏的眼光来接触组织系统和人，就能够创造一定的价值，**因为：

大家习以为常到已经视而不见的运作模式在新鲜的眼光中更容易凸显出来，将它们识别出来可以帮助组织成员提升觉察水平，进而帮助组织摆脱固有模式的束缚；那些几乎总是被组织自动排除的理念和做法，会更多地在新加入的组织成员脑海中盘旋翻覆，并使其探寻背后的"为什么是这样"和"为什么不是这样"，从而找到创新的机会。

在HR团队中，一群来自"火星"的年轻人和一位生活在地球上的管理者，相互牵扯，再加上李敏这个初来乍到的"空降兵"，会磨合出一个怎样的团队呢？

---

1 成长性团体是以提升自发性、促进个人成长和增强对他人的敏感性为目标的小组。

第二章 初探

入职"满月"

## 第三节 例行却不常规

不知不觉，李敏加入YC已有一个月了。虽然还是个新人，但她已经快速和团队成员建立了连接，重新梳理了工作分工，主要是将人手从杂事中解放出来。不仅如此，她还非常高效地支持杨逸完成了几个关键高管的甄选，在现有薪酬和绩效大架构不变的情况下，设计了有吸引力的薪酬方案，协助杨逸引入关键人才，为新业务的扩张提供了支持。杨逸觉得李敏进入状态很快，于是开始真正意义上把对组织建设与发展的思考及行动重任都移交给了李敏，而自己则更专注于应对外部的市场和竞争，希望带领公司完成业绩翻一番的战略目标。紧贴着这个战略目标，李敏也尝试结合YC的组织与人才现状，开始制定总体的组织与人才发展规划。

这些例行工作按部就班地在推进着，李敏也在逐渐了解"YC人"的行事风格。

某天高管例会结束后，杨逸把李敏和陈爽留下，说有事沟通。一开始杨逸关心了两人的近况，看到她们都迅速进入新的合作状态，他似乎也放下了心里的一块石头。话锋一转，杨逸提及自己参加了一个私人董事会（以下简称"私董会"），成员来自不同行业的企业家，下个月轮到YC作为私董会的参访企业，有些企业家成员提出是否能分享YC的公司文化。杨逸想让李敏或陈爽帮忙准备一份组织文化相关的分享材料，自己也会讲讲未来医疗行业的发展趋势和投资机会等。

李敏听后，内心的真实想法是：自己才刚刚加入公司，还在努力像海绵一样吸收业务方面的资讯，毕竟不能仅靠网上那些零散的名词解释就自认为已经理解业务了。而HR团队看起来也需要自己多花些功夫，才能帮助大家提高准备度，以更好地助力业务的发展。在这个节骨眼儿，被临时分派一些看起来就是老板圈层社交的"政治任务"，自己实在是没什么热情。毕竟，**真正的公司文化是植根在日常互动和沟通中的惯有模式及基本假设**，它们时刻影响着组织适应外部和整合内部的思考与行动。只把那些华丽的辞藻和高大上的口号挂在嘴边，误导他人的概率更高。不过退一步讲，这些拥有大智慧的企业家当然也都心知实际的情形肯定更复杂，会自行辨别吸收什么、搁置什么。满足一下人皆有之的好奇心，似乎也并无不可。念及于此，李敏想着把任务交代下去就算了，准备一份材料也不是什么费劲的事情。陈爽当场就已经准备打开电脑制作PPT了，对于杨逸的话，她一向不会有异议。

谁料，杨逸又来了一句："李总，要不还是你亲自来分享吧！除了分享，也可以提出一些公司实际存在的问题，尤其是跟组织相关的，趁着这次私董会参访，我请这些企业家朋友出谋划策。这次来的都是与我私交很好的企业家，而且大家对组织能力提升这个话题一直都很有兴趣。"

一段话转变了李敏对这个任务的基本设定，她觉得正好可以趁机做更大范围的组织诊断，帮助自己摸清组织的状态，以便更有针对性地制定组织与人才发展规划。不过，李敏想着还是探寻清楚为宜。于是，她调侃了老板一句："杨总，你确定要将'家丑外扬'吗？我本来以为你就是让我们挑些光鲜亮丽的讲一讲，让别人羡慕一下而已呢！"李敏猜想这样的说话方式，既直接坦率，又轻松活泼，应该比较适合杨逸这种既有一定的开放度，又过于强势让人难以提出异议的老板。而且，李敏认为，作为CPO，如果自己都没有内在稳定的状态，可以在与老板保持连接的同时做一些直接的沟通甚至面质，谁又能做这些事情呢？

## 第二章 初探

"做得好的当然应该拿出来说！做得不好的，作为问题提出来，也可以听听大家的建言嘛！我还算一个听得进别人建议的人吧？"

"没有完全听不进建议的人，但每个人确实都有不容易听见异议的时候，尤其是老板，睁开眼就是一堆人跟着，还都是拖家带口的，确实不容易呀！"李敏收起调皮，发自内心地说了一句。**所有人都渴望被尊重、被看见，企业家也是人，不应该被摆放在一个"超人"的位置上而抹杀他们最基本的需求。**

两人相视一笑。杨逸的笑容里仿佛有一句："你懂我就好了！"

经过一个多月的接触，李敏感觉自己在逐步的探索中慢慢找到了一些工作方向。进入YC的整个过程，相比过往的职业经历，李敏觉得最大的不同之处在于，她对自己更有耐心了，不会急于做一些所谓证明自己价值和存在感的事情，也能带着欣赏的眼光来观察整个组织，理解组织中的人与现象，本着好奇的态度去探寻观察中的疑惑，而非直接给出结论。这样的内在状态，让李敏能够自信地放慢节奏。

放慢，不代表没有进取心。李敏将每次与各个部门同事的对话都看成一次宝贵的接触机会。她积极地通过接触，感受组织的文化、氛围、做事的方式方法；从大家的言行中理解这个组织在践行着怎样的行为准则，并不断调适自己的位置、互动方式，以寻找前进的方向。李敏要求自己，在每次与同事的接触中，都要尽可能与更多的伙伴建立一种松紧适宜的互动关系，在谈话中提升自己和他人的觉察，拓展彼此的选项，强化双方的当责。**这些以真诚、开放、平等为底色的互动，帮助李敏在短时间内最大化地累积了信任，在将来的组织建设工作中，这是不可或缺又无法过度存储的资产。**

> 入职 1 个月

# 第四节 组织诊断

杨逸临时交办的分享任务，客观上让李敏有机会实施一次相对详尽的组织诊断工作。在取得杨逸的同意后，相关准备工作就紧锣密鼓地展开了。如果只是为了分享，完全没有必要这样大张旗鼓地进行。说到底，是李敏让杨逸理解了诊断是长期组织能力发展的一个关键准备，而这与其一直以来的关注点高度一致，所以才有了这个特殊的安排。杨逸是一个行动导向的人，这一点从他的决策速度上再一次得到体现。此外，他还会追问："诊断报告什么时候可以出？3天够了吧？"李敏要求至少给她两周时间，她尽量在两周内完成。话一出口，李敏就觉得冲动了，感觉自己给自己挖了个坑。

因为参加过组织诊断的训练，李敏知道，**诊断涉及一系列专业工作，包括数据收集、数据分析和数据反馈等关键过程，也涉及组织有效性模型的运用和不同方法的选择等关键问题。**

这项工作完全超出了原来HR团队成员的经验范围，于是李敏在查阅资料并请教了当时教授组织诊断课的OD顾问后，自行制定了组织诊断的行动规划。规划中明确了诊断的范围、收集信息的方法、涉及的模型与工具、执行的时间等各项细节，随后与HR团队一起紧急召开了组织诊断的项目启动会。

这场会议与其说是项目启动会，不如说是一个精简的培训讲解会。为了降低操作的难度，提升诊断的严谨性，李敏设计的诊断方案以"对立价值架构"（Competing Values Framework，CVF）[1]为基础分析框架。因为这个模型有配套的标准调查问卷，方便进行大范围、低成本的文化调查。除了问卷，李敏还计划按照标准的组织诊断访谈方式，对所有的高管和部分中层经理及基层员工进行一对一访谈，以获取定性的数据，对组织及组织文化进行更深入的洞察。

李敏很清楚凭借一己之力是无法实施这个方案的，所以她必须争取大家的最大支持，并迅速培训一些同事作为帮手。她不免担心年轻的伙伴是否能担当大任，而现实中可用的人力短时间内也无法优化，就算担心也得先往前走。所幸，对于新鲜的工作，伙伴们有很高的热情，学习速度也很快。除了一些辅助性、协调性工作，有一个比较棘手的问题是，李敏需要更多的人分担访谈的工作量。她采用了"在岗训练"的方法：自己访谈高管时，让一位HR同事在旁陪同，以观察自己的做法，访谈结束后再和这位同事进行讨论以解答疑问。然后在李敏的督导下，由这位HR同事访谈一位中层经理，并对其访谈表现进行反馈。如果判定这位同事已经掌握了基本谈话技巧，不至于"污染"数据，李敏就放手让他独立进行访谈，通常是访谈基层员工，访谈时使用统一设计的问卷。用这种方式，李敏组建了一个5人访谈小组，完成了60人的访谈。这60人分布在公司的不同层级，涉及不同的职能。而前面提及的对立价值架构配套的文化调查问卷，则向全员发放，成功回收了636份，收回率将近80%。在动员沟通不足的情况下，李敏对这个结果已经比较满意了。

费力完成了上述工作，数据收集阶段就算结束了，接下来的重头戏是对测评问卷结果进行数据整理，这属于定量分析。这个时候，团队成员的才华就充分展现出来了。大家对Excel、Spss等数据处理软件用得很溜，

---

[1] 参见本书第十一章第三节。

极简组织课

李敏给出基本的数据分割原则（如按照不同的层级、职能、司龄进行划分）后，大家很快就完成了初步的分类整理及比对。李敏提醒大家不要先入为主地解读数据，只要将数据整理好，让它们具有可读性——将原始的数据变成直观的图表等——就足够了。问卷结果显示，在整体上，YC呈现出偏向"临时体制型"[1]的组织文化，这是一种强调灵活、产品独特和创新的组织文化。到了这里，团队已经整理好了一些素材用以完成CEO交代的分享任务。李敏觉得这是保底的工作成果，让自己和团队可以放松心态来迎接后面的挑战。

接下来是访谈内容的数据分析，属于定性分析，这项工作比较麻烦，因为缺乏固定的作业标准，所以难度较大。定性分析的难点就在于，团队成员要先整理好原始数据，也就是被访谈者说的原话，从中进行挑选，再从选择的数据中寻找主题、模式或趋势，过程中的每一步都非常依赖操作者的主观判断。

在定性分析阶段的早期，是基本的数据整理，这个阶段的工作做得是否扎实，决定了后续工作的质量。由此，在工作过程中李敏经常问："这确定是他的原话吗？他是在什么情形下说的？"以此确保数据尽量不被"污染"。她也常常带领大家彼此探寻："在这个人的诸多表述里，为什么我们挑选了这些数据，而另一些没有被选择？"以此理解每个人在选择数据时的意义建构过程。这些探寻客观上会让工作进度变慢，但确实会提升工作的质量。而且，对这个紧急组建的组织诊断团队来说，这是一个重要的学习过程。李敏之所以愿意花费精力练兵，是为了后面"下一盘大棋"做好技能准备。

形成洞察的阶段，是一个在基本的主题、分类中进行思维跳跃，形成

---

[1] "临时体制型"是在对立价值架构下的4种典型企业文化中的一种，详情请参阅本书第十一章第三节。

洞察发现的过程。**组织诊断，并不是像医生一样诊断病人的疾病，诊断只是一个聚焦的过程，旨在从纷繁复杂的组织现象中，发现一些对提升组织有效性至关重要的切入点，从而引发组织的关注、共识与行动。**

在分析的过程中，有时候会借助一些模型作为透镜，帮助团队整理数据并赋予数据特定的意义。此次诊断，除了借用对立价值架构，李敏还借用了企业生命周期理论[1]、星型模型[2]（Star Model™）作为辅助，帮助团队成员从多个角度整理和解读原始数据，形成洞察与发现。

组织诊断的讨论过程会耗费巨大的精力，团队成员连续加班了一周多，才基本完成了报告的雏形。有时候，为了保证思考和讨论的连续性，诊断研讨会议甚至会持续到第二天凌晨才结束。也许，大家是第一次这么系统地探讨有关战略、组织、流程、文化、协作及士气等诸多组织现象，并且这种讨论紧扣组织的现实情境，大家都特别兴奋。

李敏也非常开心，一方面，她看到这个团队在专业追求上的内驱力；另一方面，这个过程对她在尽量短的时间内，相对全面、深刻地理解组织各方面的情况，实在是大有好处。在诊断研讨的过程中，李敏还让陈爽邀请了几位中层经理过来，将数据匿名化处理后，请他们看看整理出来的原始数据，听听HR团队的推论过程，并听取他们的初步观点。这种互动和交流进一步拓展了彼此的视角，中层经理觉得这个数据分析的过程可以帮助他们站在更立体、更全面的视角来看待某一类组织现象，就像以YC作为案

---

1 多位学者提出了有差别的企业生命周期理论，包括但不限于埃里克·G.弗拉姆豪茨（Eric G. Flamholtz）所著的《成长之痛：建立可持续成功组织的路径图与工具》（中信出版社2017年出版）、伊查克·爱迪思（Ichak Adizes）所著的《企业生命周期》（中国人民大学出版社2018年出版）。他们所提出的企业生命阶段是有差别的，详情请查阅相关著作。
2 星型模型是著名组织学者约翰·K.加尔布雷斯（John K. Galbraith）提出的用于组织设计的模型，他的基本假设是，不同的战略需要不同的组织系统予以承载，而设计一个组织系统需要系统性地考虑架构、过程、目标与衡量、人员等关键要素。具体请参阅加尔布雷斯的相关著作。

例，上了一堂生动的系统思考课程一样。

在诊断过程中，有位HR同事直接问了一句："你们觉得我们判断得准吗？"李敏顿时有一股冲动想让他停止发问，**因为组织诊断并不是一个寻求唯一正确答案的过程，组织问题根本不存在单因单果的简单因果链，而是一个复杂的、多因多果的系统互动的结果**。团队需要寻找的是影响提升组织有效性的模式，是干预的焦点和杠杆点，而不是一个所谓的"正确答案"。但她转念一想，既然人们普遍的观念就是寻找正确的答案，那就先听听大家的观点，这也是有好处的。

几位经理反馈横向部门之间在协作方面的困难和抱怨比以前要多，尤其是业务前线和职能部门之间的协作困难，同时也谈到公司"经营策略模糊"的问题，这与李敏和团队成员锁定的焦点基本是一致的。这些反馈一方面增加了李敏和同事们对诊断发现的信心，另一方面很可能预示着，这是一个大家都知道的情况，并不是什么新发现。

诊断过程让HR团队得到了不少成长，也让HR团队成员和李敏有了实际的工作磨合。很明显，有些成员更喜欢李敏这种专业性强、要求高、节奏也快的工作方式；有些成员则觉得这样太辛苦了，短期还可以接受，长期下去就受不了了。李敏看在眼里，心中有数，这么多年带团队的经验让她可以淡定地面对这一切。陈爽的做法则让李敏哭笑不得：尽管李敏已经提前强调了访谈的主要目的是收集信息，不要做额外的干预，但陈爽竟在访谈员工时，听到对方抱怨公司，还是忍不住"劝告"了几句，而且得意地认为自己取得了"不错的效果"。李敏不好责备她什么，只能生生地把"一口老血"咽了回去。

## 第五节　突然卡住

　　直觉告诉李敏，她应该以最快的速度将诊断发现向杨逸做反馈。虽然她知道一个临时组建的团队所带来的诊断和发现，有很多地方都可能会出现问题，但在这个以快打慢的时代，速度能够带来压倒性的优势。退一万步讲，哪怕CEO认为这项工作毫无价值，她也只是浪费了团队一周多的工作时间，这一仗输得起，她可以马上基于反馈进行调整、迭代。更重要的是，李敏认为这项工作不可能毫无价值，她只是不太确定团队创造的价值点具体在哪里，以及价值有多大。

　　主意初定，李敏马上约了杨逸做单独沟通。她带着初步整理好的诊断材料，前往会议室向CEO反馈。**反馈是组织发展中的一个重要环节，是连接组织诊断和组织干预的桥梁。如果说当初向CEO申请实施组织诊断是取得了一份合约，那反馈可以认为是诊断合约的结束，是否能够取得组织干预的合约，取决于反馈会议是否能顺利地达成共识。**

　　沟通一开始，李敏就框定了当天的谈话焦点。简单介绍了组织诊断的基本思路和一些主要过程后，两人的对话主要聚焦在几个关键的发现上。

　　关于在组织诊断中发现的有关流程混乱的问题，杨逸没有太多异议，并提及已经委任运营副总裁和CTO牵头组成一个特别工作小组，推动流程优化工作。因为这个优化与数字化转型高度相关，所以就由CTO统筹安排、推动。但是，对于李敏提到的"经营策略模糊"问题，杨逸觉得是不存在的，起码他认为自己已经说得很清楚了。让他感到不满的是，大家居然还认为他说得不够清晰和明确，难道要他手把手地告诉所有人该怎么做吗？此时，李敏明显感觉到杨逸语速变快了，似乎有一种烦躁的感觉。

在谈话前，李敏没有特别预设谈话的方向和杨逸的反应，只是提醒自己尽量在做到真诚、开放的同时，能够有同理心，多站在杨逸的位置去体验和感受，同时为他提供这次诊断中的数据和发现，促使彼此对组织系统有更立体、更全面的感知和洞察。

她定了定神，对杨逸说道："公司这两年的经营策略是开拓创新，抓住民营诊所的扩张机遇。这一点，我们已经从访谈中了解到了，然而我们在组织诊断调研中听到的另一种声音是，尽管方向明确，但大家对于具体怎么做，依然感到模糊，不够清晰……"

"那你的意思是，管理层还不是很认同我制定的经营策略？"没等李敏说完，杨逸便打断了她。

"我们从访谈中了解到的是，大家对经营策略有共识，但对于具体怎么执行以达成战略目标，还不清晰。目前大家似乎依然在使用惯用的方式来解决问题，并没有看到更多的突破和创新。因此，管理层之间仍然需要达成一个基本共识。"

这回杨逸没有急着打断，但他仍然坚持称："经营策略、战略目标和执行方案，我在每次的管理层会议上都已经讲得很清晰了。如果说执行出了问题，你作为CPO，应该想想如何赋能管理层，提升执行力！"

"杨总，我想今天我们的焦点是这次访谈的几个关键发现，如果大家能够一起看见，对现状达成共识，共同发现目前公司在快速发展中的痛点，再共同行动，那对我们今后制定组织发展的通盘策略会非常有帮助……"

李敏事前对自己的提醒在此刻发挥了作用，每当她和CEO的对话氛围稍变时，她都会仔细检视一番，并反思和分辨：

- 现在我们是在拓展彼此的视角，还是陷入对错输赢的争斗中了？
- 现在我是在试图理解他，还是在试图让他理解我？
- 我们不同观点背后的基本假设有什么异同？

……

虽然说诊断并非一味地挖掘问题，也可以基于未来的愿景来识别优势，更好地设计未来，但大部分人都倾向于聚焦不满意或觉得有问题的地方，认为那些做得好的地方是理所应当的。这些观点虽然出自"希望公司变得更好"的良好意图，但它们在"视公司为己出"的企业家心中所引发的波澜，绝对不应该被轻视。**用一句"我是出自好心"就将他人的感受置之不理，是一种心智不成熟的表现。**因此，在组织诊断后召开反馈会议的过程中，李敏一直提醒自己注意对话中的节奏、氛围，保持一种合适的张力状态，既考虑听者的感受，同时也不粉饰太平、歪曲发现。李敏认为自己在这一点上做得还是不错的。

但很意外的是，在对话中，杨逸一口咬定经营策略模糊的问题是不存在的，他对未来想得很清楚，也给大家指明了方向，组织发展就是要提升大家的执行力。杨逸似乎无意间陷入了一个误区："讲过了"就等于"理解了"，"理解了"就等于"会做了"。

正当他们的对话有点卡顿时，杨逸接了一个很重要的电话，沟通过程被打断。接完电话，他的心思很明显已经不在对话上了。李敏只好结束了这次谈话，一次未真正结束的谈话。

而这次未真正结束的对话，也引发了李敏的一个思考：企业内部**OD**实践者对组织的诊断和反馈，要以怎样的状态来清晰地表达主张，才能使对方感受到自己的信任和专业，而不是评判与审视？只有这样，诊断中的发现才有可能被看到、被使用，才能给双方创造和平对话的空间，而不是让对话变得无所谓、不愉快。

尽管自己没有评判的意图，但李敏还是能切实感知到杨逸觉得自己被评判和质疑了。这让李敏再一次体验了**意图与影响之间的落差**，人与人之间的互动，真的有难以跨越的障碍。

> 入职1个半月

## 第六节　内心的挫败感

李敏原打算向杨逸反馈之后，可以顺势推动高管一起做一场经营策略方面的共识会议，以帮助高管减少分歧，推进共识。可实际的反馈结果让她卡在中间，进退不得。她在反馈会议中没有得到CEO的认可和正式授权，也就无法推动经营策略共识会的干预举措。更让她难受的是，对于CEO提出的所谓提升同事们的执行力，李敏内心并不认同。在会议现场她没有直接予以反驳，直觉上选择先缓冲一下再来处理。入职YC以来，她已经好几次这样有意识地进行冷处理，而不是像以往一样，冲动之下什么话都脱口而出。**她希望自己每次的表达都是在清晰的意识下提出的有力主张，而不是情绪化的反应。**

李敏将与CEO沟通的情况跟陈爽和HR的同事们做了共享，参与诊断项目的几位同事显得特别失望，积极性大受打击。而陈爽的反应则让李敏很恼火。当初立项做组织诊断时两人已经做了沟通并达成共识，现在推进不顺，陈爽却来了一句："那还是踏踏实实地帮老板做好绩效考核和薪酬激励吧，务实一点。"李敏本身就很失望与懊恼，听到陈爽这么一说，她立刻反问道："所以你是说组织诊断这件事情不务实吗？"

"李总，我不是这个意思，我只是想说杨总的这个反应我不意外，我们的经营策略和目标每年在管理大会上都会反复强调……"

"所以我们才要改变一贯的做法，只有这样才有可能在业务上有所突破，否则实现战略只是一句自嗨的口号……"李敏感觉自己此刻已经迅速进入战斗状态了。但她马上又意识到，按照所学的理论，也许自己是将对杨逸的愤怒和因项目不顺而导致的挫败感都转移到了陈爽身上。此念一生，李敏顿时觉得既羞愧，又失落，还有点自责。在迅速检视了自身后，李敏觉察到自己对于不同的声音，很快又陷入了对错输赢的争斗中了……参与了如此多的成长性团体，自己却依然保持着"易燃易爆"的体质。刚刚还想着自己已经学会了冷处理，不那么冲动，转头却又啪啪打脸了。

而陈爽马上进入了苦口婆心的解释和劝慰模式，就跟李敏第一次看她和下属沟通时的样子一模一样。李敏一句话都没有听进去，就差吼回去了。她瞟了一眼旁边的同事，大家脸上写满了尴尬。她只好强打着精神，说了些言不由衷的感谢，然后就离开了办公室。陈爽能感觉到李敏的情绪不佳，但并没意识到是自己的劝慰和"事后诸葛亮"击中了李敏的情绪按钮。

回到家中，李敏脸色阴郁，浑身上下都散发着"不要来惹我"的信号。直到泡了个长时间的热水澡，李敏才逐渐松开了心头那根紧绷着的弦。她在内心和自己进行了一场对话：今天我是怎么了？跟杨逸的谈话真的称不上非常不愉快，陈爽的那句话其实也远远算不上有敌意，自己为什么就爆了呢？难道自己因为努力没有被看见、被认可而感到失落吗？还是原来预想得过于理想，所以无法忍受这小小的挫败？

李敏认为可能有一些不在她意识范围内的事情正在发酵，让她失去了平日敏锐的觉察力。

> **思考空间2**
>
> 通常我们不易察觉到自己的假设及做法是如何建构一个"我以为我看到"的"现实"的。
>
> ——《大小团体动力学》，夏林清

虽然有断章取义之嫌，但我们仍然希望把这种回观自我和建构对世界的理解的相互关系视角带给大家。在你刚刚加入一家公司时，带着一些警觉、好奇和开放性，睁大眼睛，竖起耳朵，诚心探问，也许能够帮助你既看清公司的历史脉络，又持有不囿于僵化传统的多重视角，从而构建一个更适宜的组织现实。

### 初探阶段

1. 对比以前，李敏这次加入新公司后，有哪些刻意的新行为？你认为她为什么这样做？

2. 在你的视角中，作为空降兵的李敏，在初探组织的阶段，其所隐含的行事策略是什么呢？

3. 李敏趁机启动了组织诊断，这个过程中有很多挑战，你认为最大的挑战是什么？如果由你来负责这次组织诊断，哪些部分可以做得更好？

4. 尽管反馈不太顺利，但李敏在谈话中仍有一些地方值得学习，你觉得是哪些地方？

# 第三章　破局

## 入职 3 个月

## 第一节　成长，永无止境

新公司各种忙碌的工作并没有挡住李敏参加定期的成长性团体。恰恰相反，她决定把在新公司的感受好好跟伙伴们聊聊。虽然她基本已经破解了上次情绪小爆发的可能原因，但是，团体永远都有不同的视角，常常让她感到惊喜，当然有些时候是惊吓。

团体共有12名伙伴，这次都来齐了。团体带领者宣告开始之后，是一如既往的一小段沉默。这已经是第6次集中了，大家都能够相对自如地跨越边界，进入团体时间后，尽量为彼此创造"此时此地"（Here and Now）[1]的成长体验。这个"此时此地"的概念并不那么易于理解。人们在谈话和思考时大多都指向过去某个时间、某个地点所发生的事件或感受，这种状态非常自然，大家可以舒适、安全地谈话。而且，很多时候，谈论过去可以帮助人们回避在谈话的那个当下正在体验的狼狈不堪的状态或尴尬的局面。可偏偏在那个时候，直面当下正在发生的一切更能够帮助人们

---

[1] "此时此地"（Here and Now），一个术语，会在塔维斯托克的团体学习活动（如团体关系会议）中提到，也会在完形团体、经典T-Group或人际动力实验室中提到，大意是鼓励大家专注当下，尽可能觉察正在发生的一切。

获得一些宝贵的领悟和学习经验。

要关注当下这一刻、在所处的地方正在发生什么，是一件相对困难的事，甚至有时不那么舒适。试想一下，你和某人发生了争吵，彼此正在向对方怒吼着。你是什么时候觉察到自己正在怒吼的呢？是在吼完之后？是在吼的当下？还是在即将怒吼的那一刻就有了这个觉察？用不太严谨的话来形容，关注此时此地的体验和感受，等于练就了一种在（事情、行动或体验发生的）当下就能转变自身的思维、感受和行动的能力。毕竟，**控制不住的怒吼，与闪过一丝觉察后选择怒吼来表达立场和态度，是完全不同的两种状态，尽管都需要承受后果**。但前者毫无自由可言，任由情绪绑架自己；后者则是一种选择，一种更能掌控自身的过程。简单来说，成长性团体要练就的就是上面所说的这种能力，尽管这样说不够全面。

李敏首先发话，打破了沉默："最近，我加入了新公司，也不算最近，入职有3个月了，我跟我的老板、跟我部门的同事差点干了一架。直到此刻，虽然我已经释怀了，但有个疑问不得不说，我已经用百般修行来磨砺自己了，可还是会陷入情绪绑架之中。对此我是蛮失望的。"

A君："我很好奇，你说你失望，可你为什么还要来呢？"

李敏："我不是觉得自己成长不够嘛……"

B君："但你不是说你觉得失望吗？我跟A有一样的疑问。"

李敏："所以你们觉得失望就不能来啦？"

B君："我没有这个意思，我只是想了解为什么一种让你失望的学习形式还能吸引你来参与。"

李敏："拜托！我是对人是否能得到足够的成长感到困惑，或者说是怀疑，并没有说对成长性团体有什么怀疑，我觉得你把你的想法强加给我了……"

短暂的沉默。

C君："我有类似的体验，通过参加成长性团体，不断练习自己的觉察，在情绪管理方面确实已经好很多了，不过，也会爆……"

李敏调侃了一句："但是没爆得那么频繁，而且，爆炸的威力应该也小一些吧？哈哈！"

C君："确实。"

D君："当几位在谈论这些变化的时候，我也在反思自己这段时间的表现，好像没什么变化……也可能是没有特别的事件来检验自己是否比以前更加有觉察力了。"

C君："从你现场的表现来看，我觉得你比以前更加沉得住气了，以前比较像火药桶。"

D君："确实，我就是看不惯。就好比李敏刚刚提到自己部门的那个人，我忘记名字了。"

李敏："我说的也不是真名，没关系，叫他X就好了。"

D君："对，那个X，类似'马后炮'一样的人，是我最讨厌的。事前没什么贡献，事后就好像洞察了先机一样，换作我以前，一定当面怼回去。"

听到别人这样说，李敏瞬间觉得像找到了同盟一样。

D君继续说道："你也是，我以前觉得你还挺有魄力的，这次听你说的，你怎么像鹌鹑一样，缩手缩脚的？"

李敏心中一下子起了火，心想凭什么由你这样来评价我？你是谁呀？

正待发作——反正团体是一个实验场，只要不动手打人就好了——突然，她又转了念头，说出一段话："当你这样说的时候，我很生气，因为我觉得自己被评判、被贬低了。我都已经撸起袖子准备跟你大干一场了，即使知道你没有敌意，但听到那些话的时候我还是非常不舒服。"李敏顿了一下："我想这是我的一个成长议题吧，就像我提到的这个X，我的同事，她那种苦口婆心的劝导会马上激起我的反应，而被人评价，尤其是带有贬低意味的评价，更加让我火冒三丈……平时我肯定怼回去了。"

……

团体继续着思绪的涌动、冒泡，带领者时不时介入推进一下，李敏的内心却经历了一番波澜，学习OD时的那句话此刻又浮现出来了：**干预的效果取决于干预者的内在状态**。李敏回想这一个月以来，自己在"术"的层面做得其实已经不错了，她注意与组织的接触，建立良好的协作关系，争取团队成员的信任，执行相关专业工作时，遵守专业的操作准则。唯独此刻，她才发现，自己不见了。自己的主张、自己的情感、自己的直言不讳、自己不达目的誓不罢休的那种劲儿，好像都无影无踪了。李敏想：我到底是成长了，还是退化了？

当李敏在团体中分享这一段反思和疑惑时，引发了不少人的感触。其实，如果没有这些真实故事的共享，没有彼此在现场互相按"按钮"（情感按钮）的过程所引发的激烈情绪和即时反思，团体就像密友拉家常。但是，**有了一些专业的促进和特别的场域，真实的谈话、真实的感受再加上深刻的反思，却能带来冲击性的体验和学习。**

这些思想和心灵的激荡，让李敏多了一个审视YC和自己的视角，让学习继续发酵……

## 第二节　因爱生痛

团体中的实验场能够提供成长所需的支持，但要检验成长的效果，只能回到现实生活中。对李敏来说，急迫地证明自己的能力早已不是核心主题。在多次团体互动中，她已经逐渐解决了这个议题，但她依然能感受到一种焦灼的情绪，一种希望有所成就却力不从心的无奈和焦虑。3个月前与杨逸的偶遇和一拍即合，让她重新燃起了几乎被掩埋的职业理想：协助一位有组织理想的创始人，践行OD的理念，打造一个美好的工作场所，一个人人向往的美好组织。可是，加入YC 3个月以来，李敏认为自己除了重复本来就已经做得很好的工作，并没有任何突破。被寄予厚望的组织诊断，李敏原本期待它能够带来足够的冲击，进而推动组织建设与变革，现实中这个期待也落空了。

李敏又一次陷入了信念危机，这次的情况比以往更加让她绝望。如果说以往是因为没有遇到重视组织系统建设的企业创始人，那现在在YC，有了杨逸的支持，她却依然看不见什么希望。难道自己想要的只是一种可望而不可即的乌托邦吗？李敏开始意识到，也许她对杨逸有一个理想化的幻觉，而现在，幻觉破灭了。

与这个幻觉一起破灭的，是来自家庭的另一个幻觉——老公靠得住。一阵急促的电话铃声把李敏从职场的千头万绪中拉了出来。"请问是钱多多妈妈吗？我是多多学校的班主任曹老师。打电话给你是想通报一下多多的情况。你们多多在学校把一个男同学给踹了，腰都踹淤了，他妈妈现在要追究多多的责任。作为老师，我也认为这种行为对一个9岁的孩子来说是非常恶劣的。另外，多多这段时间提交作业不及时，很多错误的拼写也都没有订正，我和多多爸爸反映过几次了，还是这样。你最好能来学校一趟……"听着老师扫机关枪般的指责，李敏的怒火"噌"的一下窜到了胸口。这段时间她早出晚归地忙新工作，孩子的教育自然就落在了先生的肩上。然而很显然，老师刚才的一番"控诉"已经充分证明了，孩子的教育和学习辅导交给先生是多么天真的想法。

好不容易处理完学校的事情，李敏拖着疲惫的身体回到家，心里还祈祷着小男孩的伤别有什么大碍。见到先生，正要开口，谁知他先说道："今天怎么回来得这么早，没有留你的晚饭，怎么都不提前打个招呼啊？"这反问的语气还夹杂着对李敏的不满。李敏再也忍不住了，声调立刻拉高了八度，把今天学校发生的一切及这段时间积累的不满统统吼了出来。起初，先生还争辩几句，辩着辩着就成了李敏的单口相声，多多吓得躲进了自己的房间。李敏越说越气，越说越委屈，仿佛一家子的责任都需要她一个人来扛。她何尝不渴望家里的队友能给予一点支持，哪怕是几句安慰的话！

想到这儿，李敏更是悲从中来。带着推动组织建设与变革的热情和使命加入YC，稍有一些思路却莫名地被卡住；渴望回到家中能得到家庭能量的滋养并获得力量，然而面对的却是一地鸡毛。都说OD专家带有系统的视角，会运用更全面、更客观的视角来看待问题，可是此刻的她被这两件事同时拉扯着，情绪跌到了低谷，怎么也走不出来。

加入时，是为了理想。而当理想无望时，李敏感觉没有能量和兴趣继续下去了。换作以前，也许她会熬一年，让履历好看一点，然后找一个大家都容易接受的理由，和平"分手"。在职一天，就做好基本工作，不失专业水准即可。可是现在女儿多多在学业上开始出现不好的苗头，先生不给力，孩子的教育眼看就要"掉链子"。想到这儿，李敏好胜的一面仿佛被四面八方的压力给激发了起来。在成长性团体中的学习，让李敏决定不

## 第三章 破局

再用以前那种表面坚持实则放弃的方式来对待工作与理想。她决定奋力一搏，把所有的想法与感受向杨逸和盘托出，和他直接沟通，坦坦荡荡地说话，如果谈不拢，就干脆地离开。

李敏再次想办法约了CEO杨逸。见面一开始，她就开宗明义地述说了最近这一段的心路历程，并诚恳地提出了辞职，用行动表达了自己没有能力帮助YC提升组织能力，建立一种释放人类天性的组织文化氛围。她承认自己对杨逸抱有幻想，现在幻想已经破灭。当然，李敏清晰地说明了这一点跟杨逸其实没有什么关系，更不是他的错，仅与自己的职业理想有关。

杨逸一开始还以为李敏是在开玩笑，或者是以一种以退为进的策略来试图改变他的立场和态度。慢慢地，他发现李敏确实是在纯粹地分享她的内在世界和情感历程。虽然杨逸总体上不是一个很有耐心的人，但他十分清楚地意识到，自己正面临一个真正意义上的抉择：认真考虑自己的组织理想并抓住眼前的队友；或者放开这个过于理想化的"路人"，然后各走各的路。杨逸第一次面临如此没有回旋余地的、不允许避重就轻的情势，他必须做出真正的选择，而不是说一套做一套！

如果杨逸感觉李敏此时只是一种"逼宫"的姿态，那他绝对会快刀斩乱麻，直接就解除合同，一拍两散。业务不好做，HR还是好找的。但他的感觉偏偏不是这样。

杨逸："我觉得你现在下判断为时尚早，对我这么快就没有信心啦？这个辞职我不接受。"

李敏："我不是对你没有信心，而是对我自己没有信心。"

杨逸："变革遇到阻力很正常。重要的是，我们自己要坚定。" 杨逸用坚定的目光看着李敏，继续说道："第一次见到你，我就深深地感受到你对自己认定的目标是有信念、愿意投入的。你和我一样，对目标有着执着的追求，这也是我们组织现阶段特别需要的。我对你有信心，而且你可以根据自己的观察自主采取一些行动，不一定事事都要经过我的设定和安排。我相信，要成就非凡的事业，就需要不拘一格……对于上次你找我反馈的问题，我也是有反思的……"

他们聊了很多、很多……

杨逸的话中，有鼓励，有授权，也有一些反思。他认为自己也需要学习如何变得更加开放，不要总执着于自己认为的真相，而要倾听更多。李敏感叹道：**当聪明人能够不执着于认为自己掌握了唯一的真理而开始反思时，就是蜕变的开始。**

这次交流，就如一道灿烂的阳光照进了李敏的心里，她没有再说辞职的事。回到办公室，站在窗前眺望远方，此时李敏更多地感受到的是信任感，而这种信任感和第一次见到杨逸时的感觉既有类似之处，也有不同之处。想到这里，李敏内心响起一个微小但坚定的声音："继续干！"

## 第三节　即兴发挥

又逢公司定期的高管例会，大家正在讨论当前的经营情况。逐渐地，话题转移到关于销售部和技术支持部一起合作推动销售复购率提升的关键举措上来。向来沉稳的林峰用一种理性且礼貌的方式指出，如果客户满意度不高，客户服务的品质做不到极致，那么一切都是空谈。这话隐隐在指责技术服务部的工作没有做到位。张勇则坚持说这不是工程师能独立解决的问题，是产品质量和稳定性的问题，还涉及销售部临床支持的同事们到底有没有做好患教工作……两位高管尽管嗓门不大不小，语速不快不慢，但各自都在极力证明自己掌握的才是事实和真相,现场的氛围很微妙。两人的立场越来越僵化,但冲突依然被包裹在理性和礼貌之中,既没有充分地爆发出来,也没有自动地消失,让整个对话卡住了,前进不得。

李敏隐约感觉到高管们似乎正在找一个"根本的原因"和一个"需要为此负责的人"。她对YC所处的行业显然是缺乏深刻理解的,但对于人与人之间的互动相当敏感。李敏深深地知道,**人们一旦进入一种辩论对错、争论输赢的模式,对话就非常低效了,对彼此的关系和情感也会造成伤害。**

虽然没有得到明确的授权来主持这场高管例会,但李敏认为杨逸已经授权她自主行动了。而且,在那个当下,她确实认为自己应该做点什么,也相信自己有能力发挥一些作用。根据前面几次的参会经历,李敏感觉高管团队中基本没有人对"对话过程"本身有管理意识。因此,李敏介入的第一个动作,并不是发表关于事情(也就是内容)本身的看法,而是帮助团队对对话过程增加觉察和认识。

李敏选择先询问一个试探性的问题:"各位,我对我们会议的过程有一些观感,各位愿意听听吗?"

在大家的点头示意下,她继续说:"我感觉氛围开始变得微妙,是理性的,也是紧张的,尽管这种紧张包裹在大家努力营造的礼貌和调侃中。我想我们大家都在乎彼此的感受,所以才会这么努力地磨平自己的棱角。"一句话让大家的心情舒缓了一些。"但是,我想这种紧张是我们此刻最不需要的一种感觉,因为如果没有自然、松弛的状态,要解决这类分歧,是不容易的。"李敏停顿片刻,估摸着大家都在期待她提出什么建议,于是放缓语速继续说:"我有个建议供各位考虑,看看是否能够让我们的对话更容易一些。第一,大家也许可以多一些提问,尤其是在听到不同的看法和观点时,刚才大家基本上都是各说各的;第二,大家在说和听的时候，都尝试区分一下自己说的或听到的是一个客观的事实（数据），还是一个对问题的界定或对原因的假设，是一种关于行动的主张，还是仅为了表达一下心。"看到大家似乎有点疑惑，李敏加了一句："我会协助大家，其实做起来没有那么麻烦。通俗一点来说，就是与其藏着掖着，还不如痛痛快快地说出来，大家不用憋得那么辛苦；即使吵架，也要吵得有水平、有章法……"这一句把大家逗笑了。李敏意识到解释和讲道理比较难打动大家，如果直白一点（虽然不严谨），显然更加有效。氛围已经悄悄地有了一些改变。李敏紧接着说："如果在此刻重新调焦一下，大家认为我们需要探讨的真正议题是什么？"这个**"重构问题"的设问，常常能够帮助李敏打破僵局，寻找新的可能性。**此刻她又用上了。

李敏知道这个问题根本就不好回答。在复杂的情形中，能够提出一个相对准确的问题，其实已经解决一半的问题了。即使有一个大致正确的方向，高管们也常常需要在过程中重新构建问题的具体定义。

可能是因为从来没有人像李敏这样打断大家并确认彼此对问题的理解是否一致，高管们一下子被问住了。他们发现原来彼此都还有没锁定真正的问题，就匆忙地解决问题，然后卷入各种解法的分歧中，甚至跳到谁该承担责任、谁该采取行动的步骤。在李敏看来，团队默认的问题就是"必须有一个人或一个部门承担主责，要么是销售部，要么是技术支持部"。但如果这就是一个解决问题的思路，那么它对应的要解决的问题到底是什么？

有人说："提升销售复购率，其实是扩大客户关系维护的ROI[1]，这就是我们要解决的问题。"也有人说："我觉得要解决的问题是如何提升客户满意度，而客户的满意度和我们的产品质量有直接的关系，研发和质量

---

1 ROI为Return of Investment的首字母缩写，译为投资回报率，是指通过投资而应返回的价值，即企业从一项投资活动中得到的经济回报。

部门要提升产品质量。"还有人说："其实是因为我们的新客户拓展乏力，各种竞争对手对我们的生存空间形成了挤压，所以我们才如此强调复购，要解决的其实是我们整体市场竞争的问题。"在李敏有意识的引导下，更多的洞见、观察被表达出来，话题不再只聚焦于销售部和技术支持部。一方面，大家都拓展了视角；另一方面，大家意识到，团队并没有就解决一个什么样的问题达成一致的看法，自然也就无法达成行动方面的共识了。

通过李敏的介入，大家虽然没有更高效地推进问题的研讨，甚至比平时更慢了，但是大家发现，一些貌似简单的过程干预和引导，似乎能够将研讨效能提升一大截，不浪费团队中每个个体的聪明才智。看到大家轻松的笑脸、投入的神态和充分而舒畅的表达，李敏觉得自己的干预成功调动了团队的新能量，尽管未解决问题，但团队积攒了更强的能力和能量可以去继续推进会议，而不是毫无收获地结束会议，或者仓促地拍板做出决策。

因为在例会上没有足够的时间充分探讨被卡住的议题，杨逸决定让高管团队集中几天，详细探讨经营上的各种策略性议题。而李敏顺理成章地成为会议的组织者和主持人。用杨逸的话来说，"我们也有了一个私董会教练"。李敏笑了笑，心想，只要CEO欢迎并允许这个角色存在，愿意给予这个角色空间，怎么命名这个角色自己都没意见。

杨逸在会后抓住李敏问了几句，说他觉得李敏今天所做的事情和私董会教练做的差不多，这样挺好。李敏感到很欣慰，因为老板看见了这个干预的价值。同时，李敏也觉得，自己之前直言因为理想幻灭而离职，客观上也触动了杨逸，让杨逸认真地重新评估了与她的合作关系及他自己的合作姿态。事实上，杨逸并没有直接告诉李敏，他在心里已经形成了一个认识，那就是李敏可以是一个盟友，但绝对不是一个只会听令的士兵，而他认为自己需要的是拥有组织建设信念、智慧和实力的左膀右臂，而不是乖巧伶俐、阿谀奉承的员工。

无论如何，李敏感觉到了杨逸的一些微小的改变，这让她又增添了几分信心！原来卡住的工作，又意外地有了转机……

## 第四节　不期而遇

李敏嗅到了发力的机会，就像鲨鱼闻到了血腥味一般兴奋。而杨逸虽然对组织诊断反馈中提及的经营策略模糊予以否认，但当他在例会上直观地体验到了过程促进的好处后，又突然要求李敏赶紧组织一场更大范围的经营策略共创会。老板真是善变啊，杨老板更是如此。

李敏觉得这是一个难得的机会，但她需要了解更多相关背景，所以她欣然接受了任务并第一时间找到陈爽，向她了解过往公司是否组织过类似的研讨会。

"所以，杨总要求我们组织一场经营策略共创会，而你打算让核心管理层专门闭关两三天，去外面的酒店而不是在公司的会议室一起讨论共创，对吧？"陈爽听李敏说了她的想法和情况后，跟李敏确认了一下。

李敏："嗯，以前公司应该也组织过类似的会议吧？"

陈爽："有倒是有，比如年会前后的务虚会，核心管理层会找个度假村一起开个会，顺便放松一下，以前还搞过一些拓展活动之类的。"

李敏："去年也有，对吧？"

陈爽："对！不过以前的会议基本上都是老板先发言，大家轮流说一下，感觉不太像你说的这种共创会。"

李敏："那……从你的视角来看，高管们如果听到'共创会'或类似刚才我说的研讨形式，但不一定叫'共创会'，你觉得大家会有什么想法？"

陈爽："还真不好说，我是听说过'共创会'，其他高管就不太清楚了。不过，我们公司的人普遍都比较务实一些。老板以前也请过顾问，这名顾问还在公司上过一段时间的班……"

李敏："顾问？现在还有吗？我倒不知道呢。"

陈爽："现在应该没有了吧？老板有没有私人顾问我就不知道了，公司目前是没有的。"

"好的，"李敏突然想起了什么，"我还想问一下，杨总有没有什么兄弟姐妹或亲戚在YC任职？"

陈爽："现在没有了，以前有。以前财务部的负责人杨茜是杨总的姐姐。我们公司说起来也算一家家族企业，他们姐弟二人一起把公司做起来。不过后来杨茜一直在意大利休假，现在基本已经不担任任何具体的职位了，但她还是公司的股东。杨总和姐姐在公司也不会以姐弟相称，很多人其实都不知道他们的关系，他们也尽量将家庭和公司区分开。"

"那挺好的，能够公私分明，有边界感，是挺难得的。"李敏发自内心地赞叹了一句。在HR的朋友圈，她听到太多家族企业的奇葩新闻了，以至于一听到"家族企业"就不自觉地浮想联翩。客观来说，当家庭系统和组织系统重叠时，对所有人来说，都不容易处理。仅做到有边界感就已经不容易了，处理公私角色的冲突性期待，更是一大难题。李敏认为，既然杨茜现在已经不在公司了，自己大可放下这个顾虑，不做无根据也无必要的猜测。

陈爽:"高管们在经营上确实想法不一样。有些人觉得我们要抢占市场先机,快速推广民营诊所,提升医疗服务的普及性;有些人觉得我们应该把重心放在原有器械业务的创新和开发上;还有些人觉得我们应该收购一些小公司,扩充产品线……当然,其实哪种策略路线都有利有弊,所以大家才会各执一词。"

李敏:"陈爽,我突然发现,你谈起业务比谈起人事工作更加兴奋,而且头头是道!你自己发现了吗?"但凡一个人沉浸于自己所爱之事,李敏都会感叹于对方那种绽放的状态,并因此而感动,发自内心地欣赏对方。

陈爽一开始有点愕然,然后开心地笑了起来:"没有人跟我反馈过这个。"李敏也没想到真诚简单的一句话,似乎说到了陈爽的心坎上。

"我总觉得人力资源工作是辅助性的,远远比不上业务工作对组织的贡献,所以以前参加管理层例会时,我主要都是听业务老大们交代什么,自己尽量配合好。我也不是HR科班出身,不过在公司工作了很多年,老板觉得我还算可靠吧!公司也待我不薄,当公司需要有人做HR,那就我来呗!"陈爽平平淡淡的一段话,让李敏听到这背后的深情、牺牲和承诺。

真情流露的时刻不期而遇,李敏反而有点忐忑了。从认知上,李敏知道这是难得的建立人与人之间情感连接的时刻,但如果她表现得太刻意的话,肯定有负面效应。还是做真实的自己吧!简单、真诚、直接……

李敏突然想起一件事,说:"陈爽,上次给杨总做完诊断反馈后,我心情不是很好,可能说话不太礼貌……"

陈爽:"不是不礼貌,只是不耐烦而已……哈哈!"

李敏："对，因为那时候你讲话的样子太像我妈了，我可从小就受够了……"

"哈哈哈……"

这一刻，在陈爽眼中，李敏不再是一个用专业知识来装点自己的刻板而疏离的CPO；而在李敏眼中，陈爽也不再是一个毫无觉察、兢兢业业的"老黄牛"。

一小段交心的对话，虽然简短，却真诚、松弛、直接。李敏感觉，人与人之间脱下盔甲、以心交心的那一刻，真是美妙绝伦。在接下来的时间里，她们的焦点没有过多地聚焦在工作上，反而更多地谈起了各自的过往、彼此的家庭，当然也包括孩子，还顺便默契地吐槽了一下都从事IT行业的老公……

当然，她们也讨论了接下来经营策略研讨会的组织安排。难得的是，陈爽还提醒李敏说有些人"很难搞"，比较有个性……李敏本能地问了一句："如果有机会让他们每个人说说自己的个性风格，你觉得他们的描述与你的描述相似度会有多大？"

陈爽愣了一下："我们很少公开探讨这些东西，除了偶尔喝了酒后，大家可能彼此调侃几句。"

李敏欣喜地点点头，觉得这也是一个值得关注的介入点。她想起自己在上一家公司组织高管团队活动时，就使用过一个简单的思维偏好分析框架[1]，大家探讨之后，都觉得受益很大。其实，重点不在于工具有多高深，而在于利用这个框架，让大家彼此之间增添了很多理解和连接。

而且，李敏认为，这个活动还会为她接下来干预对话模式创造比较好

---

[1] 详情请参阅本书第十三章第一节。

的条件。根据这几个月参加例会的经历，李敏觉得高管团队内部的对话模式值得关注。在对话中，大家既有回避冲突、维持一团和气的倾向，一旦有差异，又很容易陷入各说各话、立场僵化的局面。关于是否趁着这次组织经营策略共创会的机会实施一些干预，李敏此刻还不太能拿得准，因为指出现象是相对容易的，但她与这些高管之间的互信度还很薄弱，贸然做这类反馈，不知道其他高管是否会认为她在"炫技"，或者感受到被指责，从而引发防御或反击。李敏知道，**一旦引发了对方的防御，在对方心里，自己就已经被推开了，以后要想重新与对方建立连接，会更加不容易**。李敏只能靠临场判断，看看当时的时机和场域是否适合干预。而在会议一开始进行一些具有个人风格的探索，应该会对构建合适的对话场域有一定的帮助。

就这样决定了！在经营策略共创会开始前，李敏决定先带大家做一场关于彼此思维偏好的探索活动，为之后的经营策略共创会打基础。在共创会进行过程中，李敏可以继续使用这个框架来深化大家对彼此的认识。

李敏简单地跟陈爽分享了这个想法，也把框架介绍了一下，得到了对方积极的反馈，这让李敏增添了几分信心。

"能不能给咱们HR团队的同事们先来一场呀？"陈爽突然加了一句，"这样可以让我们先体验一下，现场也能更好支持你。"

这是个极好的提议。

于是，在HR团队内部，李敏小试牛刀了一回。看着大家欢乐的互动，以及团队在短时间内建立的高品质互动关系，李敏感受到了发自内心的愉快。趁着团队欢快的氛围，她还顺便把之前观察到的陈爽和团队互动的情景说了出来，让团队有机会观察自己与他人的互动，并探讨其中蕴含的意义，然后大家共同决定是否要改变。这个小小的讨论会，让HR团队成员感受了一把人际互动模式干预的真实效果。这下，HR团队真正明白了，**在经营策略共创会上，他们真正发挥价值的地方在于过程促进和观察反馈，而不是参与内容的共创**。

通过这个看似随意的试验，李敏实际上也在HR团队内部建立了更加牢固的工作联盟。加上诊断时期的特训及平时工作中的教导，李敏成功地利用自身的状态、观察、反馈和直接指导，帮助HR团队成员建立了清晰的过程顾问视角。她认为，这对HR团队未来助力业务发展是极其重要的。李敏觉得很欣慰，HR团队已经越来越有准备度了，而陈爽似乎也开窍了不少。更可喜的是，陈爽意识到了自己和李敏在思维偏好方面有明显的差异，两人也有了非常好的契机来探讨彼此之间的差异，从而更好地互补与合作。

## 第五节　建立联盟

尽管杨逸已经在例会上正式委派李敏组织一场经营策略共创会，但现场并未来得及与核心领导层就此达成共识。有人认为：CEO都授权了，还共识什么呢？这个观点貌似合理，但从实际情况来说，**共识是大部分成功的组织干预的前提**。李敏决定进行一对一沟通，夯实对话的共识基础。

在组织诊断的过程中，李敏已经跟所有核心高管进行了一对一访谈。有了这个连接打底，现在再去找高管们沟通，就比较顺畅了，起码面熟了。相对上次，李敏特意让这次沟通更随意一点，同时尽量保持双向性，因为她不仅是来寻求支持的，还打算倾听更深层次的声音。李敏的意图是，尽量在轻松的双向沟通中，确认核心管理层对于集体共同探讨经营策略这件事情本身所秉持的态度，是积极的、支持的，还是消极的、反对的？他们对结果感到乐观还是悲观？为什么？他们的主要诉求是什么？

李敏还有另一个沟通目的，那就是简短地向核心高管反馈组织诊断的基本发现。她之所以设定这个目的，就是因为组织诊断的重要发现之一是经营策略模糊。李敏认为，呈现这个数据和发现能够为经营策略共创会建立更好的领导层共识基础。

这一轮的沟通成果丰硕。通过沟通，她更深入且直接地了解了业务高层领导者的业务情况、个人想法和当前的主要困扰。

林峰，主管主营业务，器械事业部VP。要带领医疗器械业务突破瓶颈，林总表示自己压力巨大。而且，他手下带的是一帮打拼多年的老部下，他们的心态对组织的士气、氛围和人心都有影响。林峰希望杨逸重新考虑架构和减员的想法，也认为经营策略共创会是一个不错的契机，可以公开探讨竞争态势、业务发展等事情。

王雷，主管创新业务，医疗服务事业部VP。提及民营医院经营策略时，他表达了不满，新业务需要足够的资源和人力保障，只有用强而有力的手段去争夺市场，才能杀出一条血路，而YC在这方面显得决心不足，动作不够果敢。其他部门的人习惯了一种不紧不慢的协作态度和节奏，这是他最不能接受的，他认为应该把这些问题摆到桌面上来解决。

张勇，技术服务部VP。在沟通中他并没有提及经营策略的分歧，但他认为公司需要扭转一个认知，那就是"技术支持部能够独立影响客户的复购率"。此外，他觉得本部门的工程师也需要赋能，改善他们的沟通风格，因为他们的技术服务专业能力好，但如果因为理性的沟通风格而被客户认为冷漠或态度不佳，那就太吃亏了。

……

透过逐一交流，李敏对每位业务高管的个性特征都多了一些认识。她感觉器械事业部的林峰行事稳健内敛，谦虚又低调，但不太能放得开，说话常常有保留。医疗服务事业部的王雷则很有冲劲，快人快语，常常把"快、狠、准"挂在嘴边。李敏认为新业务确实需要这种杀伐果断的领导者，但内心难免对王雷不关注他人的感受颇有微词。技术服务部的张勇，工程师出身，为人忠厚耿直，但李敏感觉他人际能力一般。

**建立工作联盟意味着，在沟通中，李敏不仅需要探寻业务高管的态度，还需要尽量争取核心领导者群体的支持与承诺。**即使没有这次的经营策略共创会，李敏依然需要在工作中寻找其他机会建立一个相对良性的人际网络。同时，对于关键的组织发展与变革举措，她也要争取核心领导者群体的全力支持和内在承诺。

玩弄政治的代价是高昂的，但完全不从政治的视角来解读组织，则可能过于天真了。**组织系统是一个人类社会系统，在其中行事、成事均离不开对人心的把握，以及对群体倾向性的理解。**只有基于此，才能因势利导，促进组织推进革新，提升绩效。李敏对此深信不疑。她也认为，每跟一位高管进行详谈，她就要为自己的组织建设工作多争取一位盟友。每谈一次，就能让彼此的关系和连接增进一步。聊完这一轮，李敏的心情可敞亮了。

让李敏更加惊喜的是，下班回到家，一推门她就看见女儿从厨房里探出小脑袋，笑嘻嘻地说："妈妈，今天我和爸爸给你做了你最爱吃的荷包蛋大餐！"李敏笑了，还有什么比一顿家人亲手做的美食更让人觉得幸福呢？女儿这么懂事，让她反倒有点愧疚了。先生虽然有时不靠谱，但还是在意自己的，还有什么好苛求的呢？工作上需要联盟，家里的支持者也是自己生活上的盟友，这些都给了李敏巨大的力量……

> **思考空间3**
>
> 心智成熟的其中一个标志，是不轻易将自己的痛苦转嫁到他人身上。
>
> ——《行动探询》，比尔·托伯特
>
> 读《行动探询》时，以上这句话让我们印象深刻。当人们自身的情绪涵容能力有限，无法承载更多的时候，就会有很多应激反应。这些应激反应也许无形中伤害了他人，也许无意中破坏了彼此的关系……
>
> **破局阶段**
>
> 1. 李敏和杨逸在互动过程中，态度上分别有了什么样的松动和变化？
>
> 2. 从加入公司到现在，李敏与组织的其他成员缔造了怎样的关系？书中可能没有提及，但现实中很可能会发生的是什么？
>
> 3. 李敏在与业务领导者建立工作联盟时，具体是怎么做的？为什么建立工作联盟很重要？
>
> 4. 李敏最终用什么样的心态艰难地打破了现状，取得了开局的胜利？你觉得她的情商如何？

# 第四章　介入

**入职第 4 个月**

## 第一节　在心中遇见彼此

"欢迎大家！我是人力资源部的李敏，这几天我的角色是会议的主持人，这不是我的本行，有做得不周全的地方，还请大家多多包涵。接下来的三天，我们将在这个风景优美的地方共聚一堂，一起商讨YC的经营策略。在我发给大家的材料中有这几天的日程安排。大致来说，今天下午我们会举行一个和领导力相关的活动，晚上聚餐。明天早上进入经营策略的研讨阶段，下午5点研讨会结束后，我们计划举办一场友谊比赛。听说我们公司很多人都喜欢打篮球，所以我们安排了一场篮球比赛，让大家舒展舒展。后天上午有一场研讨会，下午和傍晚是户外拓展活动。第四天，也就是最后一天，我们午餐后返程。在这次活动中，HR团队成员会全程提供行政和专业方面的协助，希望可以帮助大家更好地集思广益，同时也趁这个机会充充电，恢复能量。活动正式开始前，有请杨总致辞。"李敏十分从容地开启了整场活动。

杨逸简明扼要地分享了自己对活动的期待，希望大家踊跃参与，积极表达意见，为公司的绩效提升集思广益，为经营策略的创建出谋划策。在事前的沟通中，李敏建议杨逸在开场时尽量设定一种轻松、开放的氛围，以便建立让大家愿意参与的场域，在整个活动过程中，也尽量保持开放。

很快，杨逸就把话筒就交给李敏。她向大家介绍了第一天下午将进行的小活动，旨在增加彼此的了解，以便将来更好地合作。李敏让现场的参与者找到3个自认为彼此非常熟悉的同事，组成小组。最终参与者分成了7组。通过这个简单的指令，李敏就可以观察到参与者姿态各异的行为方式，既有嘻嘻哈哈迅速扎堆的，也有略带焦虑等待被召唤的；有人热心张罗，有人被动响应。

分组结束后，李敏让每个小组共同创作一幅手指画，在一张A1纸上按下4个人的左手掌掌印，每个人在五根手指上分别写下自己的籍贯、血型、专业、描述个性的3个词和心目中的英雄，在掌心写下自己小时候的外号（昵称）。这些信息需要由旁人帮忙写，若旁人不知道，则由本人提供信息，但要用红笔标注出来。这个15分钟的活动，让大家忙得热火朝天。在场的参与者突然发现，大家以为彼此都很熟悉，其实只是一种具有误导性的感觉。工作上常见，有熟悉感，并不见得很了解彼此。活动结束后，李敏邀请大家简单地发表感受。一个参与者的趣味表达引发了大家的共鸣："原以为大家都像牛扒一样全熟了，谁知道原来是在烤叫花鸡，只是把黄泥烤硬了而已，火候还没到呢！"

热身活动达到了预期效果，大家意识到彼此还有很多可以加深了解的空间。李敏顺着这个态势讲解了一个简单的框架，让大家能够更容易地探索彼此的思维偏好。思维偏好会影响决策方式、沟通方式和冲突解决等人际互动的方方面面。作为领导者，必须对它有所了解。

20分钟的框架讲解结束后，整个下午最重要的环节随之展开。知识讲解让大家有了基本的框架来理解具有不同思维偏好（分析、结构、人际或概念）的人的风格特征和沟通习惯。紧随其后的分组探讨和交流，一方面可以增进参与者对框架的认识和理解；另一方面，也是更重要的，大家可以利用这个框架重新探索、认识彼此。

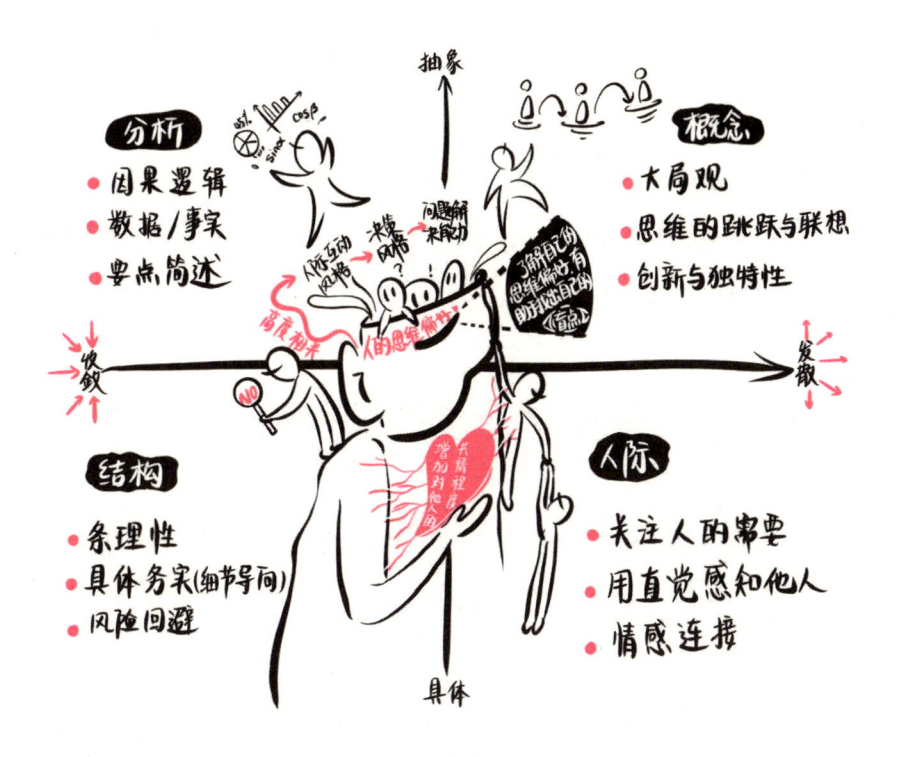

又一个20分钟过去了，李敏喊停了小组讨论，让大家随机交叉走动，重新组成4人组，重复上述交流过程。如此循环，一共做了3轮，每个人都和更多的人有了连接的机会。过程中，李敏在不同的小组之间走动，时不时地提醒、鼓励大家相互探寻对方的故事。那些看似一样的标签和充满个性的形容词的背后，有着丰富多彩的故事。可以说，**这是一个人与人之间互相遇见的场域，温暖而流动。**

中间的茶歇时段，李敏依然能感受到参与者能量的持续高涨。茶歇后，大家还进行了集体探寻活动。李敏用美纹胶在地板上拉出了4个象限，代表4种思维偏好：分析、概念、结构和人际。然后邀请大家走过去站在（自认为的）自己所属的象限。大家可以识别出站位特别符合或特别不符合的同事，并自由发表一些意见。公司管理层中大概有50%的人认为自己的思维偏好是"分析"，也就是拥有特别理性的思考方式，关注数字、逻辑和事实。这个结果让李敏想起了开高管例会时的情形：当出现分歧和差异时，高管们都在强调自己的逻辑和掌握的事实，专注于找出对方的逻辑漏洞，证明"我对你错"。李敏把这个观察作为一个小案例，使用思维偏好框架进行了解释。在这个场合以这种方式指出这种旨在引发反思的反馈，氛围相对比较轻松，看起来大家的接受度也更高一些。李敏也趁机提前做了一个框定，告诉大家，在明后天的研讨中，肯定还会有类似的情形出现，让大家不妨多留意：在那个当下，领导者们是否能够觉察并采取更加有效的方式来应对分歧和冲突。

短短半天的活动，李敏就创建了一种非常轻松、温暖的氛围，为后续的研讨打下了坚实的基础。即使是在公司待了10年的陈爽，都在利用这个轻松的环节来重新认识同事，其他新同事就更不用说了。HR团队成员十分积极，利用这个探索风格的机会，尽量增加对管理层的了解，为日后的工作连接建立更好的根基。

## 第二节　放下焦虑

领导力探索活动结束后，大家意犹未尽。晚上聚餐时，很多人还在讨论下午的话题，觥筹交错间，大家的情感和关系继续升温。CEO是好酒之人，不过，他并不太喜欢劝酒。李敏原本打算早点回房间准备第二天的工作，又临时改变了主意，打算跟同事们多喝点、多聊会儿。事实证明，这是一个无比正确的决定。几位业务领导者，尤其是王雷，一直在"带节奏"，大有将李敏喝倒的架势。谁知李敏酒量不凡，在酒桌上也很会来事，一来二去，跟几位本来还有点距离感的高管更加熟络了。HR团队成员也很积极地与大家互动，尽量跟公司的关键管理者建立更多私人连接。这不仅是李敏的要求，HR团队成员本身的性格也偏外向。**永远不要低估非职权影响力的重要性**。这是李敏的信条。在跟张勇碰杯时，恰好氛围、情境和彼此的状态都比较放松，李敏就建议张勇尝试一下类似"人际动力"的团体训练。李敏提到自己在团体训练中受益很多，认为张勇也能从中有所收获。

因为第二天还要规划并推进整个共创会的过程，因此李敏喝完酒回到房间后稍稍休息了一下，就着手重新梳理共创会的流程规划。共创会是一种非常强调现场灵活处理的活动。老师常常说，活动一开始，就要随时准备丢弃原有的设计。李敏其实也不明白自己为什么还要重新过一遍流程——反正都要准备好随时放弃。也许这样可以缓解一下自己潜意识里的焦虑吧。压力之下，人的精神紧绷，会有各种反应。此刻，李敏就感觉自己正在深切地体会着这些。这场活动是一个难得的组织干预机会，正因为机会太宝贵，让李敏都不禁有点患得患失了。

李敏的脑海里飘过各种细节。在准备设计的时候，李敏温习了很多早期零零散散学过的各种框架和知识，这些东西此刻都一一浮现在李敏的脑海中，如分析宏观环境的PESTAL[1]、分析业务组合的波士顿矩阵[2]、呈现商业逻辑的商业模式画布[3]及最关键的战略思考框架等。李敏知道，在共创会

---

1　详情请参阅本书第九章第一节。
2　详情请参阅本书第九章第五节。
3　商业模式画布出自蒂莫西·克拉克（Timothy Clark）等人合著的《商业模式新生代（个人篇）》，机械工业出版社2012年出版。在本书第九章第六节也有提及。

中不太可能把这些东西都用上，但重温这些东西能让她感觉心安，也更有底气一些，虽然不知道这是不是自我安慰。

每当这种时候，李敏的另一个自己就会跑出来摇旗呐喊：思路不清晰时，先缓一缓，放一放。于是她走出房间，来到度假村前庭的花园。独具匠心的园林设计让初夏怒放的花朵在灯光的映衬下显得非常柔和。推开花园的侧门，站在度假村旁的滨江边，轻风拂面，吹散了空气中的沉闷，带来了一股清新的气息。远眺一望无垠、微波粼粼的江面和沿江摇曳的柳树，似乎给了李敏很多自然的身体能量。她突然想起了苏轼的《定风波》："莫听穿林打叶声，何妨吟啸且徐行。竹杖芒鞋轻胜马，谁怕？一蓑烟雨任平生。"一股豁达之情瞬间涌上李敏心头。确实，看见了天地的宽阔，一树一景就只是很小的一部分。相对于时间更长久的组织的过去和未来，当下的共创会也只是组织成长过程中很小的一部分，确实无须太紧张。更何况，李敏知道自己是在提供协助，只要尽力就好。如果有些议题让大家长期饱受困扰，不可能靠一次研讨就能解决，只要能够有所推进就好了。念及于此，李敏更加放松了。

## 第三节　经营策略共创会

早在前期策划时，李敏就和杨逸沟通并确认了这次经营策略共创会的焦点和范围。杨逸的期待是策略落地、聚焦、快速行动。基于这个特定的需求，李敏设计了策略共创会议的基本流程，便于现场引导核心管理者进行对话。

经营策略共创会开场后，一切都进行得很顺利。按照既定的流程，李敏将会议分成三大阶段，分别是回顾目标与现状、识别差距和寻找对策。

每个阶段都会进行分组讨论，参与者被分成4个小组，每个小组形成的阶段性观点和成果都会进行现场共享，确认基本的共识与分歧并记录下来，然后进入下一阶段的研讨。会议在理性、平和的氛围中进行着。

不过，到了当天下午，李敏发现了一些不对劲的地方。

尽管大家确实在热情、投入地研讨着，但研讨过程有点止步不前。这种"卡住"并没有呈现出明显的冲突，但显然存在某种分歧。分歧具体是什么，并不十分明确。每个人都在有条不紊、逻辑严谨地分析着复杂的形势，提出各种有道理却相互冲突的意见，谁也无法证明自己的观点比别人的优秀，谁也没有打算放弃自己的观点而附和他人。这种缠绕、顽固的理性如同一把钳子，把推进行动的能量死死地钳制住了。有些业务领导者已经开始不耐烦了，尤其是王雷，他有时会特意高声说："这样讨论下去是不可能有结果的，大家各有各的道理。老板拍个板呗！"

对此，李敏选择暂时不做回应，不过她也在绞尽脑汁地想，经营策略共创会为何会出现这样一种分歧形态？突然，李敏意识到，在公司的潜规则里，因为杨逸对辩论、争执特别没有耐心，认为辩论和争论都特别低效，只有行动起来解决问题才是正道，所以大家在他面前不会辩论或争吵，但这些隐性争执、对抗和僵化并没有消失，只是没有以分歧和冲突的形式呈现在杨逸面前而已。

李敏从一开始的疑惑而茫然中缓过来之后，觉得特别开心、兴奋。她决定利用这次机会让组织中的人学会接纳开诚布公的交流，而不是走两个极端：要么避而不谈，要么破口大骂。

理清了思路，李敏拿起麦克风，用手势和眼神，再加上一句"请大家稍停一下"，表达了自己希望介入的意图。

所有人都安静了下来，将目光转向李敏。

"很开心看见这里正在热火朝天地进行研讨。大家的投入度很高,都在积极地贡献智慧和建议,这是经营策略共创会能够成功的基础条件,谢谢大家的参与。"顿了一顿,李敏继续,"同时,我也留意到,现在大家隐隐有一些不同的意见,但似乎又不是很明确,消耗了不少时间和能量,看起来短时间内不会产生一个明确的结论,这让我感到有些为难。如果严格按照原来的议程,可能会破坏现在大家充分呈现和探讨分歧的努力;如果放任对话自由地进行,我又担心时间和效率的问题。"

看见大家愿意继续听下去,李敏提议说:"要不这样,我们现在重新分组,分成3~4人的小组,各组尽可能罗列出在经营策略方面已经有了哪些共识与分歧。这样,在有限的时间里,我们就能够对经营策略的整体方向有比较充分的把握。同时,识别出当前的主要差异,也能够让我们排出优先顺序,再按照顺序逐个攻破。大家觉得如何?"

大多数人都认同这样的处理能帮助大家继续推进会议,尤其是在之前的讨论中,大家已经有了比较充分的对话,对外部环境、内部资源和能力优劣等都有了比较充分的交流。此时将研讨聚焦在呈现共识与分歧上,效率应该会更高。

于是,大家按照李敏的指引,打破原有的分组,重新分成了3~4人的小组,在A1纸上写下各自小组的"共识与分歧清单"。李敏特别提示大家只需要罗列,无须探讨各项细节。在当天下午的会议结束前,大家列出了18张A1纸的内容,上面写满了共识与分歧。李敏指示HR团队成员尽快将这些内容整理一下,汇总聚类出一些主题。

与此同时,按照计划好的时间,参与研讨的管理者们去更换衣服,开始进行篮球比赛。李敏没有参加这场"养生篮球赛"。不过,这完全不影响大家的兴致,因为有一个外聘的篮球裁判在组织比赛。在密集的脑力活动过后，一场体力活动让大家出了一身汗，大脑得到了休息，也转换了情绪状态，下午略有紧绷的氛围也有了转变。

也许是因为美美地睡了一觉，也许是因为打篮球激活了身体，第三天上午，大家的状态非常棒，精神集中，研讨积极。讨论的起点是HR团队成员前一晚加班整理好的共识与分歧清单。李敏指导现场的参与者按照最初的分组方式重新恢复成原来的4个小组，各组独自讨论并选出本组最重要的3项共识及最急需解决的3个分歧。选择完毕，大家无须集体共享，直接将最重要的3项共识写在A1纸上并张贴出来即可。然后各组讨论本组认为最急需解决的分歧，在中午前至少针对一项分歧给出解决思路。在研讨过程中，李敏特别允许大家自由走动，参与讨论一些自认为相关度高且有兴趣的话题，这是一种类似"开放空间"[1]的研讨设置。经营策略共创会进行到这个阶段，集体对话的能量已经非常之高，也有了相当快的进展。

杨逸也从昨天的焦躁中彻底解脱出来。因为会前李敏给他套了一个"紧箍咒"——不让他轻易介入，打破现场的研讨进程，所以昨天他憋得难受，只是出于承诺强忍住了。此刻，李敏不失时机地询问杨逸："杨总，有没有觉得昨天的等待，今天就有回报了？"杨逸答道："要是我跳进去，昨天就可以进行到这个环节了，不用绕来绕去。"一句话把李敏噎回去了。

"不过，让他们自己摸索一下，吃点苦头，还是好的。也不能老让我来拍板推动，他们自己能搞定最好了。"杨逸补了一句。

"对呀！组织能力就意味着不依靠某个特定的个体做决策。老板，谁还没个头疼脑热的时候呀？虽然你现在精力爆棚……"李敏抓住时机补了一刀。

---

[1] 开放空间引导技术（Open Space Technology，OST）由哈里森·欧文（Harrison Owen）提出。详情请参阅欧文所著的《开放空间引导技术》，电子工业出版社2018年出版。

相比李敏的淡定从容,陈爽直到看见杨逸脸上露出了轻松的神态,才放下那颗悬着的心!

## 第四节　共识与行动

没有人能证明自己的观点是绝对正确的;进行策略探讨时,也没有唯一正确的答案,但组织需要处理差异、凝聚共识并采取行动。在这种情形下,抱持分歧的张力,促进集体进行有品质的对话,在落实行动前把顾虑和可能的想法谈透,让执行变得更加有效率。李敏坚信这就是促成行动最有效的方式。

分歧,往往是不同的认知中混杂着不同的感受。它既是客观存在的事实,也是主观体验到的一种"不可兼容性"。发展方向及战略层面的分歧是组织最需要认真直面的,因为这涉及组织运营、资源投放等各方面的决策和活动。如果不消除战略决策层面的分歧,就无法为整个组织提供一种明确性,进而降低组织的有效性。几乎可以说,这次经营策略共创会是一个最佳时机,让核心领导群体直面分歧,并做出决策。

具体的分歧此刻正在被大家研讨,由管理层通过对话来解决。无论这些分歧是新老业务的资源投放和未来发展的总体思路,还是营销部和技术服务部对某些事情的观点,李敏都认为自己没有资格、也没有能力"越界",为此提供一个定论。她始终留意着管理层是否依然在对话,在有效地推进话题,从而使话题可以延展、深入,并拓展所有参与者对这些分歧的理解。

感知着大家研讨时的热度和能量,李敏时不时地提醒HR团队成员把大家的明确论断写在A1纸上。对于已经达成共识的点,哪怕是很小的点,也要记录下来，让参与者可以直观地感受到对话的推进。对于那些暂时难以调和的观点，李敏和各组的HR团队成员则记录下参与者各自的主张和推论过程：观点是什么，推理的过程是怎样的，基于什么样的事实或数据得出了上述结论。

随着时间的推移，李敏认为该将话题收敛到一个基本论断上了。于是她说："各位伙伴，我想大家都认同，越是重要的话题，我们越要辨析清楚。所以这将是一场持续的探讨，不会止于今天的共创会。同时，为了组织的有效运作，在每个阶段我们都需要有决议、有行动。希望借助大家的集体智慧，让这个决议更有质量。现在我邀请大家在一张A6大小的卡片上写下你认为组织在当下应该采取的举措。需要再一次提醒大家的是，观点抛出来后，就和它的提出者没有任何关系了，大家在写行动举措时，请站在公司的整体视角来考虑，无须固守自己初始的立场。"

书写完毕，接下来的内容是集体将卡片进行张贴、共享和整理记录。这一环节耗时较长，但过程中的辨析、共享和澄清，让所有人对将来要做什么有了更多理解，而执行中可能会遇到的阻碍和问题，也在此刻提前浮现在大家眼前并被逐个击破。参与者都认为这样的方式很有效。

在会议的尾声，李敏跟杨逸确认了如何将会议的产出与公司的经营活动连接起来。HR团队成员会整理现场的待决议项，连同原始记录一并移交给CEO办公室的同事，以列作下次例会的主要议题，届时再进行决议。

经营策略共创会结束前，大家围坐一圈，共享感受，在一种"说话说得够爽"的氛围中，经营策略共创会落下了帷幕。

> **思考空间4**
>
> 共识是多思想系统能够达成统一的核心！
> ——《系统思维：复杂商业系统的设计之道》，格哈拉杰达基

《系统思维：复杂商业系统的设计之道》一书的作者格哈拉杰达基在论述组织的本质时，提到，"从社会文化的观点来看，社会组织是多思想系统的典型代表……是不能用机械或生物模式来解释的……"。

基于这个思维范式的转变，我们把组织中的人看作有独立思想的个体，而不是机器上的一颗螺丝钉。要让组织协同一致从而有效地行动，关键就在于这些有独立思想的人在组织的目标和实现组织目标的手段上有更好的共识。

### 介入阶段

1. 在这次经营策略共创会上，李敏用了哪些手段或活动让人与人之间变得更熟悉？

2. 想象一下，如果你作为此次共创会的参与者，你在现场会有什么样的感受呢？

3. 你认为，李敏作为引导者，在哪些方面表现良好？在哪些方面还需要有所改善？

4. 如果你是YC的CEO，你认为这次经营策略共创会的投资回报如何？

# 第五章　深潜

## 第一节　寻找下一步的方向

经营策略共创会结束后，李敏又深入细致地感知了此刻组织的状态，以评估这次介入的效果如何。直到会后两天，松弛下来的她才有时间回顾自己在YC的经历。李敏猛然发现自己已经入职4个多月了，并且一直以一种紧锣密鼓的方式开展工作：与团队初会，她就企图干预HRD与HR团队成员之间的沟通方式；机缘巧合下，借着帮老板准备文化分享的机会，开展了一次系统的组织诊断，但向老板反馈诊断发现时，结果不尽如人意；想离职未果，却又通过在会议上的即兴发挥获得了机会，促成了核心管理层的经营策略共创会……

对一个新加入YC的空降兵来说，李敏的工作开展得非常顺利，甚至顺利得很"反常"。按照常理，并不是每个组织都会给予她这种空间，允许她如此"大肆折腾"。顺着这丝突然浮现的觉察，李敏努力回溯自己的所见、所闻与所历，试图找到一个合理的解释，却没什么特别的发现，除了归结于CEO的支持和信任，就只能粗略地用"似乎运气不错"来解释了。

对自己这4个多月的工作表现，李敏还是满意的，虽然离之前设定的职业理想还有很大的距离。她一直认为自己的工作成效应该由内部客户来评价，所以择机听取业务领导者对HR团队及CPO本人的反馈是一件重要的事情。李敏本打算按照以往的习惯做法，组织一些焦点小组[1]来收集同事们的反馈。但这段时间的接触让她明显感觉到，YC不太喜欢用很正式的方式来处理同事之间的沟通，也许用非正式沟通的方式更符合公司习惯。

从意识层面来说，李敏不认为自己所行之事必须跟组织的过去保持一致，况且杨逸招募她的目的之一，就是让她带来一些改变，让整个组织运作的水准更高。只是，李敏真正想传递的（也是她坚信很重要的），是**尊重组织的过去，尊重组织的历史给组织的今天留下的印记，无论这些印记是关键的业务与组织实践，还是一些无关大局的群体偏好**。她认为，为保持稳定的刻意延续，以及为创造改变的刻意转变，都是她以前未能很好地把握的。在YC工作时，她会尽量提醒自己有意识地关注两者的平衡。

在经营策略共创会结束后的很长一段时间里，李敏逮着机会就跟人聊天，了解他们心目中的HR团队正在做什么、创造什么价值、被期待做些什么，甚至做了哪些被认为是徒劳无功的事等。当然，在沟通中，她还会积极主动地分享自己作为CPO的一些组织干预思路，抛出明确的主张，测试对方的反应。通过这些主动寻求反馈和主动出击的动作，她传递了两个很重要的信号。第一，向组织成员表明HR团队希望为业务目标的实现提供助力，以内部客户的需求为轴心来开展工作。李敏这是在用行动来传递"以客户为中心的工作安排"。第二，HR团队在战略共识、团队、协作、文化等议题上可以充分发挥主观能动性，发表主张，提出想法和建议，用这种

---

1 焦点小组也称焦点小组访谈，是重要的可用性评价方法之一。简单而言，焦点小组包括一个讨论主持者和一些参与者。参与者在主持者的引导下讨论某一问题或某一体系。主持者的职责是使小组的焦点保持在所关心的问题上。

"组织系统的洞察"来让组织成员尤其是业务领导者认识到HR团队并非只能承载简单的行政和人事工作，将内部HR团队的价值定位从事务性工作拔高到专业赋能的水平。要做到第一点，主要解决的是姿态或态度问题，让人们意识到这样的转变相对容易。对于第二点，李敏暂时只能靠自己，同时指导同事恶补专业知识，以便将来更加胜任助力业务的角色定位。

如果说，李敏入职YC初期是围绕CEO的诉求和自身的生存需要而开展工作的，在经营策略共创会结束后的一段时间里，她的工作重心则逐渐转移到了充分发挥自己支持业务前线和改进关键职能的作用上。

这个工作重心的转移，一方面源自李敏获取的反馈信息，很多人期待HR团队更接近前线工作，更理解业务，然后制定相关的政策。对大部分资深HR团队负责人来说，这本来就是他们一直努力的方向，听到这样的直接反馈，他们一定会更加不遗余力。李敏也不例外，而且会做得更彻底。

另一方面，这也是李敏基于常理做出的判断。助力业务的重要性，已经是HR领域的基本共识。此外，业务前线与后端关键职能之间的联动存在割裂、协作不足或反应迟钝等问题，这些问题在不同的组织中几乎是普遍存在的。结合组织诊断时收集的数据，YC也有类似的情况，在高管会议和经营策略共创会上也都有所体现。

直到此时，李敏才真正确认，她找到了属于自己的战场，她要为自己的理想奋力一战。不知道是不是自己的努力感动了上天，李敏甚至收到了张勇的感谢卡片，原因是张勇在李敏的推荐下加入了一个经理人成长性团体，收到了一些冲击性的反馈，对他触动极大。李敏在YC越来越有影响力，她也更加清晰地感受到自己所做的努力被看见、被认可，这让她非常欣慰和开心！

## 第二节　躬身入局

不仅李敏个人扑向了业务前线，HR团队成员也开始主动出击。李敏坚信，放手让HR团队成员扑在前线，尽量贴近业务场所来感知组织系统的状态，一定是正确的事情。早在项目诊断期间，李敏在悉心调教下属时，就已经有意为此做准备了。如果说相对集中的组织诊断是在给整个组织拍一张"快照"，获取组织横截面的一个瞬间，那HR团队在前线的陪伴，就是在时间轴上对组织的整体趋势进行更细致的把握。通过浸泡在业务前线，HR团队能够清晰地感知到，士气是越来越高了，还是越来越低了？流程是越来越顺了，还是不断低水平地重复着？屡遭抱怨的地方是常年不变，还是正在逐渐改善？业务的推进有哪些地方尚未理顺？就像稻盛和夫所说的，"工作场所有神明"。李敏和她的团队需要做的，就是在业务场所保持与前线的接触，让"神明"有机会降临，带来洞察与发现。

李敏意识到，她们踏上了一个"大规模的战场"，要打一场"很难打赢的仗"。她多少有点忐忑不安，同时也有点跃跃欲试。很显然，作为一个有职业理想的人，赢得人们的尊重和信任，展现出良好的职业素养，已经很难让李敏获得满足感了。只有找到属于自己的天地并能够自主践行所学、所信，打造一个心目中理想的组织，为组织中的人乃至社会带来正面的影响，才能让李敏感受到自己的价值。

方向虽然明确了，但HR团队成员一开始对接触业务还是一头雾水。即使认同李敏的理念，大家也依然有些彷徨。对于具体怎么做，李敏心中其实也没有明确的答案，但她认为**当没有明确的行业和专业规范时，最好的方法就是跟随业务的节奏和焦点，灵活感知并尽量多尝试**。试过之后总能有所发现，哪怕错了也不要紧，及时调整就好。

因此，当被下属问到该如何接触业务时，李敏不慌不忙地告诉大家："具体要怎么做，我其实也不太确定。大家可以集思广益，想出办法。但我很笃定的是，如果我们只停留在自己的专业世界'自嗨'，那就怨不得别人对HR有诸多吐槽了。即使有些政策或资源受到客观条件的限制，我们也无能为力，但起码可以用行动来表明，我们和业务同事在一个战壕并肩作战，我们会尽力提供协助，解决问题。"

李敏知道，泡在业务前线锁定关键焦点不是一朝一夕就能轻易实现的。跟团队成员商议后，她提出了一个"软磨硬泡"的工作指导原则。所谓"软磨"，就是通过大量的非正式一对一沟通，用"柔软"的方式主动与业务部门建立沟通纽带，寻找前进的线索。所谓"硬泡"，则是抓住一切机会"泡在"业务现场。这既包括各类项目小组会议，也包括部门间的协调沟通场景，尤其是关键的跨部门协作项目。HR团队要在这些场景中尝试寻找创造价值的机会。

当然，对于这些工作的思路和原则，作为CPO，李敏主动提前知会了前后台的各位高管，取得了对方的同意并做了大量说明解释工作，以确保大家理解HR团队这么做的初衷是提供帮助，而非进行任何形式的评估与考核。李敏此刻特别强烈地感受到，在前期成功搭建工作联盟关系是多么重要。否则，无论她的想法多么美好，都难以迅速获得足够的支持和配合。

对外，打开空间；向内，勤练功夫！为了让大家助力业务能力变强，李敏特地邀请了当年教导她组织发展的老师来到YC，为整个HR团队提供了组织发展相关的能力训练，既补了组织诊断的课程，又系统地训练了个人成长、团队打造、文化塑造、高难度对话等实务能力。李敏还利用私人关系，邀请了几位引导师和教练，为大家加训了引导、教练方面的基功。李敏从这些训练中受益良多，融会贯通后成了今天的"多面手"。她希望

HR团队成员不止步于以往的工作阅历，通过持续精进，拥有更大的能耐，从而闯出一番事业！

渐渐地，YC上上下下都见识了李敏这位CPO的特别之处。HR团队在这样一位领导者的激发下，越来越像一个拼命改善客户体验的"问题解决特战队"。

## 第三节　兼顾失衡的家庭

工作上进展颇丰。但李敏毕竟不是超人，时间和精力都有限，家庭就此被她忽略了。

加入YC的这几个月以来，李敏几乎没日没夜地扑在工作上，以至于9岁的女儿抱怨说："YC夺走了我大半个妈妈……无论YC卖什么，我都不买……"作为母亲，李敏满怀歉疚之情。

好不容易有一天早点下班，李敏十分疲惫，匆忙往家赶，心想能陪孩子说说话也好。到家打开门的一刻，她发现女儿居然在玩手机，一副吊儿郎当的样子。李敏的怒火一下子就冒起来了，她强压着怒火问："作业做完了吗？"

"没有。"

"那为什么玩手机？"

"我好累，要玩一下。"

"你作业都没写完，有什么好累的？"李敏已经没有好脾气了，她一把夺过手机，吼了一句："赶紧做作业去！"

"妈妈，你都不关心我……"女儿"哇"的一声哭了起来，"你总是在加班，回来就骂人……"

"……"李敏一下子说不出话来。

无论从哪个角度来看，李敏都属于职场中的成功人士。但回到家，看到书房里坐在电脑桌前的先生，她时常有一种强烈的无力感。先生是典型的IT"直男"，在制造业工作，负责企业资源信息管理和智能制造数字化转型。他对数字化的热衷一点都不亚于李敏对组织发展的狂热，加班自然成了常有的事。即使人在家中，陪"公主"读书的投入度和效果也差强人意。更令李敏感到无奈的是，他们夫妻之间缺乏交流，平时两人都忙于工作，有空谈到孩子的事情时，要么因为教育理念不同而陷入争吵，要么三言两语后就相对无言了，这样的情形自从李敏加入YC后更加明显。

女儿的哭诉让李敏觉得有点愧疚，她决定周末带全家去郊外公园搭帐篷野餐，也借此机会和先生、女儿好好聊聊，缓解一下家庭中紧张的氛围。

孩子的快乐真的非常简单。在洒满阳光的草地上，多多和爸爸撒着欢地跑步比赛，开心地笑着、叫着、跳着……哪里还有那个委屈、哭诉的孩子的模样？

趁女儿回帐篷休息，李敏问道："宝贝，你是不是觉得妈妈不关心你呀？"

多多没心没肺地点点头。

李敏："妈妈换了新工作，最近比较忙，你知道的……"

多多："都好几个月了，还'新'呀？"

李敏："对呀，几个月时间，只够认识新公司和新同事，妈妈还没来得及做什么事呢。"

多多："就跟做作业一样，做完今天的，还有明天的，没完没了。"

李敏："但是你做完作业后，知识就变多了呀！而且，你会做的作业也越来越难了，是不是？所以，看上去你好像每天都在做作业，其实你已经变得不一样了。"

多多："那倒也是，现在我做二年级的作业，就会觉得好简单好简单。"

李敏："对呀。所以做任何事情都要坚持下去，慢慢地，你就会变得不一样了。"

女儿似乎对这个"理论"是认可的，她高高兴兴地吃完便当，又飞奔出去和爸爸玩耍起来。

望着开心快活的女儿，看着努力陪孩子、跑得气喘吁吁的先生，李敏思绪飘远，回想起每次跟先生吵架，都离不开孩子的教育、彼此对家庭的付出这类话题。然而，如果理性地看待这些争论，她和先生的目标都是一致的，只是小家庭发展到不同阶段，遇到的问题越来越复杂，夫妻的视角不同，并且对这些不同视而不见，一次次冲突的背后是想被对方看见和理解的渴望。人们或许只有在持续的、真诚的沟通中，才能清晰地传递自己渴望被看见的需求，并彼此始终保持交流，确保结果和目标方向与对方保持一致。

想到这儿，刚才和女儿的对话又在李敏脑海中响起："看上去你好像每天都在做作业，其实你已经变得不一样了。""那倒也是，现在我做二年级的作业，就会觉得好简单好简单。"日复一日地做一件事可能并不那么容易，然而正是这样的历练，才换来了个人和家庭的共同蜕变和成长。

突然，李敏觉得自己需要调整工作与生活的状态，找到一个兼顾个人需求和组织发展需求的平衡点。如果自己连家庭这个小小的组织都照顾不周，还谈什么打造企业组织、让组织更美好呢？这不是一种讽刺吗？

将心比心，组织中每个人的背后都是一个家庭，他们是父母的孩子，是孩子的父母，是配偶的伴侣和后盾。想一想，高管团队里每个鲜活的人不都是如此吗？李敏此刻比以往任何时候都更深切地感受到了这一点，一种很复杂的情感萦绕在她心头。一方面，她真切地想照顾家庭、陪伴家人；另一方面，她更加强烈地感受到了自己职业理想的重要性。YC中的每个人都带着各自的生活经历来到YC这个组织，如果在组织中个体能够获得更好的成长，组织系统能更加适合人性的舒展并变得更加有效，那组织就不仅是组织成员的福音，对组织背后数量更庞大的家庭而言，更是"久旱逢甘霖"了。

## 第四节　对组织能力提升的新领悟

和女儿的对话引发了李敏对组织发展的反思。

一直以来，李敏认为，既然组织发展了，就意味着组织实现了重大的变革，甚至实现了根本上的转型，以使组织变得更加有效。她现在依然认可上述观点，只是脑海里多了另一种可能同样正确、但截然不同的想法，那就是她在教导女儿的过程中随口说的"做作业理论"：在日复一日的做作业过程中，人的能力在慢慢地提升，渐渐地，人就变得不一样了。

这个无意中发现的视角，让李敏陷入沉思："组织中有哪些日常的实践和运作能让组织提升能力呢？组织是否在有意识地练习它们呢？"

带着这个视角，李敏回顾了自己加入YC后的主要经历。她发现，自己始终停留在寻找"问题"或"不足"以尽力解决的层面，并没有介入组织更深层次的模式和结构当中。从短期看，李敏认为自己确实取得了一些成绩。例如，大家认为经营策略共创会很有效，至少能让管理层直面分歧，让以往没有对焦好的事情达成了广泛共识，并设定了具体的行动。领导力发展活动与经营共创活动的组合也使人与人之间有了更好的连接。毫无疑问，李敏主导的这次组织干预对YC来说是非常有益的。

但确实也如李敏觉察到的，这些组织干预举措都只有阶段性的短期影响。用她的话来说，**这些举措只是让组织"晃动"了一下，并没有改变组织的"稳态"，故而没有为组织带来真正的改变**。组织还是在习惯的轨道上运行着，这些干预举措所施加的力量没有让组织发生跃迁，从而在更高的轨道上运行。李敏突然意识到，自己以前可能忽略了这个看似简单却又十分深刻的视角。

从这个视角俯视YC的整个组织系统，李敏对组织干预有了全新的认识。有些干预，如经营策略共创会，会被李敏清晰地定义为阶段性举措（依然是有用的举措）。同时，李敏也认识到，要实现长期的干预效果，就必须挖掘导致策略模糊、共识不足这种现象背后的组织系统模式或结构，进而在模式或结构层面实施干预。一旦帮助组织发现了这些现象背后的模式或结构，就能促进组织产生觉察，觉察往往会促成刻意的新行为，在日复一日的运作中，逐步为组织带来渐进式的能力提升。

顺着这个方向，李敏思考得越来越多，也有了越来越多的新认识。

她第一时间想到的是，高管团队的沟通往往呈现两极化：要么一团和气，要么争辩太具张力和破坏性，从而迅速被压制或回避。此刻回看，李敏认为，这种模式对组织在经营策略上的共识度不足起了决定性作用。试想，如果大家在平时的沟通中能有效地讨论不同的观点，形成深层对话，又何必依靠一次集中讨论的共识会呢？反之，若平时的分歧处理与共识达成能力差，指望一次共识会一劳永逸地解决问题，那就过于天真了。

第五章 深潜

李敏不住地回想，脑海中的想法不停地激荡，各种各样的假设、推论逐一浮出脑海。这种兴奋，不亚于哥伦布发现了新大陆。李敏甚至觉得，这就是发现了自己认知地图中的"新大陆"。

**思考空间5**

写作中最难的事情就是知道要写些什么内容。
——《电影编剧创作指南》，悉德·菲尔德

就如写作的难点一样，组织发展的难点也是"知道要做什么事"。只有通过诊断、介入等一系列动作，才可能找到真正需要做的正确的事情。但这并不代表前面所做的都是错的或徒劳的，因为如果没有前面的探索和尝试，就没有现在的发现。

**深潜阶段**

1. 在寻找工作方向的同时，李敏也在传递一个关于HR团队的功能定位和工作焦点的强烈信号，这是为什么呢？

2. HR团队的客户会如何看待HR团队的努力和尝试？他们真正在乎的是什么？

3. HR团队可以成为组织能力建设的助推器，但要发挥这一功能，HR团队必须完成哪些转型和提升呢？

4. 为什么李敏对自己的组织建设"做作业理论"那么兴奋？看起来一个平平无奇的视角转换，对她的工作重心和组织干预焦点产生了哪些重大影响？

# 第六章 行动

**入职 5 个月**

## 第一节 创建组织系统洞察

带着对组织能力提升的新领悟，李敏终于认为自己有了一些把握，可以对组织系统形成更高品质的洞察，并制定YC集团的组织能力提升策略。勒温说：**"理解一个系统的最好方式，就是改变它。"** 李敏对此深有体会，因为经过近半年的组织诊断与干预行动，她认为自己对YC这个组织系统的各个层面都有了更加深刻的洞察。

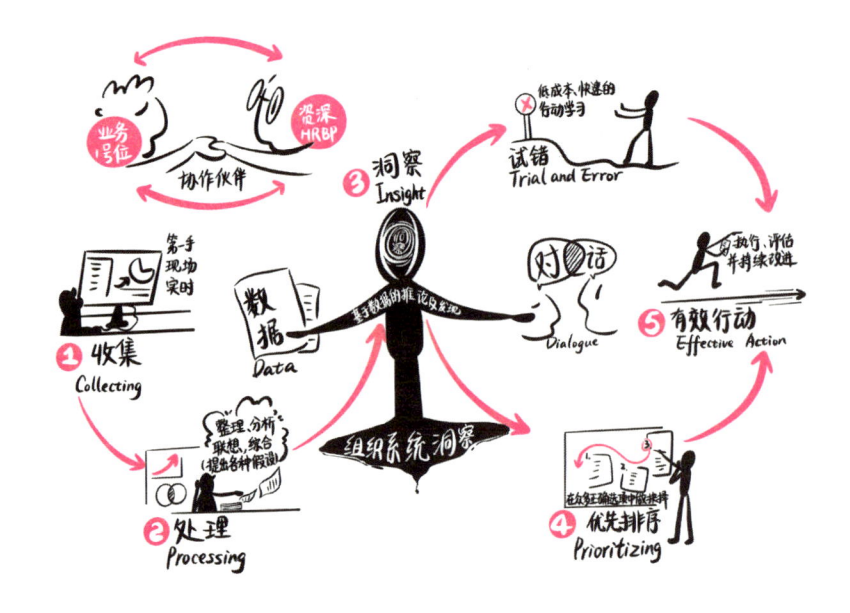

第六章 行动

## 洞察 1：高管团队的对话模式限制了高层决策的共识度

回顾诊断数据并结合日常的观察，李敏发现，YC的新老高管之间存在一条无形的界线，把这两个对YC的成功都至关重要的人才群体割裂开来。分歧、冲突一旦出现，就会马上被压制或回避，从而不了了之。与此同时，高管团队成员倾向于以一种破坏性的、非对话的方式来"战斗"，以决定表面的输赢，而表面的输赢更像一种情感和心理感受上的输赢。从客观结果来说，"战斗"只会带来双输的结果。正是在这样的互动模式下，高管团队在经营策略方面的分歧无法通过日常沟通进行有效弥合，而回避冲突的互动模式甚至让高管团队根本就发现不了彼此之间究竟有什么分歧！要长远解决经营共识不足的问题，要构建组织达成共识的能力，就必须改变高管团队的对话模式。

## 洞察 2：常见的部门之间冲突处理策略，正在迅速侵蚀乐于互助的协作文化

李敏将诊断数据和日常观察中记录的原始资料绘制成一幅系统循环图[1]。在循环图中，李敏做了一些基于现实观察的推演，形成了一些系统洞察。

部门之间发生冲突是一种非常普遍的现象。李敏假设YC有一名组织成员X，当其他平行部门成员要求X予以工作配合时，出于特定原因，X不能满足，这就形成了一个潜在的冲突。现在一起来看看X可能会采取的应对措施。

- 倘若X持回避态度，对对方的配合要求不予应答，试图置身事外，

---

[1] 系统循环图使用特定的绘图规则，建构对复杂事物的理解是系统思考的有力工具，系统中存在两种基本的反馈回路：增强回路和调节回路。通过绘图、对话，可以有力地帮助实践者建立整体观，动态地思考问题，从现象穿透本质。

这种行为很容易会被视为推诿、缺乏协作精神。因此，对方极有可能向更高级别的领导汇报，意图向X施压，从而让冲突升级。

- 倘若X断然拒绝甚至粗暴地回绝对方的要求，当X或其所在的部门话语权不大时，X无法成功拒绝，冲突将继续存在；当X或其所在的部门的话语权很大时，X则可以成功拒绝，但会落下一个强势、自私的名声，有可能让平行部门的成员将来与其打交道时采取强硬的抗争手段，或者尽量避免跟X或其所在部门互动沟通，形成僵化与敌对关系。

- 倘若X迁就对方的要求，则X很容易产生"被利用的"的负面感受（在李敏前期做访谈时，很多人有过如此表达）。这种感受源于在YC的快速发展过程中，新人大量涌入，而部门职能边界和流程变得越来越模糊不清，导致不同部门之间缺乏良性沟通与协作，也不关注彼此的感受。这样一来，X的迁就行为就难以获得系统性的支持和鼓励。"多做多错"的观念（在组织诊断中同样有很多人提及这一点）开始滋生并蔓延，令彼此迁就的行为少有发生。

- 倘若X希望与对方一起合作寻求共赢，或者至少找到某种折中的方式，让双方的诉求都能部分得到满足，则需要X在本已繁重的工作和日程中额外付出精力与时间，这就会给X带来压力。而这种合作态度万一被解读为"X已经接受了这项工作，就应该由他来负责"，X又会担心"处理不好恐将遭受惩罚，成为背锅侠"。与其这样，X不如直接宣称此事不在其职责范围之内而置之不理（回避），或者宣称自己有更重要的事情而无暇兼顾（以说理的方式强迫对方接受当前的局面）。此时，对方遭遇了"回避"或"抗争"的回应，要么会搁置此事（同样是回避）；要么会向更高级别的领

第六章 行动

导寻求支持，向X施压（新一轮的抗争开始了）。由此，冲突双方或多方都遭遇了彼此的回避或强迫，同时也向对方施以回避或抗争的行为，大家都有负面的情绪和感受。

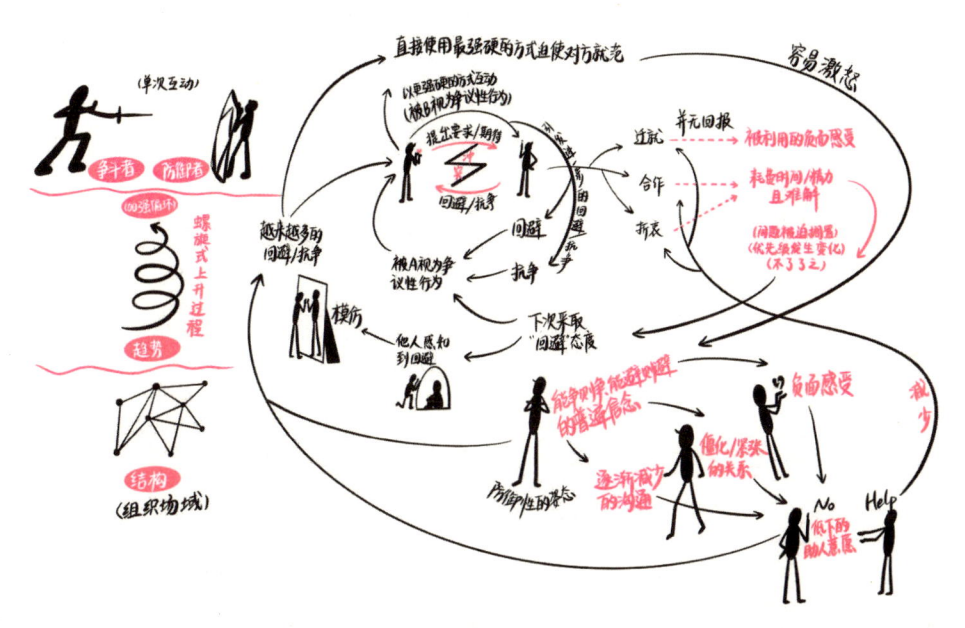

以系统循环图为基础，参考系统循环图的画法，结合系统思考三层次模型[1]和托马斯-基尔曼冲突模式工具[2]作为分析框架，让李敏可以做出上述动态推演。从推演中，李敏得出了如下推论：YC的组织成员在长期互动中，冲突处理行为会逐渐集中在回避和抗争策略上，这种互动过程给所有人都带来了负面感受。如果这个趋势得不到扭转，将破坏公司长期以来形成的宝贵氛围，让协作越来越困难，让内部的割裂、僵化越来越严重。

---

1　系统思考三层次模型，是指从3个层面来分析问题：事件、模式和结构。事件是单次发生的事情，模式是事件之间的关联，而结构是模式形成的原因。
2　托马斯-基尔曼冲突模式工具是由肯尼斯·W.托马斯（Kenneth W. Thomas）博士和拉尔夫·H.基尔曼（Ralph H. Kilmann）博士于1974年在前人的研究成果基础上进一步开发的。该工具描述了5种冲突处理模式，它们分别是：回避模式，即回避冲突；迁就模式，即试图以牺牲自己的利益来满足对方的观点；折中模式，即试图找到一个可接受的解决方案，但只能部分满足双方的观点；竞争模式，即试图以牺牲别人的利益来满足自己的观点；合作模式，即试图找到一个双赢的解决方案，完全满足双方的观点。

李敏打算"凑足"3个洞察，但与以上两个洞察相比，其他问题和发现根本就不值一提。而YC的架构、主流程、目标、考核与激励等系统，基本磨合得很不错，李敏的关注点很少停留在这些已经运转得比较顺畅的要素上。权衡半天未果后，李敏突然觉得自己的行为很可笑：为什么必须"凑足"3个洞察？人的执念何其多呀！

**入职 6 个月**

## 第二节　拉通组织建设的目的

如果让李敏给自己加入YC的前半年设定一个目标的话，那就是模糊意义上的组织能力提升。基于模糊的方向，李敏的行动指导原则是，抓住一切机会，利用一切手段去理解组织，贴近业务寻找价值创造点，并尽量创造条件来实施组织干预，同时打造一支能力及准备度更高的HR团队，能与高层领导者建立更紧密互信的工作联盟关系，并形成经过"软磨硬泡"得来的多层次的业务支持关系和介入场景。

在这半年里，李敏择机实施了组织诊断和经营策略共创会，完成了一次完整的组织发展干预循环，对组织有了更深刻的认识，锁定了干预焦点。李敏觉得是时候跟创始人杨逸一起对焦未来组织建设的长期目标和通盘的规划了。

在约见杨逸前，李敏写下了自己经过反复思考的基本主张。短短几句话，却费尽了心思。

- 目的：用3年左右的时间，让YC在组织软实力方面获得显著提升。
- 目标：组织有效性总体评分达到3.5分（满分5分），雇主品牌排名上升5~10名。

- **通盘策略**：以可持续的组织实践，渐进地提升组织软实力。

备注：组织有效性评分基于MSCC[1]数的评分系统和标准。

把组织建设的目的界定为"提升组织软实力"，主要是为了和"组织硬实力"区分开。所谓软、硬，是人为的概念分割。在李敏设定的概念里，她将"组织硬实力"界定为公司在客户数量、数字化技术、产品专利数、研发成果等方面的总体表现，而将"组织软实力"界定为组织的士气、氛围、人与人之间的信任度与关系、组织文化展现出来的整体情况。组织的硬实力可以通过并购、高薪挖角、战略联盟等方式比较快速地获取，软实力则需要通过相对长期的投入和努力，才能逐渐在系统中生长出来。这是李敏最希望传递给CEO的基本观点，也是她使用"组织软实力"这个名词的根本原因。

难以衡量的东西，往往也难以管理。对"组织软实力"的衡量确实是个难题，最终的标尺只有组织的人心。每个人心中都会对组织的好坏有一个总体判断。通过问卷调研或直接交流，借助不同的评分维度，还是可以得到一些反馈的，作为如何继续前进的参考。

在与杨逸见面前，杨逸突然告诉李敏，他希望叫上3位关键业务领导者参加这次"拉通"会议，大家一起谈谈并达成共识。看见杨逸从行动上更关注集体共识，而不是单纯依赖"看起来快，实则慢"的一人决策，李敏感到有些惊喜。于是李敏干脆将自己的通盘策略提炼成一份书面报告，提

---

[1] MSCC是美国管理系统咨询集团的简称，创始人是埃里克·G.弗拉姆豪茨（Eric G.Hamholtz）教授，《成长之痛：建立可持续成长组织的路径图与工具》一书的作者，曾任加州大学洛杉矶分校的终身教授（已退休）和长江商学院的客座教授，他开发了GP和OE测评系统以评估组织正在经历的成长之痛程度，以及组织在产品、市场、资源、运营、管理、文化、财务等方面的有效性现状。简致咨询是其在中国的战略合作伙伴。

前发给几位参与会议的关键业务领导者。报告的依据仍旧是她的"做作业理论"：在日常运作中，嵌入一些刻意练习，渐进地提升组织软实力。这个通盘策略的基本假设是：YC的组织架构、主要业务流、目标、绩效与薪酬系统和业务的匹配度适宜，无须进行大幅度变革，因而当前的组织发展策略更多地围绕在软实力提升上。

这次的集体对焦过程，比上次的组织诊断反馈顺利多了。几个人花了大概2小时，就一一对齐了一些关键的组织系统洞察。对于李敏提及的"做作业理论"，几位关键业务领导者都觉得很有道理，也十分支持。同时，他们也表达了自己的关切，期待李敏在制定未来的组织发展策略时予以充分考虑。林峰一如既往地惜字如金，但也明确表达了希望公司维持原有的人力投入，夯实主业。王雷则明确提出了人才扩张的需求，同时希望在人员培养方面更加贴近业务，解决一些具体的业务挑战。张勇则没有过多地发表意见，不过，李敏能够感知到张勇的内在正在经历一些激荡。

将几位关键业务领导者对组织发展的相关诉求了解清楚后，再加上大家对通盘策略的基本共识，李敏承诺尽快完成进一步的方案设计，让具体的组织建设工作能够真正落实到行动中。

## 第三节　制定组织发展策略

与CEO及几位关键业务领导者拉通了组织建设的总体目的后，李敏召集HR团队共同创建组织发展的具体策略。

在共创讨论的开场，李敏特意做了个框定。她说，有战斗力的业务团队，无论其是倾向于谋定而后动的计划者，还是偏好边干边学的学习者，都会主动构建自己的业务策略。作为业务的支持者，HR团队也需要有类似的思维，制定有效的行动策略，并以此作为组织建设与发展的行动纲领，使组织有侧重、有选择地回应显性或隐性的组织发展需求，持续构建关键的组织能力。

就像永远不存在唯一正确的业务策略一样，组织的策略也没有一定之规，即使是那些已经获得成功的组织，它们的策略也可能千差万别，甚至背道而驰。苦寻标杆容易变成邯郸学步，不如由己出发，因地制宜。因此，李敏将自己对组织系统的最新洞察和HR团队成员进行了详细的分享，并发动团队成员一起思考、讨论，寻找适合YC的组织发展策略。

这场会议让李敏感到特别欣慰，因为陈爽明显有了一些新的认识和理解，同时跟她越来越同频。带着这些新认识，无论是聊起以前的薪酬还是说起绩效的具体议题，陈爽都更具有战略高度了。

……

经过一番艰难的探讨，HR团队产生了一堆潜在的可能做法，有多个选项似乎都能对组织发展策略的制定有所助益，但基于有限的资源、精力和时间，他们必须做出取舍。**这是在多个"大致正确"的选项之间做抉择的过程。**经过近乎痛苦的斟酌和抉择，最终，李敏和团队成员确定了YC组织发展的关键策略。

策略1：基于组织系统洞察，实施有针对性的组织干预。

- 以高管例行会议为契机或载体，打破高管互动的旧模式，建立对话的新模式。
- 让更大范围内的组织成员关注组织内处理冲突的惯常方式，改变组织场域被侵蚀的趋势。

策略2：超前半步猎取人才、培养专才，为业务扩展做好关键人才储备。

- 与新业务的核心团队一起重新明确定义关键人才的具体标准，为人才管理工作建立锚定点。
- 定期盘点人才，设计并实施有针对性的人才培养项目（需要结合业务问题的解决）。

策略3：有意识地超前塑造未来所需的强力组织文化。

- 明确核心价值观，采用多种方式将其在组织内进行传播与强化。
- 将文化价值理念嵌入组织运作的各个方面，包括用人政策、战略决策、创立仪式等。

在讨论的尾声，李敏还和HR团队成员一起总结了这三大组织发展策略背后的思考方式。策略1属于典型的"发现问题—解决问题"思考方式。有别于以往的常见做法，如组织一次临时共创会或成立一个项目组来推动某项工作，李敏这次打算刻意创造一种持续的组织实践，以构建组织系统自有的问题解决能力，从而实现终极目标——解决问题。这种思考方式类似中医思维——调整人体的自我修复功能，从而让身体解决自己的问题，而非进行一次外科手术，用外力来切除病灶。李敏特别强调，她之所以选择高管团队的互动模式作为干预主题，其中的一个重要考虑是，高管的互动模式会直接影响战略决策的质量和战略共识的程度，而战略是提升组织有效性的关键杠杆点之一。同样，她之所以选择冲突处理作为干预焦点，是因为冲突处理的方式与结果直接影响组织内的协作。而对YC这种需要敏捷反应的组织来说，再怎么强调协作的重要性都不为过。

策略2是一种预防问题的思考方式。基于业务的增长目标，预估人才需求，提前进行人才储备。组织系统本质上是由人组成的，也需要由人来运作，才能让所谓的架构、流程、机制等其他必须附着于人的系统要素发挥作用，从而产生加法或乘法效应。人才是组织绩效的另一个关键杠杆点，基于常理，这是应该得到重点关注的部分。

策略3关注的是对组织长期能力的投资。组织文化是一种无形资产，也是一种难以模仿的竞争优势。在VUCA时代，善用文化价值观的行为调适功能，要比建构一大堆正式的规章、制度和流程等更加有效。当前YC并不存在文化冲突的问题，文化本身的强度也不算很高，所以策略3是为了将来的胜利而提前进行的布局。

综上所述，从解决问题的思维，到预防问题的思维，再到摆脱只聚焦于问题的思维，李敏认为，据此制定的组织发展策略既覆盖了不同的层级，又兼顾了不同的主题，更考虑了短、中、长期等不同的时间框架，应该算比较周全了。

虽然还没有付诸行动，也没有看见具体的实施效果，但李敏似乎已经预见到策略实施后的美好景象了。她对于这些举措的落地执行及其能为组织带来的帮助十分有信心，动力满满。

这些具体的策略也让杨逸更加了解李敏计划如何开展组织建设。他感觉虽然3年的时间规划不算短，但组织建设工作总算要上路了。杨逸和李敏作为其中最重要的工作联盟，也要开始发力了。

**入职 7 个月**

## 第四节　为高管团队提供教练

李敏决定从高管团队入手，她的干预目标非常明确——促进高管团队从旧的对话模式转变到新的对话模式。YC的高管团队需要驾驭有张力的对话。更确切地说，就是当有冲突和分歧时，高管们能直面冲突与分歧，并开展有效的对话，而不是两极化地简单回避或剧烈争斗，后者往往会对关系和场域造成巨大的伤害，事情也无法被深入探讨。

李敏想到了一个十分特别的做法。

听到李敏计划创造一次"文明吵架"的机会，杨逸完全摸不着头脑。尽管他认同李敏对组织系统的洞察，也知道高管团队的对话模式需要优化，但他依然不了解这样安排的具体原因是什么。当然，基于前期的接触，杨逸相信李敏一定有自己专业上的考虑，而她独特的视角每次都能让公司受益。听完李敏的一番解释，杨逸明白了李敏这是想**刻意创造一个场域来检验并提升高管团队对冲突、尴尬的耐受度，而检验过程本身也是培育能力的过程**。可以说，这种方式的实质就是，刻意创造训练场合和训练机会，让训练发生。刚开始大家可能会觉得有点突兀，但大家如果能刻意引发冲突并基于此反复演练，逐渐将演练的行为迁移到现实的经营议题研讨中，高管团队的对话模式就会实现质的转变，从而带来一系列正向影响。例如，目标和策略的共识度比以往更高；对话方式更有利于浮现各种各样的想法，因而带来更好的创新；团队内的融合度更高，等等。这些长远的收益打动了杨逸。

于是，他俩共同决定约一场"文明架"。吵架的场合选在了最近的经营例会上。所谓"文明架"，其实是李敏现造的一个词，她希望用这个词来通俗地表明：关于公司的重要经营决策和行动策略，每位高管都可以**用最温和的态度表达最偏激的观点**。她也希望高管们能够学会表达情绪而非回避情绪，能够真正利用情绪带来的直觉性判断和感知，提升对话品质，进而提高决策质量。

经营例会当天，当会议进入吵"文明架"阶段后，所有的高管都彻底傻眼了。打出娘胎起第一回被邀请公开吵架，大家突然觉得有点手足无措，不知道该说些什么、做些什么。毕竟吵架也不是随口就来的，总要有个话题吧。一时之间，大家还真想不到什么话题。更何况，这吵"文明架"还得讲"武德"，要温和地吵。所谓温和，似乎是要把原来脸红脖子粗、互"喷"观点的方式，变成彼此温文尔雅、慢条斯理地"吵架"，如"我刚才有点着急了，我想表达的是……"，但心里估计已经按捺不住了。这种吵法有点憋屈，大家都不太适应。

于是会议上一片沉默……大家你看看我，我看看你，继续沉默……

对此，李敏安之若素，耐心地等待着。会议前，她让杨逸授权自己主持"吵架"，同时也得到了他的承诺——在任何情况下都不跳出来打圆场，要给予她足够的空间。除此之外，李敏还特意给杨逸打了预防针，让他做好心理准备，忍受沉默或"真吵翻了"的尴尬。

大家依然一片沉默。李敏摆出了一副"今天如果不吵一吵，会议就别开了，咱们一直坐到会议时间结束为止"的架势。

时间一分一秒地流淌着，终于有人坐不住了。

医疗服务事业部VP王雷打破了沉默："既然没人说，那让我来开个头吧。上次开完经营策略共创会，公司决定在推动诊所营销方面加大投入，我作为负责人，责无旁贷地担负起了这个职责。在具体的工作配合上，我们其实需要负责有关政府事务和市场准入的同事、技术服务部等其他部门的同事参与进来，这样才能让举措有效地运转。但实际情况是，大家的配合力度很差……"

李敏适时插了一句："王总，感谢你的直言，这正是我们希望看见的。请问你此刻的感受是什么？"

王雷："我就是觉得这个问题必须尽快解决！"

李敏："王总，我感觉你很着急，这是你的感受吗？"

王雷："那肯定急啊，这件事情太重要了！"

听闻此言，李敏向王雷点了点头，内心感受着他说的"急"和自己此刻的状态，然后转过头来看向其他人，温柔又坚定地说："好的，谁还有想表达或想询问的？可以随时继续。"

兼管政府事务和市场准入工作的CSO陈平说道："对于王总刚才说的情况，我想大家是不存在态度上的问题的，但因为时间和精力有限，导致同事们配合不足，这是有可能的。下面部门的同事跟我说，他们本来就处于一种高负荷的工作状态，每天都要拼命加班才能保证林总这边的医疗器械业务顺畅地开展。现在团队又要加速将重心转移到民营诊所的前期准入和医保政策上，我们已经全力以赴了……"陈平的表述一如既往地四平八稳。

王雷："大家忙，肯定是客观现实，但这是我们的经营战略，全力调配资源也是我们在上次会议中达成的共识……"

一向说话稳重的器械事业部VP林峰开口了："上次达成的共识是公司加大对民营诊所的投入力度，这一点我全力支持。但是医疗器械市场这边，在国家大刀阔斧的医改背景下，要想确保公司业务不受带量采购政策的影响，前期需要花大力气参与政府牵头的行业标准的审核与制定，后期医学事务部也要和行业专家密切合作，这些工作都推进到了关键阶段，我们也的确很需要支持啊！"

王雷："林总，你说得没错，医疗器械业务的确不好做。但我这边业务要拓展，更需要公司的资源支持，否则这么大的前期投资，如果配套资源跟不上，什么时候才能实现我们的战略目标？而且，我们在上次的经营策略共创会上达成的共识，都是在现场一条条写出来的，如果有异议，那当时就应该提出来。"

林峰："我对上次共识的策略没有什么异议。但我觉得，在资源有限的情况下，我们只能选择先保证盈利业务，否则公司的生存都可能成问题，还谈什么新业务的开拓创新。"向来稳健的林峰冷静地回击。

王雷："那照你这么说，我这边的业务就只能先等着了，对于前期已经投入的大笔资金，完全不要管它的投资回报率了。但是我们如果不去抢占市场先机，业务是很难推广扩大的。"

换作平时，这种问题要么根本就不会在正式会议中被提及，大家往往都是在私底下进行各种协商、角力，再达成某种妥协；要么还没等彼此之间的矛盾充分公开，杨逸就开始介入、调停了。

李敏在整个过程中没有进行太多干预，但她时刻留意着对话双方的情绪和现场的"温度"。

几个来回下来，对话被卡住了。大家感觉王雷和林峰说得都有道理，在这个情境中，大家并没有绝对的正确或错误。大家也都知道，这是对有限资源的分配抉择，需要有人拍板才能推进。因此，大家的目光不约而同地望向了杨逸。平时，这种局面都是由杨逸来"收拾"的，尽管收拾完也是"不了了之"。

但今天，杨逸说："李敏让我今天不要说话……"所有人都笑了。"我就告诉大家，我今天不能说话……"所有人又都笑了。

李敏觉得这个时候的场域刚刚好，之前有张力，现在有缓和。于是她说："今天是一个'温和吵架'的场，大家在吵架这方面的表现似乎一般，没吵几句就中场休息了，温和方面倒是做得不错。"

李敏顿了一顿，继续说道："王总，你觉得今天自己在吵架方面表现得怎么样？"

大概是因为从未被这样问过，王雷一脸蒙："啊？我怎么知道？反正我在家吵架从来没赢过。"

这个大直男的回应逗乐了所有人，李敏趁机问："那林总，你的感觉是怎样的？王总有没有让你觉得他是想和你真诚、直接地吵上一架，把分歧说清楚？"

林峰："王总多海涵啊！大家业务压力大，都不容易。我也难得这么激动，多说了几句。"

王雷："林总一向大局为重，今天能敞开心怀说出这些话，我是很欣赏的。"

李敏把话接了过去："王总，抱歉，打断一下，我想继续问刚才的问题。你觉得今天自己吵架的状态怎么样？有没有把你的主张清晰地传递给对方？"

王雷："我应该还好吧！本色出演。我这个人容易着急，急起来就不太能顾及别人的感受，今天估计也是这样。"

李敏："这简单，你直接问问林总就可以得到验证了。"说完她立马转头问："林总，你有没有觉得王总很着急、没有顾及你的感受呀？"说完，她将眼神看向林峰，确保自己的状态是真诚的探寻，而不是质问。她那期待的眼神似乎是在告诉林峰："不要给我一个礼貌性的回复呀。"

林峰："我能感受到王总很着急，也能体会到这种着急是为了公司的发展，我觉得挺好的，每个人都有自己的特点。"

李敏："林总，我感觉你说话总是很平和，包括刚才你和王总对话时，在王总着急的情况下，你还是语气如常，至少从我们旁观者的角度来看是这样的。不知道从你内在来说，王总的着急状态让你产生了什么感受？"

林峰礼貌地笑了笑，说道："王总这一急，我感觉那种撸起袖子想争取更多资源加油干的期待全冲着我们器械事业部了。我也跟着急了，就是表面看不太出来！大家都是想把公司业务带上一个新台阶！"

"我并不是想抢占资源，我是希望大家能够协同合作，是双赢！不过如果再和林总说下去，我怕是要更加着急了。"王雷忍不住插话进来。

林峰："我说话一向都是这样，并不是只对王总这样。"他难得地笑了笑："有同事觉得我这个人比较冷，但我并不觉得自己冷，只是看起来冷静一些罢了。"

技术服务部VP张勇突然插进来说："林总说的这个，我最近特别有感触。我参加了李总介绍的人际互动课程，发现人和人之间实在太容易产生误会了。说实话，我和林总平时会争论几句，今天还真的没什么好吵的，但我理解李总之所以这么费心，应该也是为了让我们既不要藏着掖着，也不要人身攻击，我觉得这一点大家应该是可以做到的。"

谈话的方向逐渐从事情转移到了人际互动中个人的特点、风格和为人处世的观念上。这些话题为高管对话撑开了更大的空间，让高管们，尤其是在意识层面分属两个阵营的新、旧高管们，可以利用像例会这种平时只谈论公事的场合，去"回看"和"复盘"彼此的对话过程，使大家在冲突中感受到的负面情绪和体验得以消解，也能借机缔结更紧密的人际关系。通过这种方式，高管团队能够逐渐学习并适应既真诚直接又相互尊重的沟通方式，不再掩盖分歧，不再惧怕并回避冲突。更重要的是，大家不再以一种情绪爆发后的破坏性方式来呈现和处理冲突。

出乎意料，这个"吵架实验"并没有耗费太多时间，本次例会总体时长和以往比只长了一点。而且，这样的安排让高管们认识到，他们有能力在公开处理冲突的同时兼顾彼此的感受，保持对彼此良好的个人印象，也维系好与彼此的友好关系，而这对长期合作至关重要。李敏坚信，若能在平时的沟通中嵌入一些类似的反思环节，只要长期坚持下去，就一定能让高管团队在更高的水平上运作，这样的产出成果可比成功实施一两次经营策略共创会重要得多。

李敏也认识到，并不是所有人都能理解这些干预动作的必要性及其在组织发展方面的深远意义，但这并不影响她对这一信念的笃定。她很清楚自己正在做什么，这给了她无与伦比的信心与力量。而此时的杨逸也越来越能理解这位常常"表现离谱"的CPO想做的事情，并逐渐感知到了这些举措所带来的价值。

除了吵"文明架"，李敏还提前预备了"热椅子""人生旅程地图""人事双修会"等活动，同时时刻准备好进行各种随机干预。李敏从未像现在那样坚定地前进着。她相信，只要坚持完成上述团队发展实践，YC将拥有一个"软实力"强大的高管团队。

实验结束后，杨逸私下跟李敏说，他在会议的前半段差点没憋住，尴尬得不行。不过，下半段的"交心"让他觉得自己和大家的连接变得更深了，新旧业务的领导者也是在对话。结合李敏之前在例会上的即兴引导，杨逸给李敏安排了一个新的角色：经营例会主持人。

既然被杨逸派活了，李敏就顺便将自己的想法和他做了交流，看能不能也给这位CEO派个活，这个活与器械事业部VP林峰有关。从加入公司到现在，李敏大概摸清了林峰的个性及器械业务的现状。她发现了一个明显的卡点，那就是在人员精简方面存在一些角力的情形。很显然，林峰是不愿意精简人员的，而杨逸要求继续降低旧业务在人员编制上的占比。在每次的经营策略共创会或经营会上，这个议题都会被提起，然后又被略过。

李敏认为杨逸需要跟林峰交心地谈一谈，看看他到底怎么想。

"杨总，我感觉你们俩很少单独沟通，对吗？"

"大家都忙……"

"那就是很少啰！"李敏笑笑，没有放过这个话题。

"嗯，确实不多……"

"我可以跟你们一起聊，要不然器械业务的人员精简和新业务的队伍扩张都会受影响。"

"那最好了！"

这对伙伴在组织干预的合作上越来越有默契了。

## 第五节　鼓励团队继续前进

在李敏大踏步地往前推进高管团队教练工作的同时，HR团队成员那边也传来了可喜的消息。继组织诊断、"软磨硬泡"行动之后，HR团队成员介入了横向流程优化项目，并发挥了积极的专业推动作用。就连器械事业部VP林峰见到李敏时都连连称赞："你们HR团队还真是转型了，跟以前不一样了。"听到这些积极、正向的反馈，李敏觉得HR团队成员似乎摸到一些门道了，非常开心。于是她自掏腰包点了下午茶，和团队成员专门为此庆祝了一下。**抓住每个小小的进步来鼓励团队，是李敏认为自己做得最正确的事情。**

短暂的下午茶时光过后，HR团队成员中参与了横向流程优化项目的沐沐拉住了李敏。

沐沐："李总，我有个事情想和你沟通一下。在参与协调流程优化项目时，我能很强烈地感受到，同事们对部门之间的协作还是有很多的抱怨，也觉得挺无奈。"

李敏："噢？是什么让你有这样的感觉？你具体听到什么了，还是看到什么了？"

沐沐："从他们话里话外、字里行间都能感受到。反正我总是听到一些同事尤其是YC的老员工，说公司以前流程简单，运转快速，而现在流程复杂了，什么都变慢了。每个部门的人具体负责什么，大家都不太清楚。如果想找人协调或帮点忙什么的，简直比登天还难。"

李敏："现在公司员工的人数已经翻了一倍，有些东西肯定不一样了……"她突然意识到此时自己应该多倾听一些，于是又说："沐沐，那你觉得呢？你有什么看法？分享一下。"

沐沐："我听说现在每个部门都可以制定一些新流程，好像也不需要谁来审核。前线同事跟我说这样很乱，有些新员工根本搞不清状态，大家的说法差异也很大。我们做的这个横向流程优化项目其实已经解决了一部分问题，但如果不从源头做好规范，那还是很容易乱。"

李敏："嗯，我会找其他部门的领导者一起商议一下，今天晚些时候我还约了杨总和林总一起谈事情，到时也顺便说一下，看看在业务流程的审核方面可以有什么考虑。公司以前规模不大，很多东西不规范在所难免，现在一步步完善就好了。另外，你们的进展也要随时同步给我，多提具体的想法，别等着我来找你们啊！"

任务总是无所不在啊！李敏忍不住心里嘀咕了一下。除了公司级的组织发展策略和关键举措，李敏实际上还在推动新业务的人才培养项目，以行动学习的方式解决新业务中的挑战。与此同时，她还在培养人才和团队。这个项目的立项主要是为了回应王雷的诉求，在发展人才的同时兼顾业务问题的解决。李敏还答应额外给技术服务部的工程师报名外部机构举办的人际动力实验室，提升他们的人际互动能力，减少客户投诉。这个需求来源比较特别，张勇体验过人际动力实验室之后，又带着他太太去参加了一次。据张勇说，他太太也有了一些变化，现在他们俩的沟通问题虽然没有完全解决，但沟通过程确实轻松和谐了不少。因此，张勇从业务培训的经费中专门拨出一部分，让团队中的工程师有机会接受这方面的成长促进。

无论是林峰对HR团队的表扬，还是张勇迈出的重要一步，都是一些积极的反馈，让李敏干劲十足。当然，李敏本身也有很大的底气，除了自己工作能力突出，所带的团队也很给力。她既庆幸自己在一开始就投入了精力来打磨团队，也很欣慰遇见了一支可塑性极强的生力军。这种相互成就让大家彼此都完成了个体无法完成的一些关键组织建设任务。

**入职9个月**

## 第六节　旧业务的人员精简行动

时间来到加入YC的第9个月，李敏感觉自己和团队已经"火力全开"了，大家在多个战线上同步推进。让李敏最意外、最开心的，是帮助器械事业部实施的"瘦身"行动。

在维持公司收入大致稳定的前提下，尽量将资源倾斜到新业务上，这是杨逸一直在推动的战略业务转型。但林峰一直有很多顾虑和不甘，一来器械业务依然有发展空间，二来这是他一手组建起来的业务骨干团队，也算战功赫赫，如果要精简，势必会打击团队的士气。杨逸也担心会一不小心伤及公司的根本，所以在这个既定方向上，工作推进得非常缓慢。但事情就在杨逸、李敏和林峰三个人的谈话过程中出现了微妙的转机。一方面，这种博弈和拉扯已经持续了好几个月，需要有个结果了；另一方面，李敏和杨逸的姿态打开了林峰的心扉，让真正的对话能够开启。

李敏对具体业务决策并没有发表任何观点，她一直认为，A决策和B决策到底哪个更好，往往难以快速而准确地判断。但作为公司领导者，杨逸和林峰需要做出一致的决策并共同承担后果，且对内对外都应该传递出一致的明确性。秉持着这种立场，在谈话中，李敏表达了自己的担心：杨逸和林峰呈现出来的态度和行为差异，在某种程度上给中层管理者和广大员工带来了一种混乱，如果这种情况持续下去，组织就将在一种模糊感和焦虑感并存的状态下继续运转，身处其中的每个人都会因被扰动而感到难受。如果要真正改善彼此的处境，就要在做出明确的决策后，抛弃一切幻想，坚定地跟同事们进行"过度"沟通，让大家理解这些决策背后的考虑，并提供一切力所能及的支持。

杨逸也谈了自己的想法，精简主业并不是让林峰无差别地"一刀切"。他修正了自己以前因为急于推进新业务而发表的一些言论，并跟林峰一起重新分析形势，抛出了自己的战略假设。同时，他真诚地认可了器械业务团队在过去做出的巨大贡献，认为在将来，这个团队依然有很多可为之处。

大概是感受到了李敏和杨逸的真诚，同时也明白自己必须接受新的形势并做出思维和行动上的调整，林峰动容地说："这几个月以来，器械事业部感觉自己就像一个被抛弃的孤儿，我们贡献了公司的大部分收入，但未来似乎与我们无关。其实不仅是部下，我自己都很有抵触情绪……"

听到这里，杨逸条件反射地想安慰林峰并解释一番，却被李敏用眼神制止了。李敏知道此刻情感的宣泄和连接比任何大道理都更加重要。对于人员精简，林峰并不是不懂中间的利害关系，但就像任何一个成功人士一样，要学习、适应新的形势，就等同于让他割舍过往的成功，中间的痛，是无法简单地用言语表达的……

谈话结束前，杨逸说这场对话如果早点发生就好了，林峰也有同感。但李敏认为，如果没有前面的经历，也许这次谈话就不会有如此戏剧化的进展。这场谈话之后，李敏和林峰专门立项来推动器械事业部的人员精简行动。每位受到影响的同事都有HR团队成员介入，帮忙进行沟通。根据杨逸的承诺，对于那些被裁撤的员工，公司会发放足额的赔偿，并尽可能地提供再就业支持。对于家庭有困难的员工，公司还设立了一个过渡支持计划，以供有需要的人申请援助。

幸运的是，这次人员精简是前瞻性的变革，公司有一定的资源和空间来更好地安置员工，而不是等到积重难返的时候再采取行动。中间的阵痛固然无法避免，但精简行动既没有引发法律上的纠纷，也几乎没有对雇主品牌产生负面影响。在公司内部，无论是离开的人，还是留下的人，大部分都认为公司在道义上做出了足够的努力，是一家有温情的企业。

## 第七节　组织建设进行时

**软实力的跃迁，是一种长期刻意实践的结果，在看到效果前，坚持正确的做法并秉持信念进行长期的组织建设投入，是至关重要的。** 在助力业务团队方面的投入，并没有拖慢李敏既定的组织建设步伐。持续的高管团队打造、人才队伍建设、组织文化塑造等工作都在有条不紊地进行着。

在高管团队打造方面，随着高管团队教练举措的持续实施，团队在处理冲突、开诚布公、兼顾感受并构建信任等方面逐渐有了更多的心得。通过多次试验，经过李敏设计的例会开场和结束的标准动作逐渐成为大家的习惯：会议开始后的前5~10分钟问问大家的状态，让每个人都能够连接彼此，知悉彼此的工作或生活动态；会议结束前的15分钟是回顾与反思环节，用来简要回顾当天的会议过程，尤其是对对话品质、心理安全感、真诚直接、会议效率和共识过程的得与失等方面的反思。这些简单易行的例行团队发展实践，产生了初步的效果，高管的会议及彼此之间的沟通变得更加高效。

在人才队伍建设方面，除了让一位善于进行数据分析的同事对基础人力资源信息进行分析，其他重要的工作包括：在李敏的领导下，识别出在新的战略意图和业务形势下的人才缺口；重新梳理符合未来需要的人才管理政策，包括人才获取、人才评鉴、人才发展与晋升等；会同品牌部门一起策划对内和对外的人才政策宣传。这些工作不仅为提升雇主品牌形象发挥了积极的作用，也让组织内部的人更加明确自己的发展通道，激发了各级人才的自我学习驱动力。在盘活人力资本这项工作上，李敏充分发挥了自己的专业优势，做得既专业，又有效率。

在组织文化塑造方面，确认并更新标准的"文化三件套"——愿景、使命和价值观，是基本的必选项。其他文化塑造举措更多地聚焦在价值观的植入和落地上，这是很多公司都难以有效实施的部分。在YC，以前没有人有意识地推动这方面的工作。杨逸倒是很重视文化建设，但奈何以往缺乏专人有效承接，做得并不系统，也缺乏持续性，最终让这项工作变成了一种运动式的活动——想起来就做做，做完也就算了。

延续一贯的思路，李敏认为，只有嵌入组织实践的价值观才能反映组织真正的信仰。只有以行动为语言的信仰，才有足够的力量穿透组织的层层边界，被组织成员理解、认同并反映在自身的行动中。

于是，YC的文化建设有了一些具体的、具有连续性的活动载体，简单列举如下。

## "我与伙伴共成长"：在全公司范围内掀起"文化认可"活动

全公司大力推行"文化认可"活动，按照YC的3个核心价值观——高效、协作、创新，定制感谢卡，放置在公司的前台、茶水间、行政办公室、各部门办公室及会议室等大家触手可及的地方，鼓励每位员工以手写感谢卡的形式，将自己在工作中捕捉的他人的闪光点及时表达出来，形成一个个与YC三大核心价值观紧密连接的文化故事，让更多员工的努力、变化和成长被看见，用员工的实际行动和故事推动YC的组织文化发展。不管是管理层还是基层员工，都很喜欢发出、收到这些卡片，甚至很多员工把这些卡片视为可收集的徽章和荣誉，在组织内部上下形成了积极正向的暖流。

## "我们和公司共成就"

在过去的十几年，杨逸都是以奖金的形式和大家分享胜利果实的。而现在，除了实打实的金钱奖励，公司还采用了各种庆典会、业务峰会、全体员工大会、员工家庭日等多样化的形式，庆祝公司取得的各种重要成就。从这些活动中，员工们了解到YC服务了多少位患者、获得了什么样的评价……员工体悟到了和公司共同成长所带来的荣誉感！

除了这些已经成为标配的活动，李敏还在构想一个有足够冲击力的协作文化推动项目，既践行组织发展策略，也助力组织文化建设。她之所以选择"协作"这个点，原因有二。其一，公司的核心价值观包含"协作"；其二，基于组织系统洞察，YC内各部门之间的冲突正在侵蚀互助的协作文化。以协作为发力点，李敏就可以将长期的组织文化塑造和针对性的组织干预结合起来，一举两得。

可是，具体怎么做呢？如何调动组织成员对当前协作状况的关注？如果大家认识不到当前的状态，就不会有行动上的紧迫性，也就无法积聚足够大的力量来做出改变。"现状，现状，现状……"李敏心里一直念叨着。

## 第八节　组织协作开放空间

关于协作干预，李敏想起早期的组织发展实践者曾使用过一种"会议链"的方式来进行组织干预。直觉上，她认为类似的方法也适用于YC推动组织协作方面的干预。但除了知道这些会议需要按照特定的顺序召开，内容上需要相互衔接，李敏并没有太多头绪。好在，她一向就不是一个只会抄作业的学生。

仔细斟酌后，李敏和团队成员一起设计了"组织协作开放空间"系列活动。活动将包含多场研讨会，每场研讨会的时间为半天，届时将邀请20~30位来自各个职能部门的员工参与，同时也均衡考虑参与者的年龄、性别及司龄等因素，让每场对话都能涵盖多个视角。

研讨会通常都会以同一个开放式问题开始，那就是：关于YC的跨部门协作，你觉得应该关注什么？应该做些什么来改善？基于这个纲领性问题，参与者可以自由地提出议题和建议，同时展开探讨和交流，形成一些基本提案。除此以外，主持人还会嵌入一个组织文化建设的固定主题：如何才算在行动中践行了协作的精神？这两个议题，第一个会让人们聚焦于公司作为一个整体，应如何行动来改善协作，其产出往往跟流程和机制相关；第二个会激发每个参与者检视自己及他人的行为与协作精神之间的关系，由此得出需要坚持什么、改变什么。

一些有趣的联动也自然地发生了。在研讨会上，来自医疗服务事业部的同事谈论起他们正在进行的行动学习项目，这些项目在改善了他们横向协作能力的同时，也让他们发现了一些新的问题。这些问题在他们所处的层面无法解决，平时也鲜有机会进行公开探讨，而组织协作开放空间恰好提供了探讨这些问题的机会。

……

每次研讨会结束前，主持人都会询问参与者的感受。从收到的反馈来看，参与者普遍对组织整体上呈现的协作状态有了更深刻和全面的了解，这是一种难以量化却易于直接感知的感受。特别值得提及的是，在研讨会中段，来自HR团队的代表都会向参与者展示一幅"部门间冲突系统图"。从大家的眼神中，李敏能看见人们所感受到的冲击。这种深层次的"看见"，能够让参与者反思、留意自己和他人在每次互动中，到底是滋养了协作的文化，还是产生了破坏性的效应。这种冲击和影响强烈而深远。

凭借惊人的毅力，李敏带领HR团队在2个月内连续组织了24场研讨会，覆盖了尽可能多的层级、部门和区域。除了因疲劳而病倒的那周缺席了两场，李敏几乎出席了其他所有的场次。每场她都会邀请1~2位高管参与研讨。这种跨层级、跨职能、主题明确、氛围平等的开放性对话，进一步强化了组织原本就存在的开放与合作氛围。在会议进行过程中，组织成员已经开始展现出更具合作性的行为。这些良好的变化与反馈，也被迅速收集整理成小故事、封面人物、卡通徽章等内部宣传要素，在更大的范围内施加影响，积攒组织文化的"星星之火"。

HR团队成员不仅再次冲在了第一线，还继续发挥了几个月前的"软磨硬泡"精神，让这些研讨会既接地气，又具有文化建设的意味。必须说，经过大半年的历练和专业技能特训，HR团队的工作能力上了不止一个台阶！

**入职 11 个月**

## 第九节　既是结束，也是开始

如火如荼的"组织协作开放空间"形成了一个临时社区，关于协作的吐槽、建议、行动、最新动态、实时反馈都展示在这个线上和线下并行的社区中，让大家的情绪得以宣泄、承载；让被识别出的核心问题得到根本解决或阶段性的缓解；由部门间冲突系统图引发的冲击及由冲击体验形成的涟漪效应，让组织成员充分理解了公司重视协作并大力推动协作改进的原因，也积极地予以行动配合。可以说，这是李敏入职公司以来发起的动静最大的系列活动，她希望这不是又一次的"头脑发热运动"，而是通过这次介入，既能改善症状（协作体验），又能使同事们的活力重新聚焦在促进彼此完成有意义的工作并取得成果上。

为了让软实力的提升得到硬性支撑，使组织变革本身成为组织文化基因中的一部分，在"组织协作开放空间"系列活动的尾声，李敏还组织了一次大型对话活动，所有高管及系列活动中每场研讨会的参与者都被邀请到场。这场活动的目的，是将2个多月以来一直萦绕在大家心头的组织协作改进精神具象成一些关键词或关键句，让这些在对话和共创中生成的、有利于组织建设的成果进入更多人的认知和情感中。

这场对话活动被分为上下两个半场。上半场的主题是"提炼与确认"，所有参与者都将一些重要的、让人有所触动的、有故事的资料提炼整理成新增价值观词条和文化故事;在下半场,参与者集体使用"组织协作开放空间"这种组织建设方式开展研讨。为了配合主题,李敏依托公司的办公环境,创造性地设计了一个大型"开放空间"研讨场地,研讨的大主题是:如何共同影响我们共生在其中的组织,使个体更好地绽放,让组织更美好?

在这个大主题下,几乎所有人都参与其中,提出了与之相关的更加具体的议题。大家基于自身的经历与感受积极思考,带着思考投入集体对话中,并形成一系列建言、倡导甚至行动计划。所有的信息都在参与者的脑海中浮现,在彼此的对话中流淌,在彼此的倾听中得以记录,又在彼此的分享中引发了更多的思考与对话。人们展现了各自的差异,但也不乏共识。

当活动圆满结束时,参与者都有了这样的明确意识:并非所有刚才被谈及的事项最终都会成为组织的决策与行动,但大家都非常清楚地感受到,组织确实在倾听员工的心声和需求,真正重视群体的智慧,并以一种集体共创的方式同时推动个体、群体乃至整个组织的行动改进。一个能够自我调适的组织,让所有人都看得到它坚韧的生命力;一个奔跑在充满无数可能性的赛道上的组织,让所有人都深信这里可以成为一片帮助人们成就自我的天地。在这样的情境中,大家对组织的信心、对自己的信心,都得到了充分的滋养与彰显,激发出了澎湃的组织活力。

与其说这是一项组织干预举措的结束,不如说这是组织迸发活力的开始……

> **思考空间6**
>
> 为了超越知识的现有水平，研究者必须打破研究方法的禁忌，甘冒"不科学"或"非逻辑"的危险，到后来这种冒险才有可能被证明是取得下一步重大进展的基础，这已经成为一个规律。
>
> ——库尔特·勒温（Kurt Lewin），1949年
>
> 行动研究是组织发展的基本骨架。伴随着组织的前进，"诊断—干预"作为一个迭代循环的过程，也在不断地螺旋式前进。新情形、新问题持续涌现，接续着组织的历史，连接着组织的未来。人们需要一种更偏重"适切情境"的工作理念，在仔细衡量"理论不够严谨"的风险和代价后，评估自身面临的特殊形势，适当地冒险，有选择地大胆行动，为工作拉开一条缝，为未来的工作打开一个重要的空间。当然，所谓"适当地冒险"，"适当"与否难以客观判断，只能因人而异，依赖实践者的智慧。
>
> **行动阶段**
>
> 1. 当多任务齐头并进时，你认为李敏是怎样驾驭这些工作的？
>
> 2. 旧业务需要"瘦身"，李敏从加入YC时就对此有所耳闻。你认为李敏是否在这方面行动过慢了？为什么？
>
> 3. 你认为李敏的行动反映了她是一个什么样的人？
>
> 4. 在本书的论述中，CEO大多数时间都隐藏在背景中，但根据你的经验或猜想，在这些或宏大或精微的组织干预中，CEO发挥着怎样的作用和影响（尤其是在那些看起来由李敏担任主角的时刻）？

# 第七章　复盘

## 入职满一年

## 第一节　个人复盘

加入YC一年了，李敏认为是时候进行一次详细的个人复盘了。

带着业务团队做复盘是常有的事，自我反思则更多的时候是零碎进行的，系统性的复盘反而比较少。今年，李敏打算把复盘的框架和步骤运用在自己及HR团队身上，让自己能更加设身处地地了解，人们在他人的引领下进行复盘的具体感受。

和团队一起复盘前，李敏先自行回顾了A-R复盘模型[1]，让自己过往与复盘相关的回忆、信息和感受，有一个整体的空间可以安放。待思考有了沉淀后，再去找团队一起做详细的复盘。

回顾过去一年的工作，李敏感觉时光飞逝。初见杨逸时两人畅聊的话音似乎还萦绕在耳边，入职后全面推进各项具体工作时的雄心壮志和遭遇挫折时的焦虑与担心也依然记忆犹新。如果按照自己早期的工作习惯，复盘时李敏会一下子就扎进具体的项目和活动中：自己处理得怎么样？效果

---

[1] A-R复盘模型是简致咨询创始人之一邝耀均于2018年提炼的，并运用在"经营复盘工作坊"的专业服务中，受到客户的广泛好评。

如何？有什么经验和教训？但这几年的学习和历练，让她渐渐变得更具宏观思维，同时依然能尽量兼顾细节。

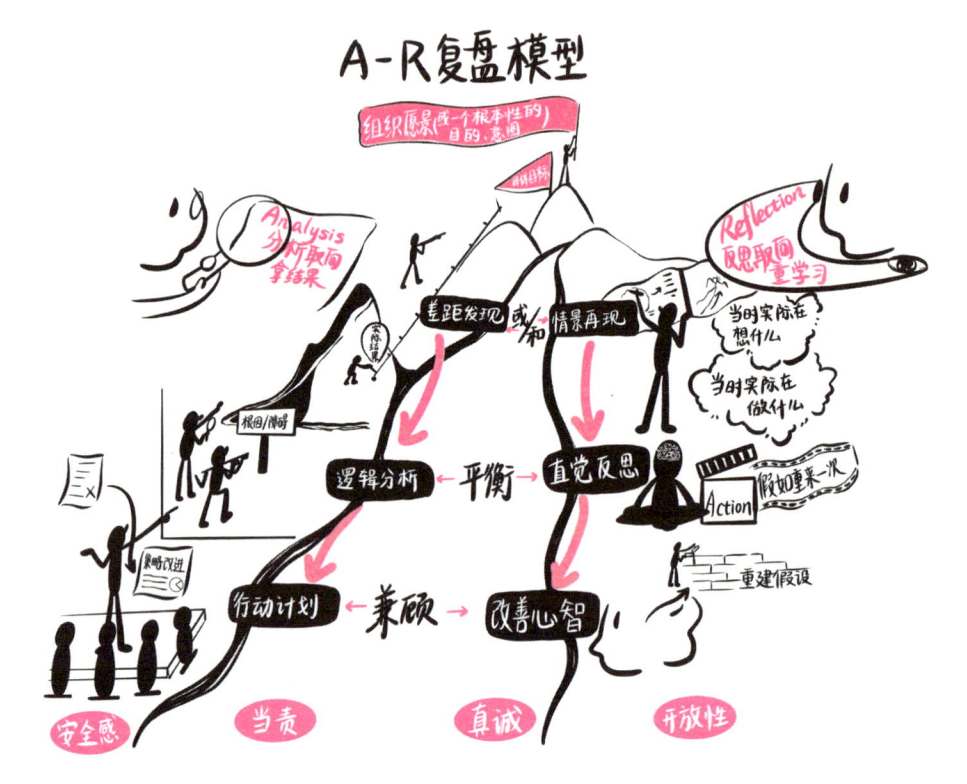

## A-R复盘模型

[图：A-R复盘模型手绘图，包含组织愿景（做一个根本性的目的、意图）、Analysis分析取向拿结果、Reflection顾取向重学习、差距发现或情景再现、当时实际在想什么、当时实际在做什么、逻辑分析—平衡—直觉反思、假如再来一次、根因/潜哥、策略改进、行动计划—兼顾—改善心智、重建假设、安全感、当责、真诚、开放性]

还是从回顾目标开始吧！李敏默默地回想自己在带着哪些目标前进。刚加入公司时，她刻意避免制定一些具体的目标和行动计划。如果真要说有具体的目标，那就是摸清组织的状况，同时为开展工作建立基础。当感知到自己这个"空降兵"似乎已经平稳着陆后，李敏的工作焦点就转变为寻找组织介入的机会，提升组织有效性。

此刻回看，李敏的空降着陆和实施组织干预是在交织中向前推进的。如果不能有效开展组织干预工作，李敏就无法赢得各方的信任，也就无法在新公司生存下来。而平稳着陆后，依靠团队的支持、HRD的理解及CEO的信任，李敏才能够放开手脚，大胆创新行动。无论是执行"软磨硬泡"

## 第七章 复盘

工作原则、组织高管"文明吵架"、帮助旧业务板块完成人员精简行动,还是在组织范围内实施"组织协作开放空间"系列活动,这些举措都带有不确定性。李敏知道,如果没有这些利益相关者坚定的支持和超乎寻常的信任,任何一次活动都有可能流于形式,使得组织发展变成一句口号,甚至自己的职业发展都会走进死胡同。

回想当初接受杨逸的邀请,李敏觉得当时自己似乎并没有太多地考虑个人的得失,也许她接受这份工作的初衷,就是希望践行自己深信不疑的组织发展理念。一路走来,有太多因素可能会让事态朝着完全相反的方向发展,能取得今天这样的进展和成果,李敏觉得自己是幸运的。在这一年里,她几乎抓住了一切能获取的机会来施展才能。同时,杨逸对提升组织软实力的渴求和对李敏专业素养的宝贵信任,让一些看起来不太可能的事情成为可能。

当看到A-R复盘框架中的提问"假如重来一次……"时,进入YC以来所做的重要决策,如放电影般在李敏的脑海中依次闪过:拉着团队一起做组织诊断、实施高管的经营策略研讨会、策划并发起"组织协作开放空间"……每项工作的开展,都为另一些工作打开了空间,创造了机会。假如重来一次,李敏认为自己大概率还会做相似的选择,采取相似的行动。在个人的反思与回顾过程中,李敏发现自己的选择往往都在刻意突破自己的习惯性倾向,如在研讨会上随机应变地即时进行干预和推进、创造特殊的场域让高管团队中的冲突浮现……这些行为都具有一定的冒险性。在YC工作的这段时间,李敏主动做出的冒险性选择,比她在以往任何一份工作经历中做出的都要多。目前看来,这些冒险都带来了一定程度的回报。

李敏将这一切回报都归功于信念和信任的力量,以及在此基础上的积极行动。想到这里,李敏的目光落到了办公桌上一张精致的卡片上,这是杨逸为祝贺她加入YC一年特地写的致谢卡："李敏，感谢你在YC这一年不拘一格，成就非凡！"透过刚劲有力的笔迹，李敏感受到杨逸对她一如既往的坚定的信任和对未来的期待，这也是CEO在用实际行动倡导和推广"文化认可"。李敏之所以加入YC，是因为她得到了CEO的认同，得到了信任与机会去尝试创造更多的价值。也因为对信念的坚持，在组织发展实践过程中遇到的挑战和困难反而激起了李敏生命底层的能量，让组织里的每个人都实实在在地感受到这种能量带来的改变。李敏也因此收获了管理层的信任，触发了整个组织共同创造的动力。

李敏也在想：在这一年的工作与生活中，有没有发生什么让自己后悔的事情，如孩子的学业、与先生的关系、对团队的培养、跟高管们的合作？好像并没有什么让自己后悔的决定和行为。当然，遗憾的事情肯定有。例如，公司在跨部门协同方面依然有不足；自己工作的节奏在促进公司革新方面依然显得不够强力，效果也有待进一步观察；在具体的业务助力工作上还有很大的改善空间……

经过一轮个人复盘，李敏发现自己似乎倾向于选择性记忆：她第一时间就想到那些自认为有成就的事情，而那些做得差强人意的部分，是随着自我复盘的深入才逐渐浮现出来的。这可能是李敏本次自我复盘最重要的发现！

## 第二节　团队复盘

完成个人复盘后，李敏和HR团队成员一起回顾了团队这一年来的主要工作。相比聚焦于事情和项目处理得如何，李敏更希望借助这个过程，回顾HR团队发生了什么变化、取得了什么成长。HR团队成员已经相当适应李敏的民主风格了，于是七嘴八舌地聊起来……

## 第七章 复盘

HR团队已经实施过季度和半年度的阶段性复盘，主要做法就是：团队集体回顾任务进展，讨论项目和具体执行需要做哪些调整与改善。除此之外，还会就以下两个基本问题进行反思。

- 团队作为一个整体，哪些地方做得比较好？这些是需要坚持的。
- 团队作为一个整体，哪些地方未来需要做得更好？这些是需要改变的。

团队成员以为这次依然使用类似的结构来进行复盘，所以就主动照此开始了。李敏却打断了大家，她慢悠悠地拿出一张1平方米大小的画布，是一张"团队有效性评估地图"[1]，让团队成员根据框架来共同讨论HR团队的有效性。

从第一步"定向"开始，HR团队一起回忆了李敏进入YC后发生的一切。大家都认为李敏的加入把HR团队的定位拔高了一级，让大家以专业立身，摆脱了行政支持和事务性工作的牢笼，能够扑在前线，真正助力业务部门解决问题。那场让人累到几乎要脱层皮的组织诊断，虽然没有为HR团队直接带来高度好评，但对于团队打磨，尤其是团队内信任的建立，起到了很大的催化作用。大家一起访谈，一起加班，一起为了报告而争吵，现在看看，这些经历有了更丰富的内涵。

谈到这里，陈爽说："我特别想代表团队感谢李总，是你帮助我们提升了对组织发展的认知，也帮助我们更好地定位了HR团队的工作方向。以前我带着团队只能徘徊在HR的日常运营事务中，把HR团队定位在事务性工作上。团队做得很辛苦，也花了很多精力。但现在这个空间打开后，我们不仅能够像以前一样高效地完成事务性工作，还能做更多，这些对YC的突破和成长太重要了，也为HR团队成员打破了职业发展的天花板，以前的我看不到这一面，更做不到……"

---

[1] 该评估地图由简致咨询基于德雷克斯勒/西贝特团队绩效模型的框架改编而成。

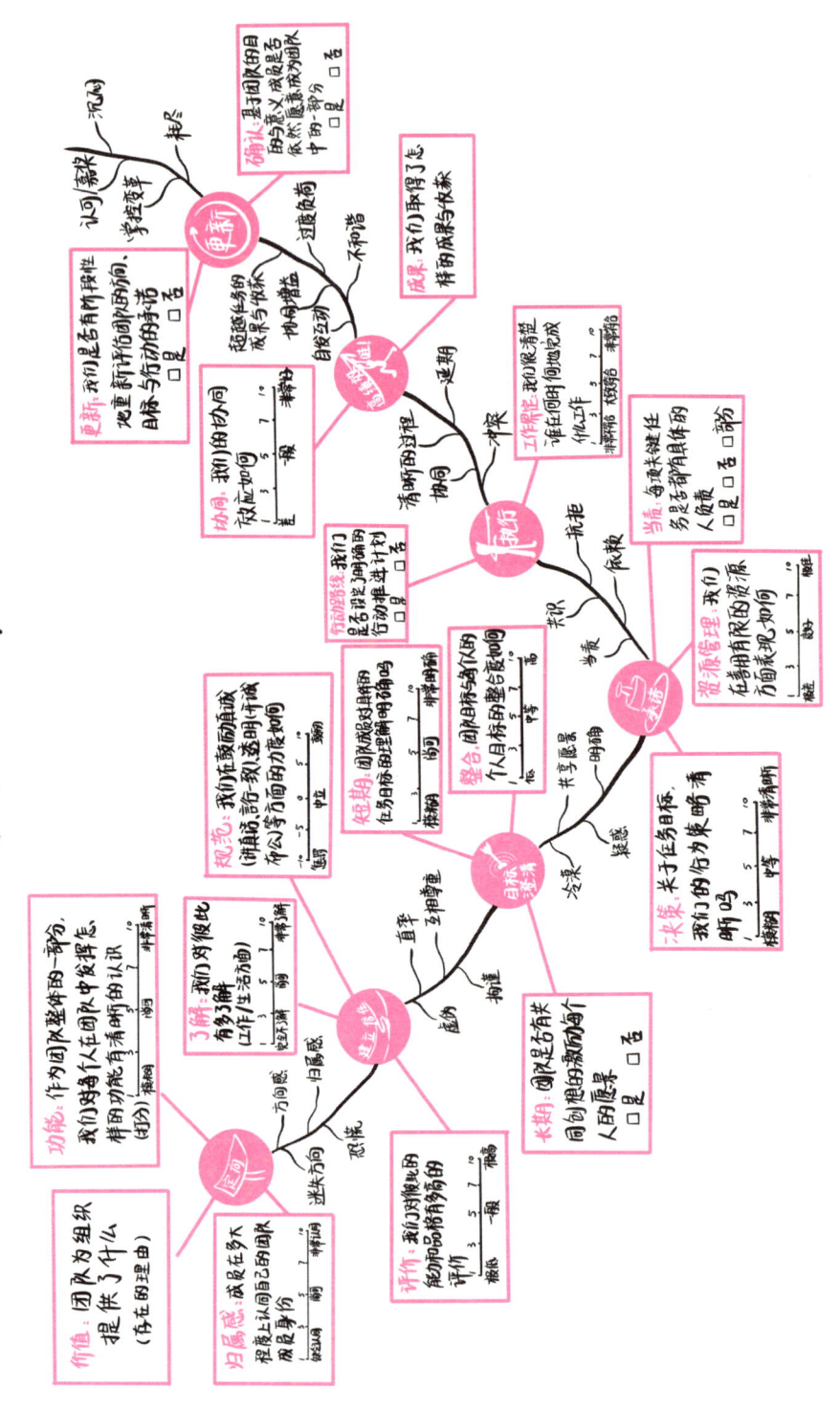

# 团队有效性评估地图

## 第七章 复盘

李敏正要开口，陈爽又接着说道："这一年的工作很新颖，大家伙儿都特别兴奋，很多经历都历历在目，实在太难忘了！"陈爽的目光看向其他人，大家纷纷点头。

"是的是的！李总，我虽然在大学学的是HR专业，理论知识也都了解，但上次实践让我觉得做事情原来还可以这么细腻，我对'过程'有了越来越深刻的体悟。"一位同事激动地说道。

"我爱上HR这份工作了……""这样的加班我不感觉累！"同事们七嘴八舌地说开了。

李敏看着眼前这群可爱的同事，特别感动，尤其是陈爽的一番真诚的发言更令她倍感欣慰。从她空降YC、和陈爽在HR工作的发展方向发生理念摩擦，到今天被接纳、被认同、被支持，这正是李敏向往并一直致力于塑造的组织环境：通过觉察和调整自己的状态，影响并改善组织中人的状态，进而让组织变得更有效，从而实现整体的发展。陈爽的改变、团队的反馈都让李敏从内心深处感受到了那种共鸣与期待。团队有效性评估的第一步是"定向"，其中的重要核心便是团队成员的归属感和价值感，而此刻团队成员对彼此的认同、对HR未来发展方向的清晰定位，让李敏更加坚信当初自己带着一种开放、欣赏的眼光来接触组织系统和人，是一个无比正确的选择。

HR团队对于具体的任务循环（目标澄清、策略制定、具体执行方面的迭代循环）的评价是：在具体的工作中，目标澄清度不足，策略不清晰，走了不少弯路。李敏听到这个阶段大家的自我评估与反馈一直比较负面，就给大家增加了一个视角，她问："今年我们做的这些事情，有哪些是以往做过的？"这一问，大家愣了半天才反应过来，笑容也浮现在脸上：策略不清晰，走了不少弯路，意味着今年做了很多开创性工作，摸索了新的方式方法。

李敏并不希望团队盲目乐观,她与团队成员展开了非常交心的、平等的对话,大家一起回忆、剖析、转换多个视角来推演同一件事。毫无疑问,这场团队复盘本身也是促进团队成长的重要活动。而这才是李敏最在意的,所谓过程即结果,这就是最好的例子!

也许是觉得HR团队今年特别给力,进步特别大,在复盘的过程中,杨逸神不知鬼不觉地出现了,还拿着一瓶香槟。在大家的欢呼声中,杨逸指了指李敏,指了指大家,然后指了指自己的心,脸上做出了一个满足的表情,那是真挚的感谢。杨逸出现了一分钟,全程没有说一句话,示意大家可以继续后,就离开了会议室。可是这一分钟,这个无言的行动,比一切语言都更有力。香槟上绑着一张感谢卡:"谢谢大家,我看见了你们的努力、进步和成绩!PS:我正在练习少说话!"

让人惊喜!

## 第三节 变与不变

组织发展是一个极其复杂的话题。一方面,组织的发展围绕着变革展开,变革会带来可能性、机会和空间,同时也必然会伴随着混乱、消耗和犯错。另一方面,组织发展必须思考什么是应该保持不变的。组织稳定可能会导致僵化、暮气和死板,但也会让组织安全、完整而延续。组织的变与不变,都是重要的,都是一个健康的组织所必需的。

李敏回顾自己在YC的工作,焦点似乎主要放在了她可以为YC带来哪些变化上。无论是拔高HR团队在组织中的专业定位,还是推动组织诊断,

## 第七章 复盘

抑或是后续的一系列组织干预，李敏都在强调自己可以做的介入并尝试带来一些不同。其行动的基础逻辑是：自己是如何感知并理解组织的，又是如何基于这些感知和理解去影响组织的。

对李敏而言，加入YC后，未被充分提及并探讨的是那些不变的事物，如YC的业务模式、股东的结构、主要的组织架构和机制等。非常幸运，这些对保持组织效率至关重要的系统要素都保持着动态的稳定，由此李敏才能比较从容地实施那些旨在提升组织软实力的举措。客观上，CPO李敏和CEO杨逸两人结成了联盟，在行动上切实践行了"趁天晴补屋顶"的理论，带着前瞻性，有目标、有侧重地打造组织能力。

经过这一年的高强度实践，李敏更加真切地体会到了以下议题的复杂性。

- 如何拿捏组织系统中变与不变的动态平衡？
- 如何有意识地创造失衡以带来扰动，进而引发改变？
- 如何在变革时期保持稳定，保持效率的同时兼顾改变？

经过这一年的历练，李敏感觉自己发生了一些微小却又至关重要的改变，如对挫败感的耐受力；同时，她也感觉自己的一部分被强化了，变得更加不可动摇，如不愿委曲求全。

如果把YC比作一个人，它在今年所发生的变与不变，对明年的工作意味着什么呢？此时，李敏的思绪伴随着这个问题已经飘向了未来……

## 第四节　重新出发——从心出发

李敏非常清晰地认识到，尽管收到了杨逸的香槟，但她在YC所做的工作只是开了个头，远未到庆祝胜利的时候！即使如此，这一年发生的一切，已经让她心潮澎湃了。基于各种原因，李敏心中的议题并未完全被揭露，有些内在感受李敏从未与人分享交流过，包括在刚刚结束的成长性团体中，她也有意没有提及。没有什么具体的理由，但李敏倾向于把这些思考和感悟留给自己。她认为这是自己的人生，不需要向任何人交代什么。

李敏写了一篇随笔，不为汇报，不为复盘，不为分享，只为和自己的内心进行一场深入的对话。随笔，是李敏走进自己内心世界的桥梁，让她与自己的内在连接。随笔摘录如下。

> 曾经有一段时间，我的内心充斥着挫败感。抱着热切的职业理想，却没有特别好的进展，让我一度怀疑自己的信念。团体里的人都能感受到我的失落，却难以体会我为何如此失落。从一般的职场维度，也就是从外部的社会成就评价系统来说，我的处境并不差。身边很多人都觉得我不懂得感恩，不懂得珍惜所得。面对这种或安慰、或嫉妒、或说教的话语，我确实不想做出任何回应，顶多回以不失礼貌的"谢谢关心"。
>
> 外界觉得我的职业愿景是一种幻想，是一种可有可无的乌托邦。在VUCA时代，人们似乎觉得，理想只是一种多余的存在，舒适和躺平才是人生的主旋律……对此我无法认同。也许在他人看来，也同样无法认同我。人生也许就是这样，充满了差异和多样性。我不期待别人充分理解我，尽管内心渴望被理解。我也尽量不对他人投射自己的期待。在私人领域，每种生活方式都应该

被尊重。我不想干涉他人，也不想被他人干涉。如果一个决定或行动是我内心所愿，那是否有回报、过程是否辛苦，可能我都不会太在意，但前提是，为我所愿。

是否以行动践行自己真正的信仰，对我来说，是人生成就的真正检验标准。如果20年后回看今天，哪些想法和感受会很可笑呢？哪些坚持和放弃不会让今天的我感到后悔和遗憾呢？

人生这么短，我最怕的，是没有为自己活过……

当李敏正在回味自己的随笔时，手机铃声响了，微信界面出现了那个再熟悉不过的名字——杨逸。李敏一如既往地马上查看。

"李总，明天找个时间，我们谈谈关于如何全面提升医疗服务业务的组织能力，快速深化经营以带动业务突破和快速发展。最近我和私董会的朋友聊了聊，有一些新的想法，我们聊聊吧。"

没错，这就是杨逸，一个不畏艰难、执着追梦、敢想敢拼的CEO。而这，不也正是自己这些年来为职业理想拼搏的剪影吗？想到这儿，李敏笑了，心中甚至多了些许连接感和憧憬。

抬头看到窗外的树，李敏的脑海里又浮现了苏轼的那首词："莫听穿林打叶声，何妨吟啸且徐行。竹杖芒鞋轻胜马，谁怕？一蓑烟雨任平生。"

> **思考空间7**
>
> 当行动者一再尝试各种解决方法，但问题依然存在时，就表示可能有一个双路径的问题隐含在其中。
>
> ——《行动科学》，克里斯·阿吉里斯（Chris Argyris）等

单环学习与双环学习，是阿吉里斯提出的关键概念。单环学习意味着微调自身的策略和行为，以寻求在既定方向上的行为优化；双环学习意味着扩大分析的范围，重新审视默认的基本假设或隐含的目的，进而有机会澄清、确认或重构假设，带给个人或团队极具冲击性的体验和学习。

### 复盘阶段

1. 如果你处在李敏的情境下，在经历了一系列抉择和行动后，面对入职一年的复盘，你和李敏的做法会有哪些异同？

2. 为什么在团队复盘时，李敏更加关注团队学习，而不是具体工作上的改进？

3. 从你的视角看，YC真正发生的改变是什么？没有变的是什么？哪些变化不在计划中但实际上发生了？哪些变化是期待发生但实际没有发生的？

4. 从李敏的经验得失中，你得到的领悟是什么？在成为自己想成为的那个人方面，你得到了什么启示？

# 第二部分

## 组织系统知识充电站

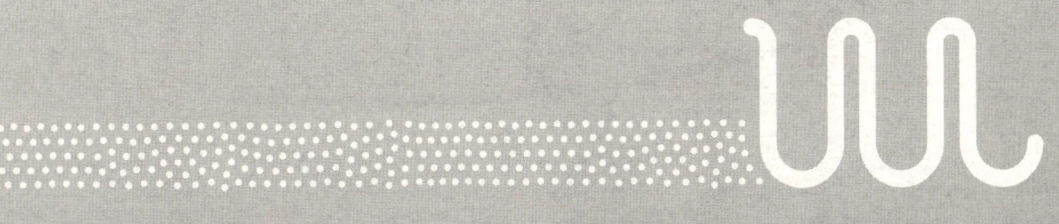

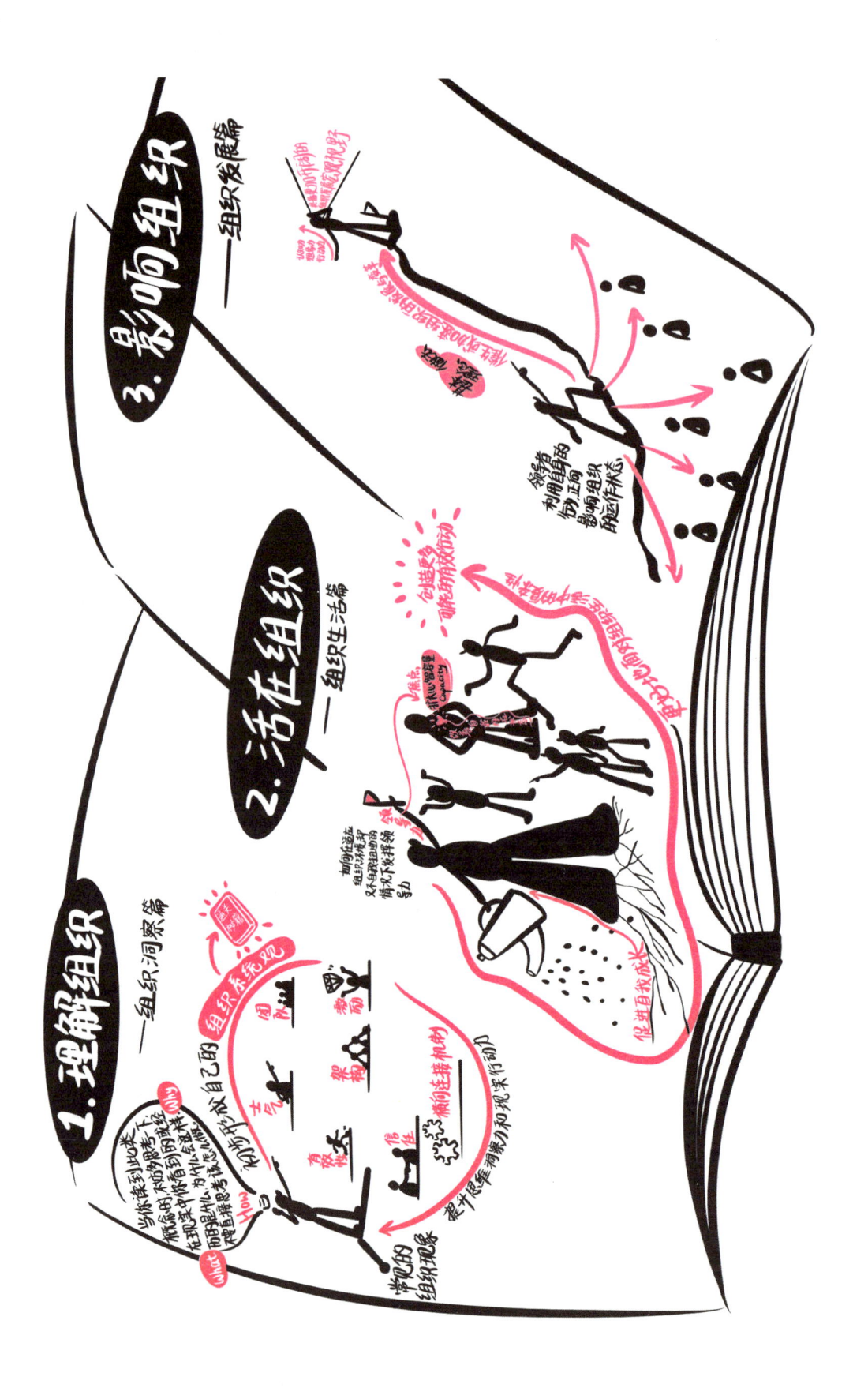

# 1. 理解组织
## ——组织洞察篇

当你来到此处，被组织的氛围感染下，你即将看到的即将发生的，你们会猜想该怎么做 **How**

常见的组织现象 **What**

- 士气
- 氛围
- 架构
- 流程
- 信任

初始形成自己的 **组织系统观**

聚焦思维洞察和认知来行动

# 2. 活在组织
## ——组织生活篇

帮助在这个组织环境下情不自禁地行动

非凡的组织 Capacity

向这条鱼哪里开放动

促进自我成长

# 3. 影响组织
## ——组织发展篇

领导和彻彻底底影响组织的运作状态

让每个你自己的样好

故事的分享暂时告一段落。此刻，你可能会很好奇，CPO李敏到底具备怎样的知识图谱，能帮助她在空降新公司后迅速与各位利益相关者建立连接和信任；赋能HR团队，使团队成员在助力业务方面有大胆的突破。不仅如此，在对组织系统有了深刻的洞察后，她还能系统地制定组织发展的通盘策略并强力推动执行。看起来，李敏在推动组织系统变革、提升组织有效性方面简直就是多面手，可以在顾问、教练、引导者、高层管理者等角色之间灵活切换，在多种场合中恰当地利用专业知识，创造正向的价值与影响力。

为了让你了解李敏知识宝库中的储备，并逐渐练就类似能力，本书第二部分准备了一些知识要点，可分为以下3类。

第一类是关于"理解组织"的知识——组织洞察篇。这部分会描述一些常见的组织现象，如士气、团队、有效性、架构、激励、横向连接机制、信任等，以帮助你初步形成自己的组织系统观，提升对组织的洞察力。当你读到此类概念时，不妨多思考一下，在现实中你看到的或经历的是什么（What），为什么会这样（Why），不要直接思考该怎么做（How）。概念旨在帮助你理解组织的规范与现实。然而，世界上有千千万万个组织，其现实形态和情境千差万别，不可能有放之四海皆准的唯一正确答案。因此，相比直接"抄答案"，更重要的是建立自己的组织系统观，这才是终极"通关秘籍"（如果真的存在这样的秘籍的话），可以帮助你逐渐提升面对特定组织现实时的思维洞察力和现实行动力。

第二类是关于"活在组织"的知识——组织生活篇。这部分将谈论身处组织中的人如何促进自我成长,如何在适应组织环境又不自我扭曲的情况下发挥领导力。这部分的焦点在于协助个体逐渐扩大心智容量,改善自我的内在状态,以更好地面对组织生活中的复杂性。这样,在面对特定情境时,个人可以更加游刃有余、举重若轻地采取适宜的行动,以实现预期的成果,或者转化相关方对情境的设定,从而有空间去创造更多可能的有效行动。

第三类是关于"影响组织"的知识——组织发展篇。这部分将涉及领导者如何利用自身的行为,发挥正向作用去影响组织的运作状态。这部分的焦点在于协助领导者把握一些基本理念和做法,以催生或加速组织的发展与变革,同时具备更加开阔的组织发展宏观视野,提升塑造美好组织的认知力、想象力和行动力。

# 组织洞察篇

## 学习目标：建构组织系统观

"组织"这个词，既可以指一个社会实体（名词），如"××组织是一个非营利性机构"，也可以指人类的一种社会活动（动词），如"陈先生组织了毕业20周年同学聚会"。为了应对组织系统的复杂性，人们需要有足够的能力去感知组织中的一切并采取适当的行动。所谓感知，意味着使用各种感知器官，去看见、倾听、嗅到、触碰组织（社会实体），感知人们如何被组织（社会活动）起来共同完成高难度的目标等。组织如同一头大象，人们在感知自身所处的组织这一复杂的现象时，常常会面临"盲人摸象"的挑战——信息零散，各执一词，难以看到全貌。

建构组织系统观，意味着：

- 既要看见"树木"，也要看见"森林"。
- 既要观察现象，也要把握本质。
- 既要从静态的视角理解组织实体，也要从动态的视角解读组织过程。

具体要求：

- 既能分析组织的各项关键要素，也能从整体上把握组织的系统全貌。
- 既能认识组织系统的显性现象，也不遗漏组织系统的隐性动力。
- 从动态的视角解读组织过程，而非仅从静态的视角理解组织实体。

# 第八章　组织洞察的基本概念

所有的实践者都会使用理论,唯一的差别是,其所掌握的理论是片面而零散的还是系统而完备的;对理论的使用是有意识的还是无意识的。要更好地发挥洞察组织的能力,需要掌握一些核心的基本概念,这样在描述组织和组织现象时,可以更加清晰地运用这些概念。

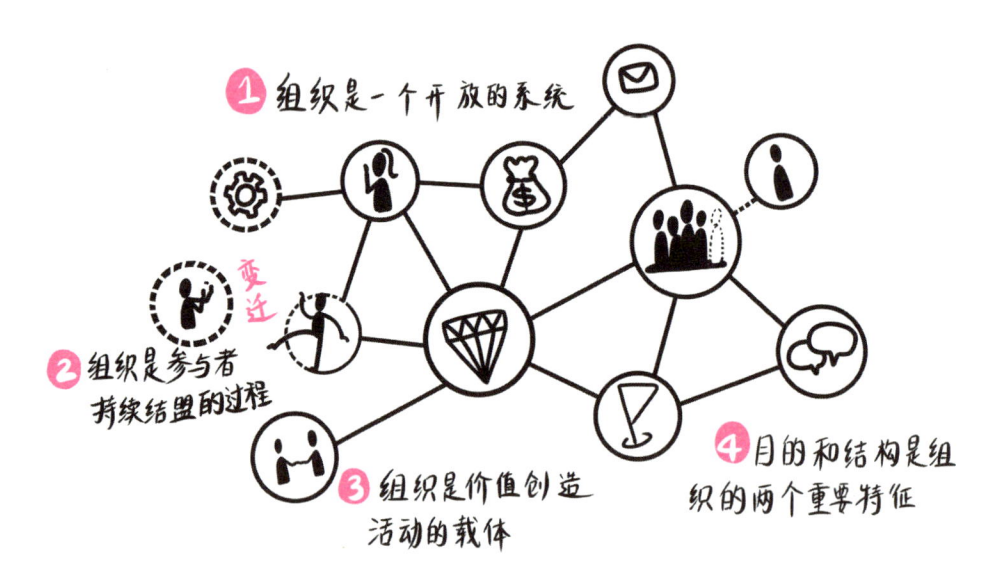

① 组织是一个开放的系统
② 组织是参与者持续结盟的过程
③ 组织是价值创造活动的载体
④ 目的和结构是组织的两个重要特征

# 第一节　组织是什么

## 组织是一个开放的系统

组织并非活在真空中，它植根于广泛的物质资源和制度环境中，离开具体的情境，人们就无法真正理解一个组织。作为一个开放的系统，组织与更大的社会系统持续交换人、信息、技术及其他重要的物质和非物质资源。

## 组织是参与者持续结盟的过程

组织是由人组成的系统，其本质是一群人结成同盟，并连接在一起共同完成复杂的任务。因为人员组成是变动的，总会有人进入，有人退出。因此，结盟的过程是持续进行的。

## 组织是价值创造活动的载体

人员、资源、信息流和活动等要素在组织中汇聚，又基于各种组织过程相互依赖，完成关键转化过程，产出成果，用以维持自身的生存，并为外界提供价值。

## 目的和结构是组织的两个重要特征

有些组织的结构很明确，但目的含糊，如家庭组织。有些组织则完全相反，如社会运动。无论是致力于反对商业捕杀鲸鱼的运动，还是支持乡村孩子读书的倡议活动，其目的都很明确，但结构在早期一般都较为松散。而本书最关切的企业组织，在目的和结构方面都比较明确。一般而言，企业组织的目的就是创造特定的价值并获取回报。为了实现这一目的，企业组织会设计相对清晰的组织架构与正式的制度。

## 第二节 为什么人们需要组织

### 组织是现代社会的子系统

如果把组织视为一个名词，那么它就是现代社会的子系统：家庭组织、政府组织、企业组织……人类社会的主要运作方式依赖各种各样的组织来支撑，组织对现代社会的重要性不言而喻。

### 组织是人类应对复杂问题和任务的关键活动

如果把组织视为一个动词，那么它就是人类应对复杂问题和任务的关键活动。有商界领袖认为，对领导者而言，最重要的是"用人做事"。可以将其进一步阐释为"找到优秀的人，组织他们来做好重要的事情"。

### 组织是人类应对复杂性的方式

当今社会的复杂程度越来越高，人类探索世界的范围也在不断扩大。倘若没有高效的组织过程，这些探索任务就难以启动，更谈不上取得突破了。因此，需要大量能够有效运作的组织来承载社会的基本运作，支持社会的未来发展。

第八章　组织洞察的基本概念

① 组织是现代社会的子系统
② 组织是人类应对复杂问题和任务的关键活动
③ 组织是人类应对复杂性的方式

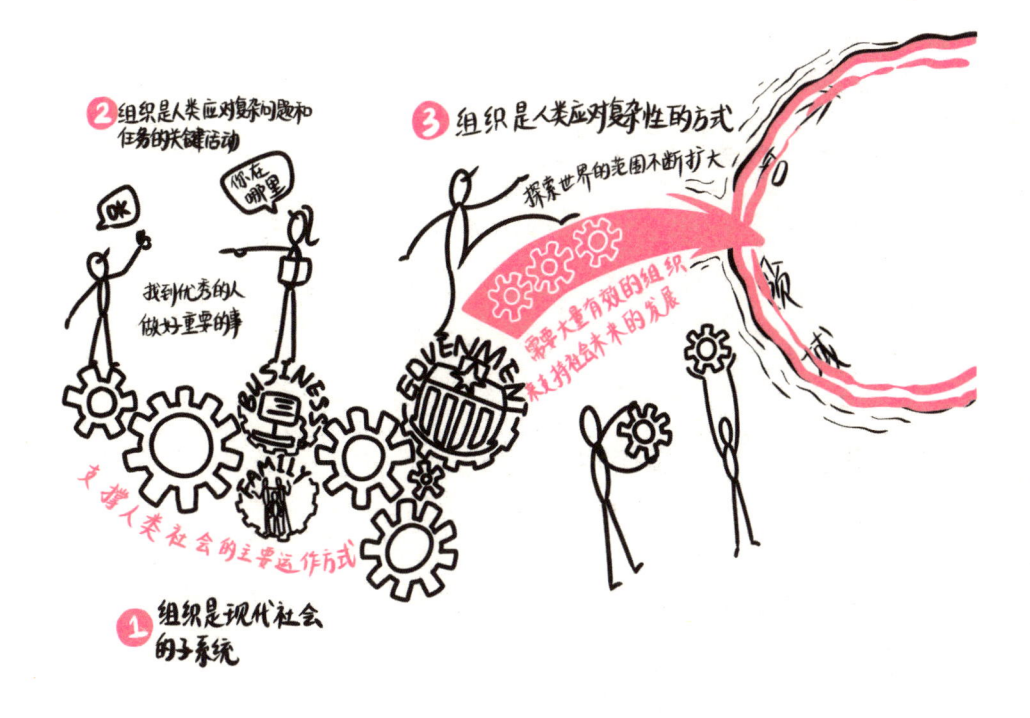

## 第三节　如何衡量组织的有效性

### 以经济有效的方式提供有价值的产品或服务

任何一个组织的存在，都是为了创造某种价值，可以是一种实物产品，也可以是一项无形的服务。因此，衡量组织有效性的一个关键维度是，以经济有效的方式产出对外界有价值的成果，这种衡量方式也称为目标-输出法。

### 系统内部运行状况良好

组织系统在运行过程中，其内部协作是否良好，冲突是否被有效管理，团队的效率如何……是衡量组织有效性的第二个关键维度。内部损耗过大将影响组织的健康。

### 在满足利益相关者的期待方面表现良好

组织的存在与运作会影响社会的方方面面。因此，包括供应商、渠道合作伙伴、政府监管机构、员工、投资人、管理层和社区等在内的利益相关者的满意程度，也是衡量组织有效性的重要维度。

### 自身长期适应外部环境的能力良好

组织作为一个有机生命体，是否能够持续适应外界环境的变化、保持旺盛的生命力？人们需要从一个长期视角下的维度来衡量组织有效性。

## 第四节　组织的利益相关者

对组织而言，客户、投资人、员工、供应商、渠道伙伴、社区、政府机构等都是关键利益相关者。不同的利益相关者对组织的期待各不相同，有时甚至可能互相冲突。

### 客户

客户往往期待好的产品或服务，渴望获取超值体验。其在所有利益相关者中排首要地位。没有客户，组织就没有生存的基础。对早期的纯互联网创业项目来说，用户和流量就代表了一切。如果尝试拆解"客户"这个词条的含义，一般会拆解成两部分：使用者和付费者。使用者是指用户；付费者则是指用付费行为的用户。在传统商业界，这往往代表同一个主体。在互联网时代的某些情况下，情况更加多样化。但无论如何，为客户创造价值，都是企业组织的立身之本。

### 投资人

一般来说，投资人只关注投资是否得到了高回报。但有时投资人也会关注组织所做的事情（如组织肩负的使命）是否能产生积极的社会影响。这种倾向已经越来越明显。对那些抱持某种社会公益使命的资本而言，和资本回报率相比，产生良好的社会影响或为保护环境付出行动，反而是更需要优先考虑的目标。

## 员工

组织生活占据了员工生命中的大部分时间，员工对能滋养自己且有意义、有幸福感的工作场所的渴求越来越强烈。当下中国新生代员工，如"90后""00后"，都是出生于世纪之交或21世纪的新一代组织人，具有很明显的代际特征，如更加看重自主性，对工作与生活有更多独特的理解和诉求。组织的运作如果无法回应这些需要，由此产生的冲突之多、损耗之大，是难以估量的。

## 供应商和渠道合作伙伴

供应商和渠道合作伙伴往往期待与组织形成互依的共生关系，从而共创辉煌。早在多年前，竞争就已经不再是单个组织之间的关系了，而是体系与体系之间的对决。商业组织之间，尤其是有着紧密共生关系的上下游产业之间，通过战略合作、交叉持股、成立合资企业等多种方式，早已超越了单纯的交易关系。对于组织的运作，类似的利益相关者所具有的影响力绝对不能忽略。

## 社区

对组织而言，社区既是一个地理概念，即组织所处的地理位置；又是一个群体概念，即与组织有某种互动或某种共同经历的一群人。前者如大庆油田及围绕它逐渐发展起来的资源型城镇；后者如宝洁及宝洁在全球范围内的产品创新合作网络成员，从腾讯离职的人创建的"单飞企鹅俱乐部"。甚至有些组织的运作还塑造了一个全新的社区，如虾米音乐在运营期间塑造的音乐人社区、豆瓣的社区等。社区期待组织能支持其喜欢的生活方式。

## 政府

政府期待组织能创造就业机会,其运作不以破坏环境为代价,并能带来更多社会财富的积累等。无论在哪个国家,对政府行为的准确理解与把握、建构良好的互动沟通关系,对组织来说都是至关重要的。在政策监管、政府扶持及借力政策红利等各种互动关系中,组织需要找到一个合适的位置。麦肯锡咨询公司将特殊关系视为重要的组织资产,鼓励组织与政府建立一种健康的关系,在坚守价值观的前提下(如杜绝行贿行为),建构关系网络,利用人情和关系来获得竞争优势。组织要在两者之间拿捏分寸、保持平衡。

好的组织领导者,不仅会与各种利益相关方保持密切沟通和互动,还会致力于培养一种互依性,让利益相关方能够凝聚在一起,彼此合力,共同创造更大的商业价值和社会价值。

# 第五节　从社会生态系统的高度审视组织

随着社会经济的发展，人们逐渐意识到，针对组织，尤其是企业组织，有3个不同层次的审视标准。

## 第一个层次的审视标准：组织的财务回报

第一个层次的审视标准就是组织的财务回报。这是传统的经济学家和企业家最看重的结果，他们甚至认为企业组织唯一的功能就是为股东创造利润。期待财务回报无可厚非，因为如果没有足够的财务回报，就意味着企业组织为社会提供的产品或服务没有产生足够的、被客户认可的价值。同时，企业组织也无法通过自身的造血能力来谋求发展。可以说，财务回报是审视组织的第一重底线。然而，若企业组织的追求仅限于此，则会为人们诟病，觉得其"社会担当"不够。这就引出了第二个层次的审视标准——社会责任。

## 第二个层次的审视标准：社会责任

社会大众越来越关注组织在承担社会责任方面的表现，某种程度上，承担社会责任已经不再是可有可无的行为。它可能意味着，企业组织从商业利润中提取一部分捐赠给社会；或者企业组织在社会面临危难的时刻挺身而出，利用自身掌握的资源、技术和能力来救济群众；或者企业组织的使命和价值主张本身就是为了解决某个关键的社会问题，如帮助贫困地区脱贫、创造经济有效的方式处理海洋垃圾，以及为低收入群体提供低价甚至免费的医疗服务，等等。致力于解决社会问题不再只是政府和公益组织的责任，越来越多的企业组织正在发挥更加重要的作用。而愿意承担社责任的企业组织，更能唤起人们的正向情感！

## 第三个层次的审视标准：保护环境

最后，从全球生态环境的视角来看，人类社会只是生态整体的一部分。人们需要拷问：组织在创造商业价值或解决社会问题的过程中，是否以破坏环境为代价？因此，对组织的第三个层次的审视标准是"保护环境"。保护环境已经刻不容缓，过度生产与消费产生的大量垃圾污染着我们生活的地球，各种环境问题数不胜数。因为生态系统是相互影响、互相依存的，所以环境问题没有国界，组织必须站在全球的视角来审视组织活动的潜在影响，也需要站在更长期的时间框架内考虑问题。伟大的企业在创造价值的同时，也会保护环境，追求可持续性；在为当代人谋福祉的同时，也会考虑子孙后代的需要！

## 第六节　如何看待组织的运作

组织的类型多种多样，其运作模式也各有不同。如果追溯到早期的教会组织，那组织已经有了近千年的演变历史。到了现代，组织的概念已然变得非常复杂，不仅规模各异，类型多样，运作方式也不一而足。可以想象，像军队、协会、政府、公司、工会这些不同类型的组织，一定有着迥异的运作方式。那从总体而言，该如何理解组织的运作呢？

### 正式的组织安排

从理性的角度来观察，几乎所有现代组织或多或少都有一套正式的组织安排，它是人为设计的，明确了组织内的角色、关系和程序等，目的是保证组织的正常运作。组织的运作方式与这套正式的组织安排密切相关。

### 微缩的人类社会

组织是一个小型社会，也会受到非正式组织规范的约束。组织中的人际交往、血缘或其他特殊关系、身份认同等因素会让特定的人更具有非正式的影响力，并形成各种各样的小团体。这些小团体的范围边界、沟通网络和影响力，往往并非有意设计的，实际上却真实影响着一个组织的运转。如果不对其予以关注并仔细感知，就无法深刻地理解组织的实际运作。

### 同时关注意识层面与潜意识层面的现象

从人类不同的意识层面来看，组织的使命、战略、业务开展和各项具体任务的推动过程通常都处于人们的意识层面。也就是说，人们比较容易看见、觉察到这些内容，也能在对话中进行交流，不断修正它们；而组织中的争斗意图、逃避心态、非理性的情绪等往往处于人的潜意识层面，人们难以通过肉眼直接观察到，但它们真实地影响着组织的实际运作，消耗着组织的能量。学会感知这些潜意识的力量在组织群体中所激荡的团体动力，能帮助组织有效理解所发生的组织现象，并自主调适自身的行为和状态。对团体动力的感知力通常需要在团体活动中获得并强化，所以参加一些相应的团体训练非常有必要。

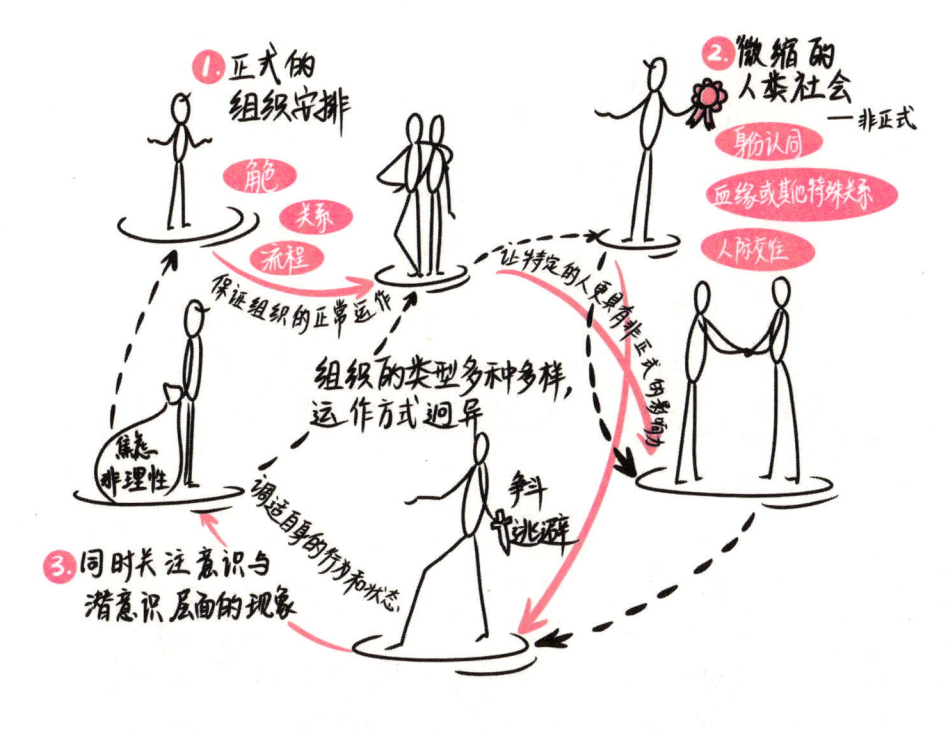

## 第七节 组织的隐喻[1]

### 隐喻1：组织是一台机器

组织可以被视为一台机器。安装后，机器就精确地按照既定的规则运

---

1 本节3种隐喻的说法受到了贾姆希德·格哈拉杰达基（Jamshid Gharajedaghi）所著的《系统思维：复杂商业系统的设计之道》一书的启发。

转。出现故障时,人们会针对偏差进行纠偏,让机器恢复正常运转。对那些外部环境稳定、内部需要严格管控的组织而言,其运作确实类似机器。人们在建造机器时往往带有某种实用的目的,而机器的各个部件需要紧密连接和配合才能有序地运作。机器的隐喻会带来一些对组织认知的启发,但如果只有这个隐喻,人们就很难理解组织中复杂的人际互动现象,如冲突。毕竟,在一台机器中,被固定好的两个零部件是不会彼此争吵的。

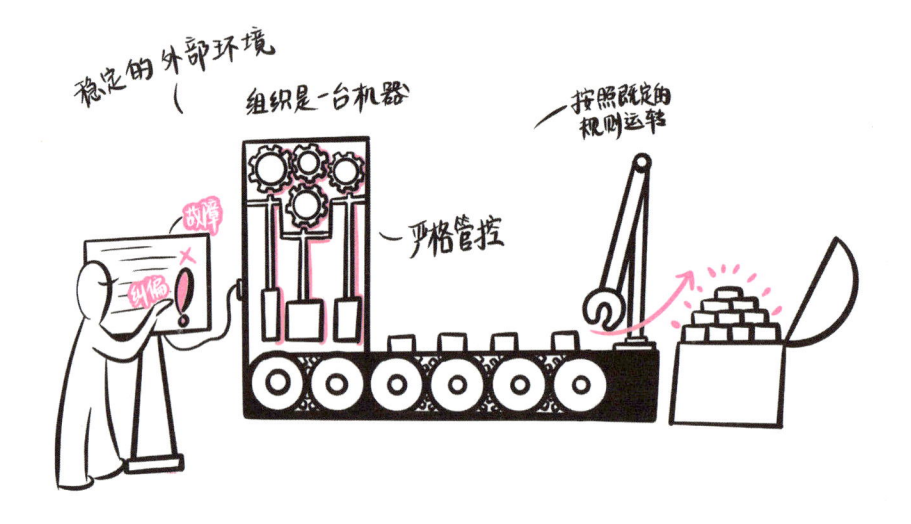

## 隐喻2:组织是一个有机生命体

组织可以被视为一个有机生命体。因此,用生命体的"生命周期"这一概念来形容组织的发展阶段,是一个有趣的视角。爱迪斯[1](Adizes)和埃里克[2](Eric)等学者分别提出了自己的企业生命周期理论。虽然大家对企业生命周期阶段的划分有差异,命名也有区别,但基本思想是一致的:组织生命体从诞生开始,逐渐发展壮大,步入成熟阶段,然后不可避免地

---

1 其所提出的理论请参阅《企业生命周期》,中国人民大学出版社2017年出版。
2 其所提出的理论请参阅《成长之痛:建立可持续成功组织的路径图与工具》,中信出版社2017年出版。

走向衰落，当然部分组织能够重获生命。新创企业就如婴儿一般，器官发育尚不完善；处于鼎盛期的企业就像青壮年，精力充沛、经验成熟，正是拼搏进取之时；处于衰退期的企业就像垂暮的老人，制度僵化、行动迟缓。生命周期阶段固然与组织的存在时间有关，但归根结底，还是取决于组织实际的状态，就像人一样，50岁的生理年龄，依然可以拥有35岁的心境和体魄。有机生命体的隐喻提供了一个描述组织健康和有效性的独特透镜，提示人们：在不同的组织发展阶段，组织建设的需要各有不同，在支持组织的发展与建设时，需要有动态的时间视角，而不是机械地固守横截面视角，孤立地看待组织的现状与问题。

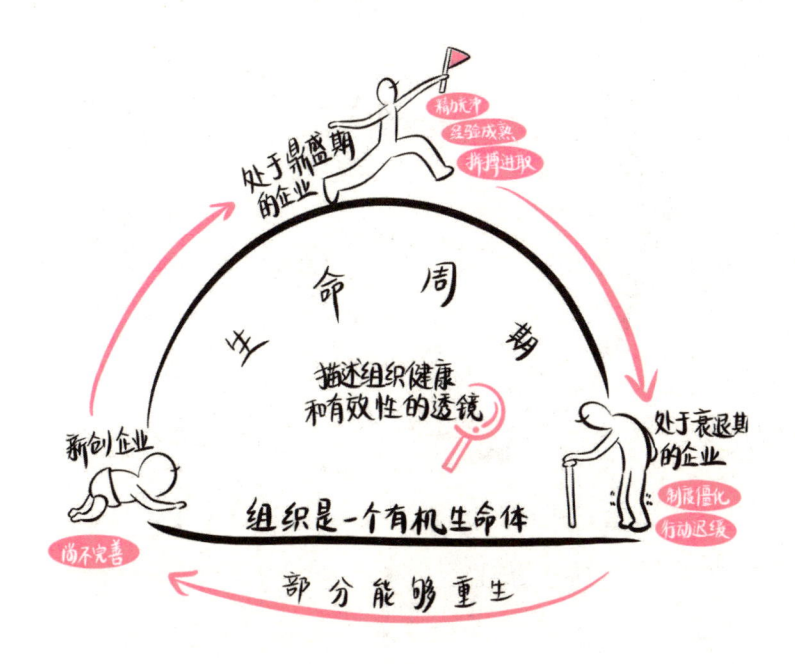

## 隐喻3：组织是一个热带雨林

这个隐喻带给人们一个更加开阔的视角：组织不是死板的机器，也不是单一的生命体，而是一个生态系统，里面充斥着有思想、独立自主、相互依赖又相互竞争的个体生命。正如大自然有丛林法则一样，组织也受自身法则的约束，整个生态系统有一种自我调整的机能，让自身永远保持动态的平衡与稳定。若系统过度失衡，将发生巨大的改变以重新获得平衡。在生态系统中，物种与系统既相互依存，也相互塑造。这个隐喻让人们对组织及身处其中的人的相互依存关系有了更多的直观觉察，同时也能更好地理解为何组织中不同行动主体之间会存在复杂的互动关系。这就如同热带雨林中的不同物种之间存在或共生、或合作、或竞争、或攻击的互动关系一样。尽管受很多基本规律的约束，组织（雨林）本身的样貌确实会因为各种行动主体（物种）的互动而持续重构。

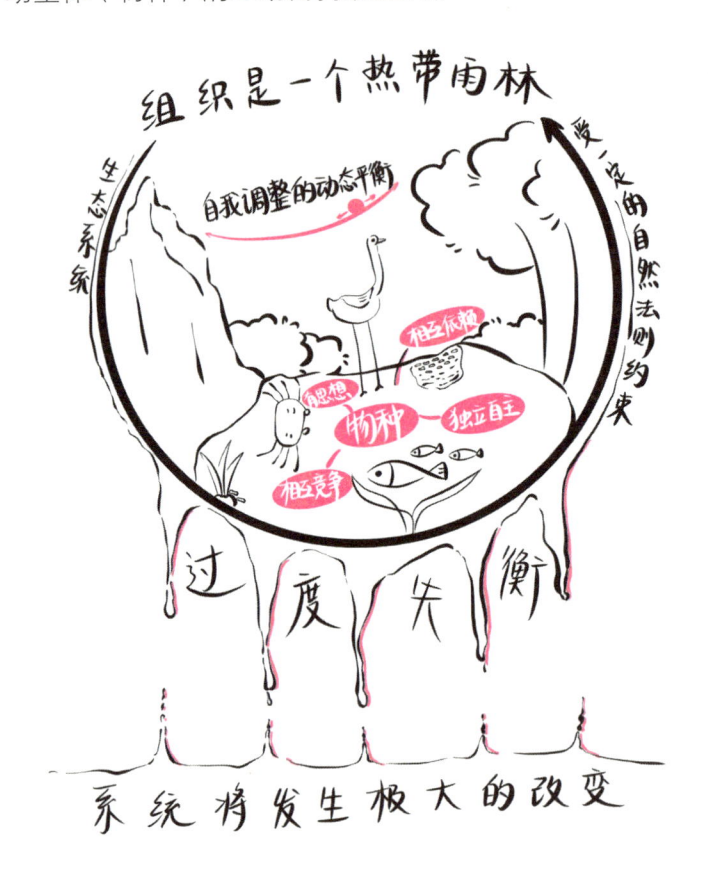

## 第八节　组织能力

### 组织能力是组织未来进行差异化竞争的着力点

在VUCA[1]时代，组织能力得到了空前的重视，大概是因为企业家们认识到，即使自己在抓趋势、定战略、整合资源等方面都努力做足，依然不能确保组织获胜，还是要沉下心来练内功，以提升组织能力，让组织更加健康、强韧，才能积攒应对未来竞争的重要优势。

### 组织能力的定义

根据加尔布雷斯（Galbraith）的定义，组织能力是技能、流程和人员的独特整合，产生并存在于组织内部[2]。从系统思考的角度看，组织能力不取决于某个局部或单一要素，也并非多种要素拼凑而成的，而是一种整体的"功能涌现"。因此，仅通过单独设计某个组织构件就形成综合性的组织能力是不大可能的。组织要做的是，基于一种特定指向，如以客户为中心、敏捷的反应、极致的客户体验或持续的爆品开发等，全方位地构建组织流程；选拔合适的人才并培养其技能；匹配合适的奖励回报体系并树立相应的价值导向与决策标准等。然后还要促进这些"构件"相互作用、彼此强化，从而推动组织整体呈现出它被期望涌现的特征。

---

1　详情请参阅本书第九章第一节。
2　详情请参阅艾米·凯茨（Amy Kates）与约翰·加尔布雷斯（John Galbraith）合著的 *Designing Your Organization: Using the Star Model to Solve 5 Critical Design Challenges*，John Wiley and Sons Ltd.，2007年出版。

## 组织能力的转变与战略转变有关

加尔布雷斯做了一个重要的假设：不同的战略，需要不同的组织能力予以承载。这个假设提醒组织的领导者，当战略意图、业务领域等发生改变时，必须重新审视组织需要生长出怎样的组织能力，才能区别于对手，立足于竞争激烈的市场。让很多企业家感到焦虑和紧迫的是，战略转变相对而言是容易发生的，当企业家识别到某种外部趋势，或者激活了发展特定业务的热情时，在企业的战略决策方面都会迅速体现出来。但是，组织能力的转变往往是一个旷日持久的过程，无法仅凭一纸命令就全部完成，它是组织作为一个整体逐渐发生质的转变的过程。

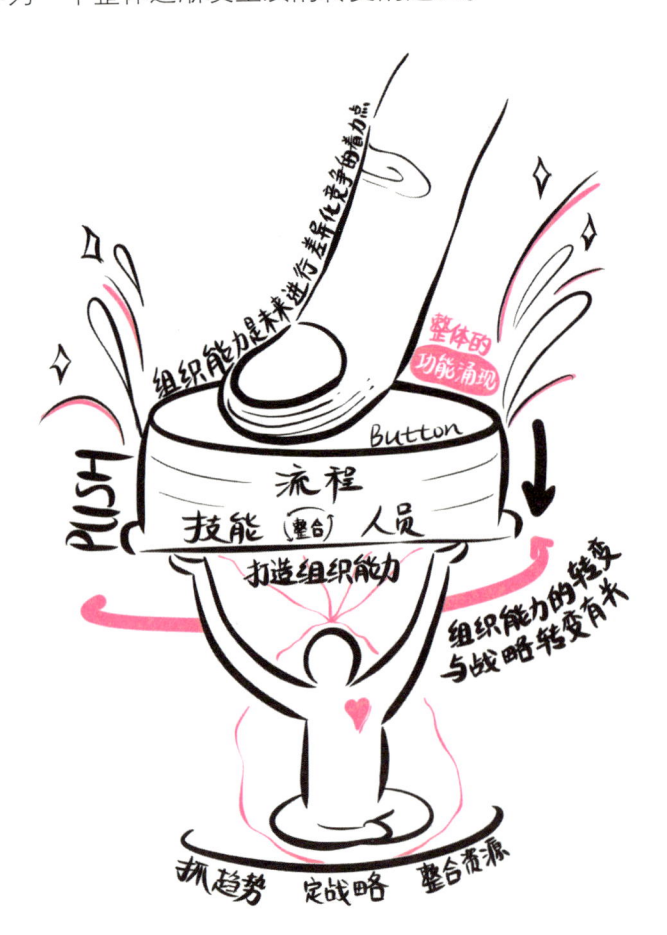

# 第九章 建立组织洞察的宏观视角

组织洞察的宏观视角，意味着要从整体上把握组织，就像坐上直升机，悬停在半空中俯瞰组织。如何做到这一点呢？建议从组织所处的外部环境、存在的价值和意义、战略、业务、商业模式及创新等不同维度来考察一个企业组织，这样可以从总体上理解组织所处的环境是动荡的还是稳定的，环境如何影响战略和业务，以及为了完成使命、践行价值，组织正在做出哪些努力。实践者在思考与回应这些宏观问题的过程中，能对组织产生更加整体的认识。

## 第一节 组织的外部环境

作为一个开放的系统，企业组织植根于更广泛的制度和资源环境中。正如PESTEL环境分析框架中的各个要素所示，政治、经济、社会、技术、环境和法律等各个领域的因素，都会对组织产生重要的影响。虽然不同行业的外部环境迥异，但总体而言，这个世界越来越VUCA，即越来越动荡、不确定、复杂和模糊。VUCA的环境特征对组织最大的影响就是，组织必须发展多种能力来应对上述环境，要拥有更灵敏的感知力、更敏捷的反应力，也要变得更有柔韧性。同时，VUCA时代对领导者也提出了新的要求，新时代的领导者更需要拥有处理复杂性的心智能力、面对自身及群体焦虑的情绪涵容能力等。

## 环境分析框架：PESTEL

PESTEL是宏观分析的基本框架，6个字母代表的是组织外部大环境的6个方面，分别是政治因素（Political）、经济因素（Economical）、社会因素（Social）、技术因素（Technological）、环境因素（Environmental）和法律因素（Legal）。

## 环境特征：VUCA[1]

VUCA是美国军方创造的一个缩略语，以描述在一个快速变化且日益不稳定的世界所发生的一切。每个字母都是一个英文单词的首字母，分别如下。

- V代表的是易变性（Volatility），描述的是一种动荡的特征。简言之，变得太快。
- U代表的是不确定性（Uncertainty），这意味着难以预测事物的发展趋势。
- C代表的是复杂性（Complexity），是指事务或问题涉及无数很难理解的原因和关联因素。
- A代表的是模糊性（Ambiguity），是指事件意义含糊，人们难以明白这些事件对自己意味着什么。

---

[1] 此处关于VUCA的内容摘自布伦达·B.琼斯等人所著的《NTL组织发展与变革手册：原则、实践与展望》。

如果将PESTEL与VUCA的要素分别放入二维坐标的X轴和Y轴上，所构建的平面就形成了一个分析空间，帮助人们在感知组织所处的大环境时，更具层次感和条理性。例如，泛金融机构在分析外部环境时，通常比较重视法律合规性要素。当法律对合规的要求常常发生变化，难以预测时，就可以在横轴上的"法律"因素和纵轴上的"不确定性"因素的交汇点做出标志。就这样，逐一思考横轴上所有的因素在纵轴上呈现的特征，总体感知各种因素的互动影响，形成一个整体的方向感。这对理解组织的大环境来说是有意义的。

## 第二节　组织的使命和愿景

现代组织越来越重视使命和愿景，因为激励人心的使命和人人向往的愿景，不仅能建立组织的方向感，还能为组织注入源源不断的动力。

使命是组织的长远目的，是其初心所在。当组织真心实意地为这个社会解决某个重要问题，让人们所处的社会变得更加美好，以及站在人类繁荣发展或地球健康持续的高度来思考并采取开拓性行动时，其使命就很可能会引起人们的共鸣，让组织有了使命驱动的基础。组织的使命不断进化，是组织不断拷问自身的产物。有一个必须面对的终极问题，那就是组织为何存在？为了谁？做什么？要使其得到什么价值？

愿景则是使命达成后组织所呈现出来的理想景象，它提供了一个可见的画面，让未来变得触手可及。描绘愿景，需要一种视觉化路径，它应该是一段描绘具体景象的话或一幅无须用语言描述的图画。景象或图画的重要性在于，人是视觉性动物，图画能让人身临其境，仿佛看见了未来，从而会更加坚定地相信它是可以实现的。

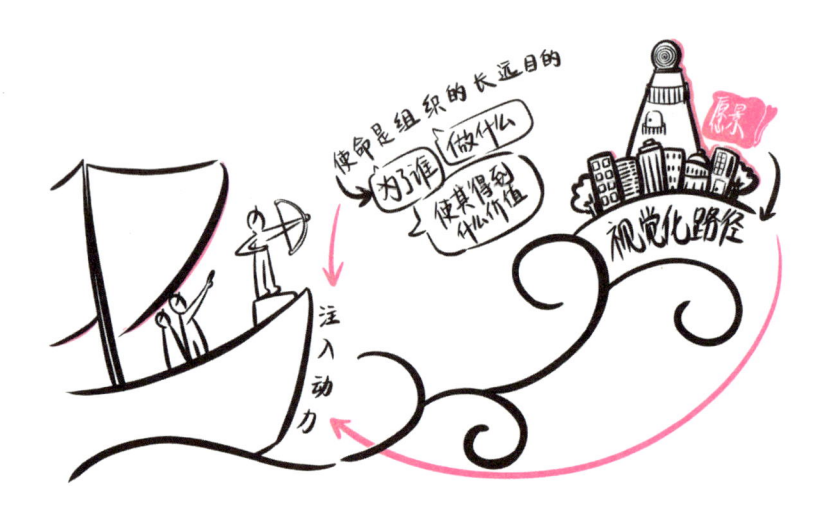

## 第三节　组织的核心价值观

现代组织所处的环境非常复杂，组织如果还是一味地强化"控制"，就难以实现有效的治理。究其原因，一方面是监督成本太高或根本就无法有效监督；另一方面是面临的情境复杂，过于多样化，中央集权所要求的具体组织行为往往无法符合所有情境的需要，从而极有可能产生错配。

在这种情况下，核心价值观能发挥的协调功能就显得越发重要了。核心价值观是行为的指导原则，是员工判断对错与好坏的准绳。核心价值观内化在人们的心中，成为员工行为的调适机制，让组织能够释放"控制"而保持必要程度的"秩序"。

激励人心的使命、愿景与清晰明确的核心价值观，可以为组织中的人提供明确的决策及行动依据，帮助组织成员处理彼此之间的冲突，创建集体共识与行动。

以下是从公开渠道收集的一些公司的使命、愿景及核心价值观，希望为你增加一些直观的例子[1]。

---

1 所有例子均源自网络，可能没有反映这些公司的最新情况。同时，援引这些范例，既不代表这些公司的愿景、使命和价值观更优于其他公司，也不代表本书作者更加推崇这些愿景、使命和价值观，仅提供给读者进行直观的了解。

## 微软（Microsoft）

- 使命：予力全球每个人、每个组织，成就不凡。
- 愿景：重塑生产力和业务流程；构建智能云平台；创造更加个性化的计算，推动人们从需要Windows到选择Windows再到爱上Windows。
- 核心价值观：尊重、诚信、负责。

## 亚马逊（Amazon）

- 使命：让人们可以通过简单的网络操作获得具有教育性、资讯性、启发性的商品。
- 愿景：成为世界上最以客户为中心的公司，建立一个让人们可以找到并发掘任何他们想在网上买到的商品的地方。
- 核心价值观：顾客至上、节俭、行动导向、主人翁姿态、对人才的高标准、创新。

## 谷歌（Google）

- 使命：整合全球信息，使人人皆可访问并从中受益。
- 愿景：用户体验团队致力于创建有用的、快速的、简单的、有吸引力的、创新的、适合大众的、漂亮的、值得信赖的、个性化的应用。
- 核心价值观：以用户为中心，其他一切水到渠成；心无旁骛、精益求精；快比慢好；网络的民主作风；获取信息的方式多种多样，不必非得坐在台式机前；不做坏事也能赚钱；信息永无止境；信息需求没有国界；没有西装革履也可以很正经；没有最好，只有更好。

## 脸书（Facebook）

- 使命：给予人们分享的权利，使得世界更开放，联系更紧密。
- 愿景：让全球公司参与集体决策。
- 核心价值观：专注于影响、快速行动、敢于冒险、保持开放、打造社交价值。

## 阿里巴巴

- 使命：让天下没有难做的生意。
- 愿景：活102年，即不追求大，不追求强，追求成为一家活102年的好公司；到2036年，服务20亿名消费者，创造1亿个就业机会，帮助1 000万家中小企业盈利。
- 核心价值观：客户第一，员工第二，股东第三；因为信任，所以简单；唯一不变的就是变化；今天最好的表现就是明天最低的要求；此时此刻，非我莫属；认真生活，快乐工作。

## 腾讯

- 使命：通过互联网服务提升人类生活品质。
- 愿景：成为最受尊敬的互联网企业。
- 核心价值观：正直、进取、合作与创新。

## 美团

- 使命：帮大家吃得更好，生活更好。

- 愿景：把世界送到消费者手中。

- 核心价值观：以客户为中心、正直诚信、合作共赢、追求卓越。

**字节跳动**

- 使命：激发创造，丰富生活。

- 愿景：建设全球创作与交流平台。

- 核心价值观：积极、坦诚、开放、极致、有判断力、始终创业。

## 第四节 战略的决策、涌现与进化

### 战略的内涵

在管理学家明茨伯格（Mintzberg）的总结中，战略有5种定义[1]。

- 战略是为业务或品牌所选择的独特位置（定位）。

- 战略是一种对未来的展望（愿景）。

- 战略是一种行动规划（计划）。

- 战略是一种回望过去所提炼的获胜经验（模式）。

- 战略是一种智胜对手的打法（谋略）。

---

[1] 详情请参阅亨利·明茨伯格（Herry Mintzberg）、布鲁斯·阿尔斯特兰德（Bruce Ahlstrand）等人合著的《战略历程：穿越战略管理旷野的指南》，机械工业出版社2012年出版。

## 战略的决策

我们借用威尔金森的有效决策公式[1]，将其放置在战略决策的情境中，就变成了：有效的战略决策=正确的战略决策×决策的承诺度。

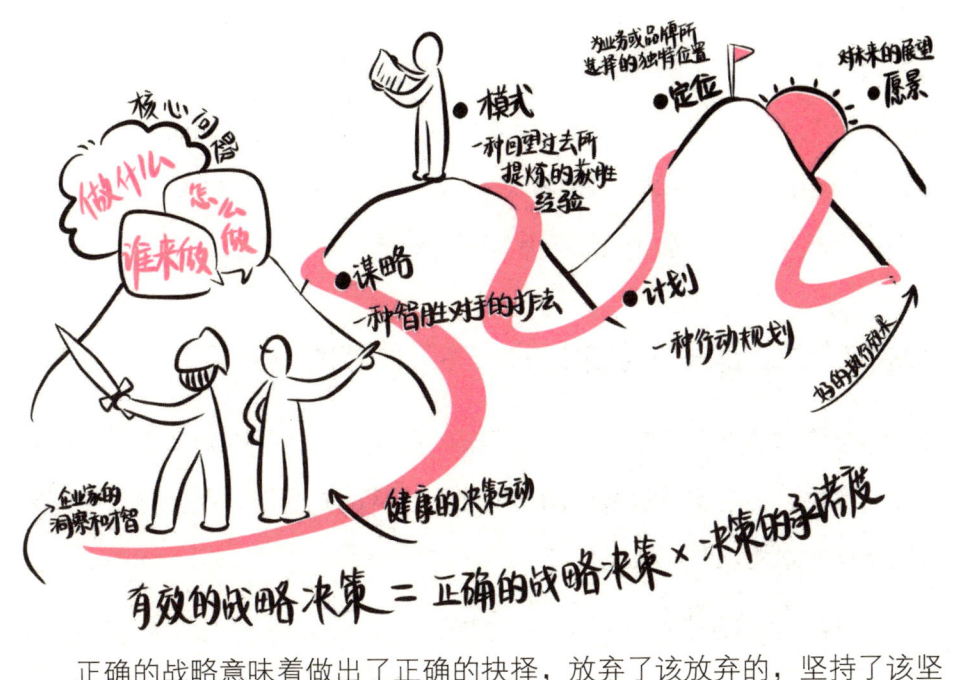

正确的战略意味着做出了正确的抉择，放弃了该放弃的，坚持了该坚持的。这看似冗余拗口的表达，意在强调战略需要舍弃与聚焦。明确的战略往往界定了组织应该做什么、谁来做及怎么做。组织的战略清晰，意味着这3个问题有清晰明确的答案。战略不仅包含目标，还包含手段。

健康的决策互动过程常常可以激发人们对决策的承诺度。通过平等、开放、充分、多层次且多轮次的战略对话，在关键群体中达成较高程度的战略共识，从而提升关键群体对战略决策的承诺度。

---

[1] 该公式出自迈克尔·威尔金森（Michael Wikinson）所著的《共创式战略：经理人战略与业务规划引导指南》，电子工业出版社2017年出版。

## 战略意图

普拉哈拉德（Prahalad）和哈默尔（Hamel）提出，如果无法制定清晰的战略，至少应该有一个明确的战略意图[1]。战略意图的确立意味着，能简洁地描述组织的追求，扼要地说明组织如何实现目标与目的。正如明茨伯格所言，一方面，战略意图设定了一个理想的领导位置，并建立了标准，企业能以此来评估自己的进步；另一方面，这个概念还意味着积极的管理过程，因为战略意图本质上将组织的注意力聚焦在获胜上，同时通过与员工沟通目标的价值来激励他们努力实现目标。

## 战略的产生：深思熟虑的战略与涌现的战略

经过深思熟虑之后制定的战略强调的是控制，以确保管理意图在行动中得到实现；而在实践摸索中涌现的战略强调的是学习，通过行动来逐渐锁定管理的本质意图。

人们常常从规划、设计和思考的范畴来谈论战略，组织先评估内外部环境，再经过详细的规划程序和严谨的论证，深思熟虑后制定战略。这个过程既符合理论上对战略的认识，也确实描述了一部分组织现实。但在某些组织情境中，有很多战略（或战略执行的具体方式）是涌现出来的，组织并未进行深思熟虑的战略规划，展现的是一种看似"见步行步"的行动风格。

"涌现战略"的概念开启了一扇通向战略学习的大门，因为它承认了组织的试错能力。组织采取某个行为后，就会收到反馈信息。这样的过程

---

[1] 详情请参阅亨利·明茨伯格、布鲁斯·阿尔斯特兰德等人合著的《战略历程：穿越战略管理旷野的指南》，机械工业出版社2012年出版。

可以一直持续，直到组织聚焦于某个模式，这个模式就是组织的战略。

除了新创企业，大部分组织都拥有或长或短的历史，做过一些内外部评估和战略规划，从而在深思熟虑之下做出了一些战略。但是，当它们站在当下回望过去时，依然能识别出哪些战略是在行动中涌现出来而非提前规划设计的。

对于组织未来的行动，若能创建尽可能清晰的愿景，将能指明组织前进的大方向，进而推动组织去创建行动；若能在具体的行动过程中主动通过快速试验来获取反馈，从反馈中捕捉潜在的机遇，并有选择地在特定时机加大投入，将有助于未来新战略的涌现。

可以用"熔炉"这个隐喻来形容组织在运作过程中，深思熟虑后制定的战略与涌现的战略交织融合的情景。正如前文所述，如果不能正确地理解组织的历史，又怎能在坚实的基础上思考组织的未来呢？"战略熔炉"以组织的历史（过去）和愿景（未来）为"原料"，通过"行动-反思-学习"的持续搅动，冶炼着持续进化的战略行动。

## 第五节　企业组织的业务组合

业务组合指的是组织的产品或服务的集合。业务组合的选择是一项战略决策，要考虑诸多因素。波士顿矩阵把业务划分为4种类型，具有一定的指导性，但仅用该矩阵无法涵盖业务组合决策的复杂性。建议从3个维度来思考业务组合的选择：核心用户的需求与痛点、组织的价值主张或使命陈述、市场的细分与定位。

波士顿矩阵是一个著名的业务分析框架，用"销售增长率"和"相对市场占有率"这两个维度，划分了4个象限，分别命名为"瘦狗""问题""明星"和"现金牛"，代表了4种不同的业务分类。

- **"瘦狗"象限**：表示这项业务的销售增长率较低甚至停滞不前，相对市场占有率也低。将一项业务定义为"瘦狗"业务，不一定意味着它无利可图，但很多时候投资人可能不会再对这项业务追加投资。

- **"问题"象限**：表示这项业务增长很快，市场正在快速扩张，但相对市场占有率不高。这意味着和竞争对手相比，公司并无优势甚至处于劣势。这项业务存在较大的不确定性，不一定能够成为公司的核心支柱业务，因此称之为"问题"。

- **"明星"象限**：是公司不折不扣的支柱业务，公司在该业务市场处于领导地位，且市场占有率还在高速增长中。无论对公司的现在还是未来来说，"明星"业务都是重中之重。

- **"现金牛"象限**：是公司相比竞争对手而言的优势业务，虽然市场规模的增长已接近尾声，但作为市场的领导者，公司依然能够从这项业务中获得良好的回报。

在选择业务组合的决策过程中，组织需要从多角度进行分析，既要反映组织的主观意愿（价值主张和使命），也要反映市场的客观需求（细分市场与用户需求）。尤其要从用户的角度进行分析。用户的需求无论言明与否，都应被超预期地满足。业务组合选择正确，组织就能善用资源，发挥优势，充分利用机会。

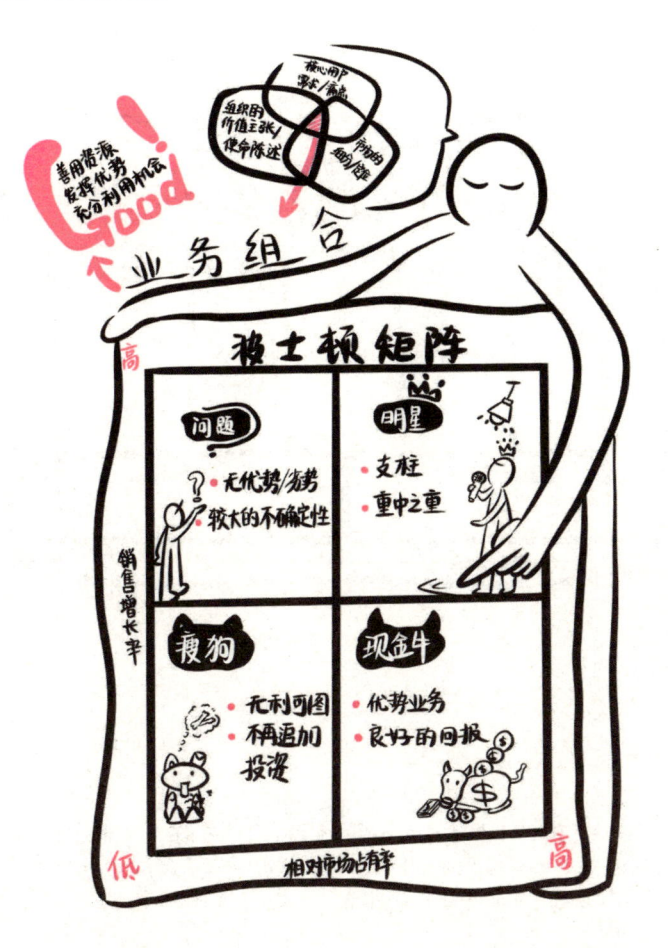

# 第六节 企业组织的商业模式

商业模式是一个重要的概念。魏炜和朱武祥两位教授将商业模式定义为"利益相关者的交易结构"[1]。思考组织的商业模式，意味着深入思考组织的价值主张是什么，核心客户（用户）是谁，有哪些合作伙伴及其利益诉求是什么，组织靠什么盈利，如何共赢……蒂莫西·克拉克（Timothy Clark）等几位专家设计了一张简明扼要的画布——商业模式画布（九宫格）[2]，可以直观地呈现这些商业模式的关键要素。借助画布，可以帮助组织的核心领导团队充分探讨分歧和共识，明确经营思路，并创造有效的行动。

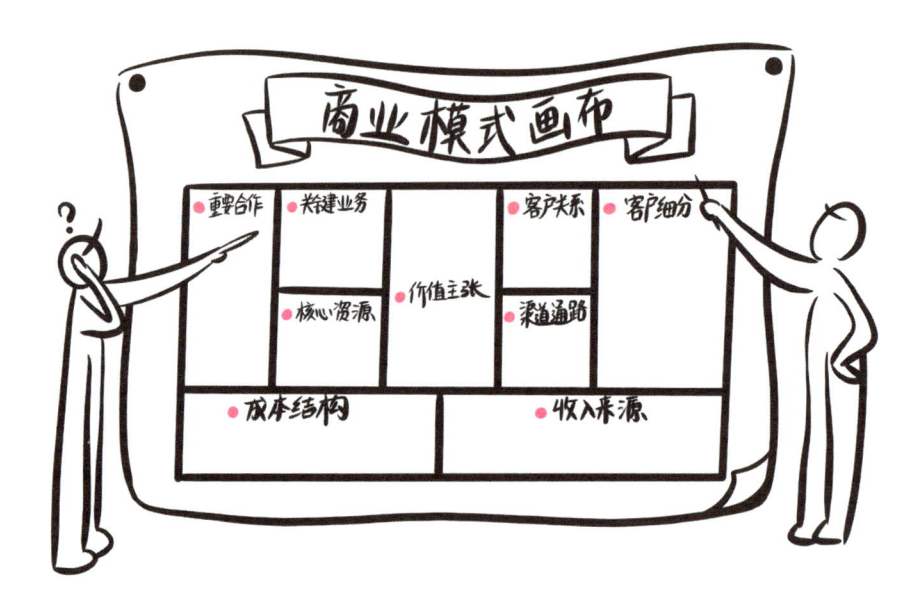

---

1 详情请参阅魏炜和朱武祥合著的《发现商业模式》，机械工业出版社2009年出版。
2 该画布出自蒂莫西·克拉克（Timothy Clark）等人合著的《商业模式新生代（个人篇）：一张画布重塑你的职业生涯》，机械工业出版社2012年出版。

## 第七节　组织的创新活动

创新是组织中特别重要的活动，创新的类型、程度、内容等方面的差异，使创新带给组织的影响也有巨大差异。

在产品创新的维度（内容创新），艾米·凯茨在 *Designing your Organization* 一书中，用了一个简明扼要的图形来表达不同创新程度的产品创新活动，称之为"创新光谱"[1]。产品的创新大多依赖组织系统，这类创新往往不会带来系统本身的巨大转变，只是局部的匹配性调整。

在组织创新的维度（过程创新），创新往往意味着商业模式的巨大改变，新产品或服务内容及生产交付过程对组织运作提出了全新的要求，这意味着巨大的组织转型需要同步发生，才能让创新真正落地。

或者，从根本上说，可以从创新的角度来理解组织能力的构建，因为环境在不断变化，只有能够持续创新的组织才能不断适应环境的需要。此时可能需要基于主导价值观来塑造组织的运作特征，并让其他组织安排（如流程、奖励、晋升、资源分配等）与之相匹配。在《创新路图》一书中，作者总结了一些影响创新的相互对立的文化因子，如变化的与稳定的、自由与指导等[2]。这些带有对立性的文化因子表明，组织需要在文化层面创造一种价值观，使组织成功所需的创新能够从中得到滋养。

如果说产品创新的产出是一个个成果，那组织创新的产出就是一个容器或一种长期的能力，让产品或服务创新得以持续发生。这种组织创新的

---

[1] 详情请参阅艾米·凯茨与约翰·加尔布雷斯合著的 *Designing Your Organization: Using the Star Model to Solve 5 Critical Design Challenges*，John Wiley and Sons Ltd，2007年出版。

[2] 详情请参阅托尼·达维拉（Tony Davila）等人合著的《创新路图：如何管理、衡量创新并从中获利（修订版）》，电子工业出版社2017年出版。

极简组织课

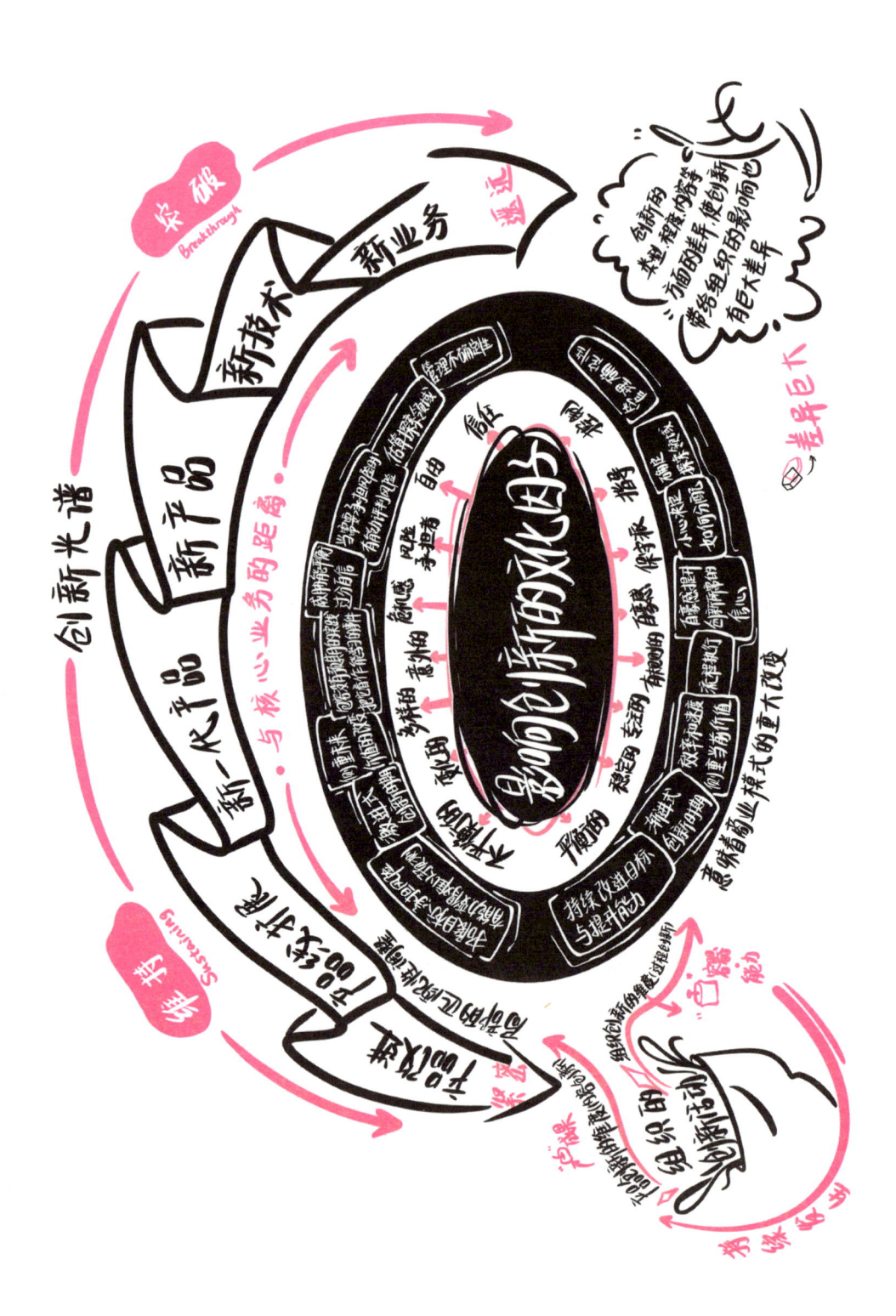

容器或能力，本质上属于加尔布雷思所定义的组织能力的一种，是技能、流程和人员的独特整合。如果只局限于提升个体的创造性思考能力，并没有采取互相促进的其他举措，如在招聘、晋升或奖励人员时不考虑创新的潜力和贡献，在工作流程上并未创造实验的情境并提供足够的自由度等，那在组织层面培养创新能力就不太可能实现。组织在创新能力建设方面的实践和经验，将逐渐形成组织的文化基因；反过来，这些文化基因又决定并持续塑造着组织的整体创新能力。

# 第十章 建立组织洞察的微观视角

组织洞察的微观视角，意味着要深入到组织的具体运作细节中来理解组织，寻找差距，进而实施改进。这就像拿着一个放大镜，对组织的某个局部、构件甚至元素仔细品味、推敲，从而在细节层面调整优化，提升效率。组织作为一个开放的系统，从组织系统外获得输入，经历关键的转化过程，产生输出到组织系统外的成果。围绕这个关键转化过程所做的一切组织安排，包括架构的选择和组合、横向连接机制、目标与衡量体系、协调手段、激励与回报等，都是为了解决以下几个关键问题：如何把人组织起来？如何合作？要去往哪里？如何激发动力？

## 第一节 组织的关键转化过程

前文提及，组织作为一个开放的系统，并非活在真空中，而是依存于特定的制度与资源环境。组织从环境中获取特定的输入，如资金、原材料、信息、技术和人力等，经过一个或短或长的价值转化过程，形成可向组织外部输出的具有更高价值形态的产品或服务，提供给组织外部的客户，从而获取回报以维持组织的生存和发展。这个核心的价值创造过程，我们称之为关键转化过程。

围绕这个关键转化过程，组织领导者需要解决各种关键问题。例如，目标客户是谁？他们需要什么样的产品或服务？需要采购什么来实施生产？需要什么样的人才队伍来进行产品研发和销售？需要什么样的技术投资？产品或服务如何销售给客户？组织在关键转化过程中，对上述问题的解决一致性越高，也就是各组织要素的协调和匹配度越高，组织就越有效。只有理解了一个组织的关键转化过程，才能清晰地认识该组织的核心业务流及业务成功所需要的关键要素。这对洞察组织而言至关重要。

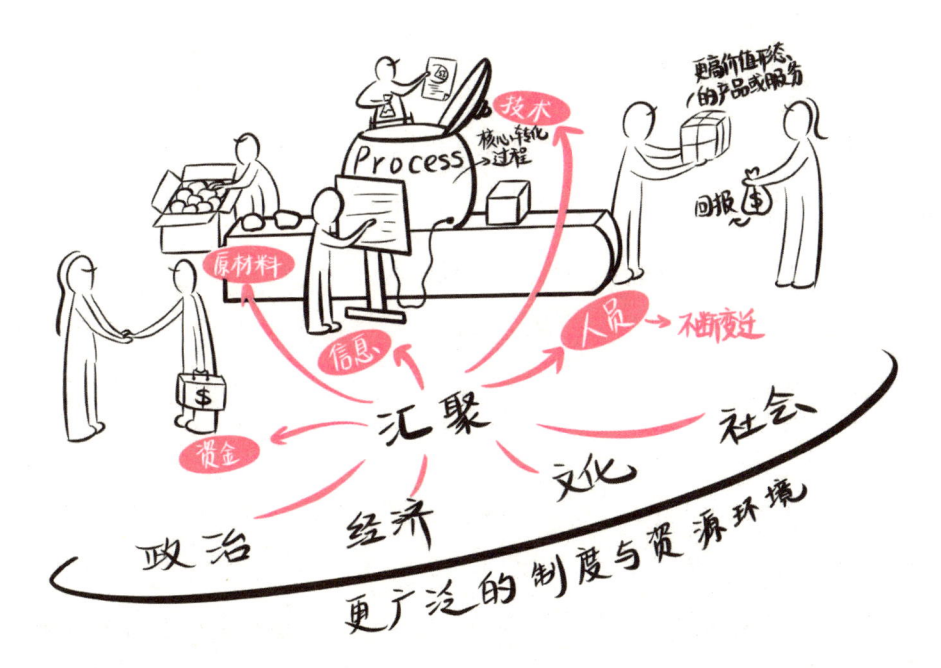

以下这个简单的示例可以帮助你更直观地理解组织的关键转化过程。

A公司是一家单一的服装加工生产企业。该企业的关键转化过程简单明了，如果粗略地划分，可以分为订单获取（商务沟通、合约等）、原材料采购、生产加工（采购、制造、质检等）和订单交付（物流等）几个重要环节。显而易见，业务流在关键节点上是非常明确的。

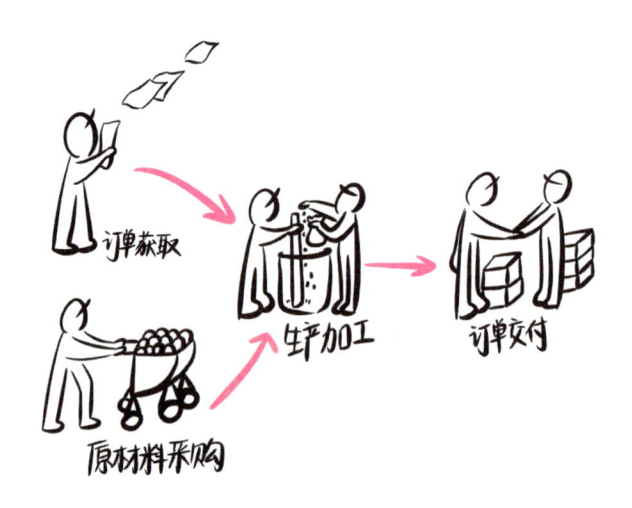

假设A公司的老板在代工生产的过程中积累了一定的资本，对服装生意也有了更深入的理解，不甘心只维持简单的加工业务，于是推出了自主服装品牌。此时，组织的关键转化过程就会变得更加复杂。

为了做自主服装品牌，A公司老板成立了B公司，并注册了X品牌。主营代工业务时，品牌方下订单，老板只需管理好生产制造即可。但对现在的B公司老板来说，需要界定清楚以下几点。想做一个什么样的品牌？品牌要面向谁？此为品牌定位。为了满足目标人群的需要，组织应该有哪些产品系列？此为产品策划。怎样把产品卖出去？是依赖传统的经销商网络，发展省市级经销商，举办订货会，还是依靠大流量的电商平台和各式各样的垂直渠道来触达消费者？很显然，老板不可能单凭自己就把这些问题都解决。即使他已经有了想法，也需要有人来处理具体的事务。在这样的关键转化过程中，输入的就不只是订单要求和原材料了，还包括外部的市场信息、人员对市场的洞察、设计师的创意等各种无形资源。转化的过程也不再仅限于简单的制造加工，还包括产品策划（如流行趋势把握、市场洞察等）、销售渠道的建设与维护、产品的制造等。

清晰地描述组织的关键转化过程，能明确地勾勒出价值创造链的关键环节，从而明确哪些是核心价值创造活动，哪些是支持性活动。组织也常常需要沿着关键转化过程来进行功能区分和人员组织，进而形成特定的架构。为了让特定架构下的人能够跨越功能分组的边界展开协作，就形成了特定的流程。基于这些内容，建构组织的其他要素，如各类人力资源政策、管理与协调机制及日常的沟通活动等。可以说，关键转化过程是组织一切活动的基础。在洞察组织的时候，首先需要对核心业务转化过程进行清晰的界定。

## 第二节　组织的决策

### 从个体层面看决策

从个体层面看决策，赫伯特·A.西蒙（Herbert A.Simon）认为，决策者是"有限理性的"，并不能做到"完全理性"[1]。通俗来说，就是人的

---

1　详情请参阅赫伯特·A.西蒙（Herbert A.Simon）所著的《管理行为》，机械工业出版社2014年出版。

大脑常常无法处理所有的资讯，大脑工作的过程也不是完全逻辑化、有理性的，也有非理性的成分存在。西蒙的重要贡献之一就是提供了这样一个理论，让人们可以更现实地描述决策者及其做决策的过程特征。更重要的是，决策者所处的世界也是一个混乱而非完美的世界。简而言之，做出决策的人不是完美的，其所处的情境也是复杂或混乱的。决策者既掌握不了所有的信息，也不能穷尽所有的方案，这就是决策面临的困难。但作为领导者，做出决策并承受随之而来的结果，无论结果是好是坏，是组织生活的重要部分。

## 从组织层面看决策

可以将组织的运作过程看作一个个持续且相互关联的、大大小小的决策过程。组织的决策，既影响业务，也影响组织将来如何做出决策。事实上，关于"如何决策"的决策，常常也是战略高层的关键议题之一。从组织层面来看决策，主要涉及组织对决策权力的分配。为什么需要分权？因为一个人的大脑无法处理组织的全部决策。同时，分权可以让身处业务前线的人，也就是掌握了必要知识和信息并了解真实情况的人，更及时地做出必要的响应。让有创造力的人才拥有较大的决策权也意味着其有更大的空间发挥才华，从而提高其工作动机。权力如何分配？哪些权力需要集中？类似这样的问题涉及复杂的组织协调问题，需要仔细斟酌控制度、自由度、能力边界与资讯掌握情况等各种影响因素，进而在组织运作中展开试验并调适到一个相对均衡的状态。

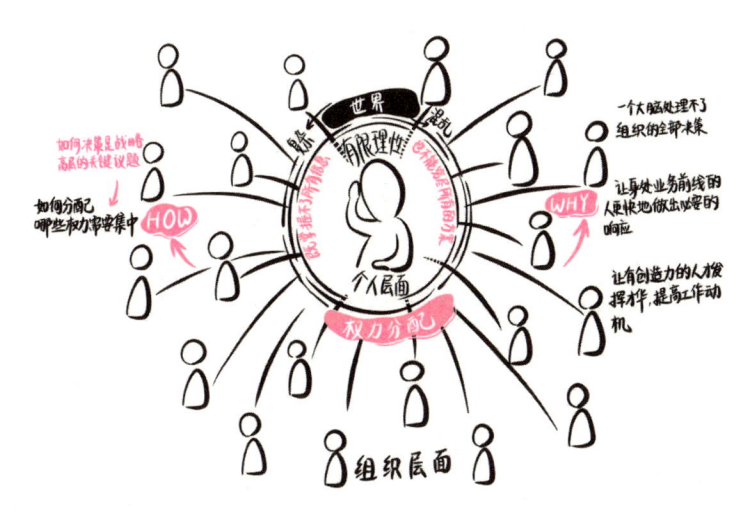

## 组织规模与决策的关系

组织规模越大，关于决策的制定和执行就越复杂。在微型或小型组织中，决策者与执行者很多时候是同一个人，或者决策者与执行者的物理距离较近，在信息共享和决策背后的意图理解方面，沟通起来都比较容易；当出现偏差时，也比较容易纠偏。而这些条件往往是大中型组织所没有的。因此，对大中型组织而言，除了上述提及的权力分配，还需要建立比较系统的机制，确保决策的沟通传递、纠偏和调整都能快速展开。

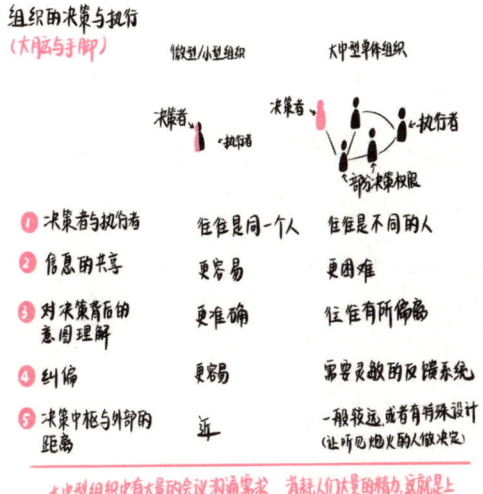

## 第三节　组织中的分工与协作

人类作为一个种群，协作是其重要特征。明茨伯格说，所有有组织的人类活动都有两个基本且互相对立的要求[1]。一方面，要将活动拆分成不同的任务；另一方面，要将各项任务协调整合起来。若没有劳动分工，则无法显著提升工作效率；有了劳动分工，则对人的协作意识和协作能力提出了新的要求。总体而言，组织建设要解决的核心问题就是：如何科学地分工，以提升专业度和效率，继而带来技能的发展；同时，如何更好地协作，以提升整合度与合力，继而带来整体效能的提升。

一直以来，改善协作都是组织运作面临的主要挑战，需要在意识、手段和能力层面一起施加影响。

首先，要提升协作意识。从宏观上说，需要改变的是自然经济中由自给自足模式形成的封闭、以自我需要为中心的思维方式，要将其转换成现代化经济社会的开放、以世界需要为中心的思维方式。从微观上说，要通过教育、宣导和实例，让组织成员深刻理解协作对组织成功和个人成功的重要性。

其次，需要有适配的手段。大部分组织开展协作的基本手段都是借助正式的组织安排与设计，包括指令、岗位职责设定、部门权限设定和横向流程等，以此强化组织成员的互相协作。除此以外，VUCA环境（复杂性高的环境）对协作也提出了更加严苛的要求。组织在协作手段上，比以往任何时候都更加依赖群体成员之间实时的信息共享、自由的跨边界互动及迅速共识并行动的能力。

---

1　详情请参阅亨利·明茨伯格所著的《卓有成效的组织》，浙江教育出版社2020年出版。

最后，在协作过程中难免产生冲突，培养冲突解决的思维及提升冲突解决的能力是管理者的重要功课。从根本上说，在冲突性情境中，管理者不仅要有共赢的思维模式，更要展现出一种胸襟开阔的协作态度。这也许就意味着"让别人先赢"。

## 第四节 组织的架构

组织的架构犹如人的骨骼，塑造了组织的基本形态。如果按照明茨伯格的描述[1]，初创企业往往只有一个简单的架构，一小群人围绕着创始人提供协助。随着一步步的发展，企业采用了职能型架构，从市场、销售到采购、生产、品控等直线部门，再到人力、财务、法务等职能部门。当组织有更多的产品线或业务拓展到更多地区时，事业部架构或矩阵架构就有可能被采用。组织常常在不同的层级（集团、事业群或业务单元）混合使用

---
1 详情请参阅亨利·明茨伯格所著的《卓有成效的组织》，浙江教育出版社2020年出版。

多种架构，以适配组织运作的需要。事实上，并没有完美的架构，不同的架构选择各有利弊。组织在不同的发展阶段，也需要随时检视架构是否依然适配当下的业务需要。以下介绍几个经典的组织架构。

## 职能型架构

职能型架构是根据专业归属和任务的关联性，将整个价值创造的业务核心过程划分为不同的职能分组，从而形成的组织架构。人们所熟知的销售部、生产部、采购部、质量管理部等，是常见的按业务划分的部门；而人力资源管理部、财务部、法务部等，则是典型的按职能划分的部门。初创企业一开始往往结构比较简单，在专业化转型的过程中，第一步就是发展职能型架构。

参考韦斯伯德（Weisbord）的研究[1]，职能型组织的特点有如下几个。

- 容易形成专业的积累和沉淀。
- 身处其中的人相对有安定感。
- 不同横向部门之间的矛盾几乎是系统内嵌的。
- 重大决策容易堆积在高层。
- 通常不够灵活。

职能型架构体现的是专业分工的原则，这对于专业精进累积从而提升工作效率是非常有效的。因此，职能型架构至今依然是组织中常见的架构选择，即使人们对职能型架构所带来的仓筒效应（"部门墙"）充满了怨言。

---

1 详情请参阅马文·韦斯伯德（Marvin R. Weisbord）所著的《组织诊断：六个盒子的理论与实践》，电子工业出版社2020年出版。

## 事业部架构

事业部架构是一种基于业务结果来划分组织的方式。组织内部根据业务结果的不同，被划分为不同的业务单元，如A产品事业部、B产品事业部，或者大中华区市场事业部、海外市场事业部等。在典型的事业部架构中，每个事业部都有一整套较为独立的体系，包含前台、中台和后台的职能，大家在事业部总经理的领导下互相协作并产出结果。在事业部架构中，各事业单元行动灵活，反应快速。每个事业部的绩效产出也非常明确，总部通常只通过财务管控和人事任免等举措施加宏观影响，而不过多地直接干预业务管理。在事业部架构下，相同职能的人被分散到各个不同的事业部，容易让各个专业条线沉淀不足，专业化和精细化发展容易停滞。

## 矩阵架构

矩阵架构是由一横一纵两个维度构建的。以IT企业为例，横轴上是不同的专业（如需求、开发、测试等），纵轴上是不同的项目（如A项目、B项目、C项目等），横轴与纵轴相交的点则是一个个体或小群体。这些相交的点，对应两条不同的汇报线，兼任不同的角色和身份。矩阵架构打破了经典组织理论中"统一命令链"的设计原则，会带来很多模糊性，进而引发各种冲突。这些冲突需要被有效地管理，否则组织将难以行动。采取矩阵架构的目的是，让领导者在组织运作中考虑多个维度的需要并予以平衡，同时达到对资源最大限度的运用。矩阵型组织的复杂度较高，对身处其中的管理者提出了巨大的挑战。组织成员，尤其是管理层，在沟通、冲突管理、决策推动等方面都需要具备较强的能力。

在大型全球化运作企业中，集团总部往往采用职能型架构，将一些治理企业的关键职能界定出来并由总部承担，这些职能可能是偏管控类的，如财务、合规;也可能是偏服务类的,如IT支持、数据分析支持等。在重要的国家和市场,这些大型组织有可能会根据产品线或市场区域形成独立的事业部;也可能在市场区域、产品线或前后台等维度,根据自身的需要,形成矩阵架构。作为一个组织实体,大型组织在不同的层级采用了不同的架构,最终组合为一个有机的整体。

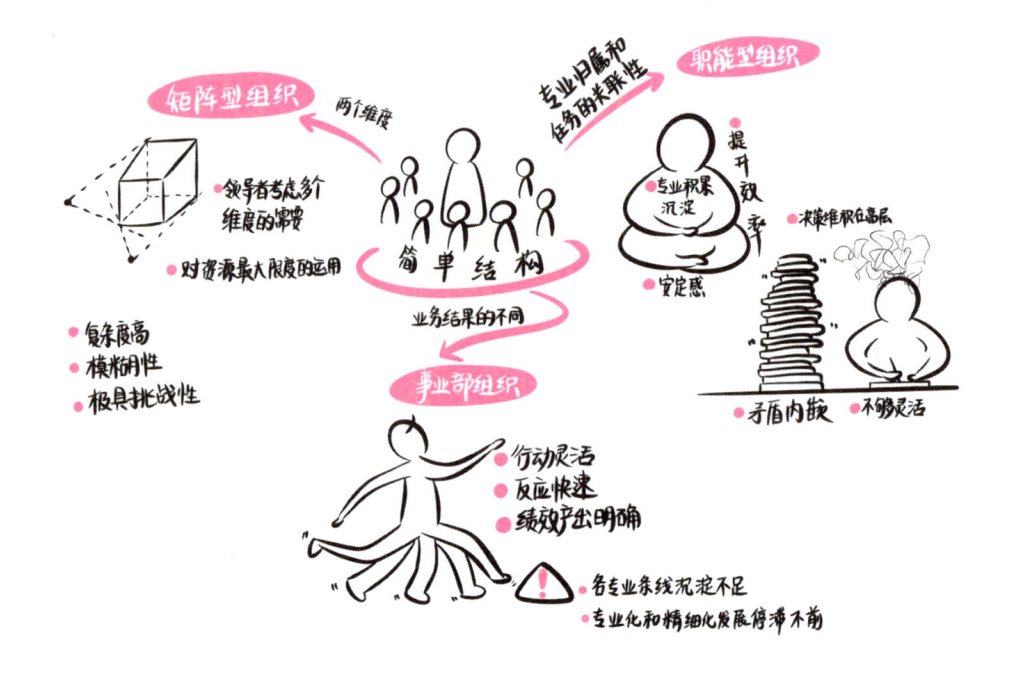

## 第五节 组织中的横向连接机制

根据艾米·凯茨与约翰·加尔布雷斯的研究,组织中存在4种不同强度的横向连接机制[1]。层次最浅的连接机制是人际网络,也就是组织中不同部门的人之间建立的工作和私人关系,以此支持横向的连接与协作。比人

---

[1] 详情请参阅艾米·凯茨与约翰·加尔布雷斯合著的 *Designing Your Organization:Using the Star Model to Solve 5 Critical Design Challenges*,John Wiley and Sons Ltd., 2007年出版。

际网络再深一点的连接机制是团队，组织利用跨职能团队跨越边界，连接不同的专业职能部门来完成特定的任务。若有必要，组织可以设立一个全职的岗位，专门负责统筹涉及不同单元或事业部的工作，这是一个整合职能（岗位）。最高级的横向连接机制就是建立矩阵架构，采用双线汇报关系，平衡组织中的两个或更多维度。矩阵架构在前文已有介绍，此处不再赘述。矩阵架构的岗位设置相对明确，根据其要发挥的横向协调功能来设置工作的权、责、利即可。以下只简要说明前两个横向连接机制。

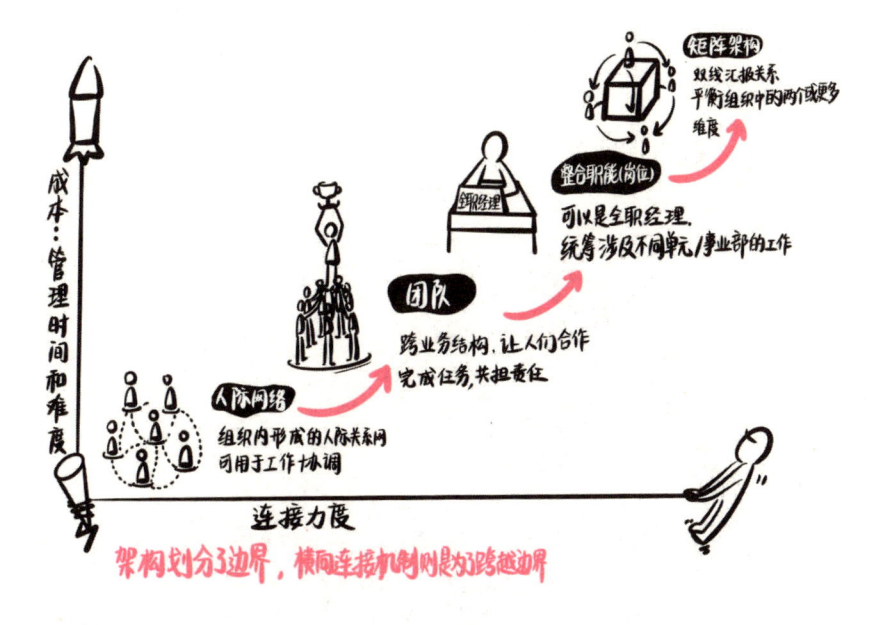

## 人际网络

现代组织的结构越来越趋于扁平化、网络状，这意味着组织在推动工作时更加依赖非正式的影响力，而非正式的职权。前者大多发生在层级跨度小、权力较平等的人群之间。在这种情况下，广泛而深入连接的人际网络就成为横向协作的重要基础。通俗来说，就是"熟人好办事"。正式的组织设计很难界定清楚的事情，也许熟人之间互相帮帮忙就处理好了。因此，建立人际网络，无论对个体还是对组织而言，都很重要。建立人际网络很容易让人们联想到结党营私或庸俗地为个人谋私利而搞关系。在这里要澄清的是，人际关系是人与人之间的情感连接，是并肩作战的伙伴关系，也是人们彼此信任、能够托付后背的交情。好的人际关系是组织的黏合剂，也能增进必要的非正式沟通，从而减少摩擦，柔化组织运作。

组织中会有一些人因为个人特征（如特别外向、热情或人缘好）、工作属性（如跟各个岗位和层级都有频繁的接触）或具有威望（如特别专业或功劳显著）而成为事实上的人际连接枢纽，拥有更多的信息、更广泛的影响力。在变革推动时期，争取这些人际连接枢纽的支持和承诺，是确保变革成功的关键。若处于人际枢纽位置的组织成员能够善用自身的这种影响力，将能够为组织创造更大的价值。

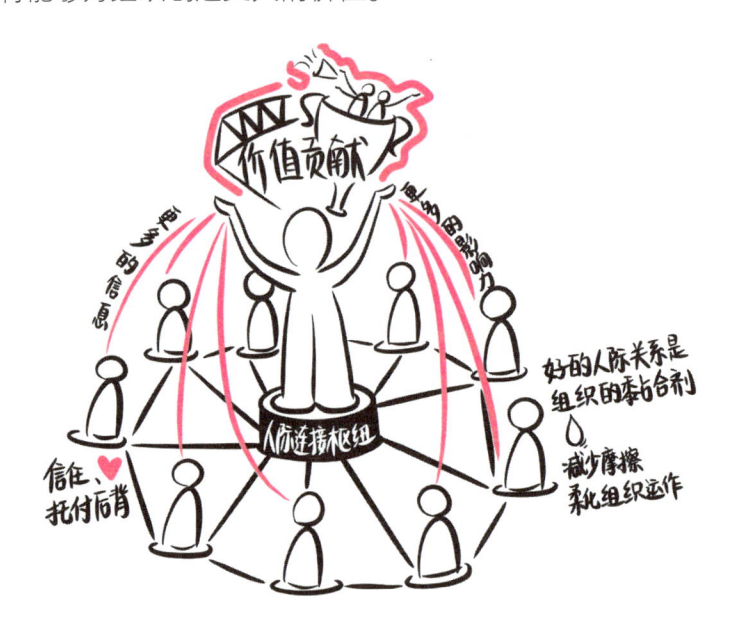

## 团队

团队是由一小群为了完成共同的任务且技能互补的人组成的实体。作为一个关键的组织元素，团队适合完成很多组织任务；作为一种横向连接的组织机制，团队能够提升组织横向连接的紧密度。在现代组织中，各种

# 第十章 建立组织洞察的微观视角

类型的团队层出不穷，常见的有新产品开发团队、质量提升小组、用户体验提升团队、变革领导小组等。从经验来说，考虑到沟通、协作、共识和行动等因素，4~8人的团队规模较为适宜。团队从组建伊始到能够高效运作，需要经历一个过程，若能在其中提供科学的促进和干预，就能帮助团队更快、更好地进入高绩效状态。但干预的时机和焦点与团队的形成和发展阶段高度相关。在团队成立的早期，帮助团队定向（明确团队在组织中的功能定位、成员组成、内部分工等），建立信任关系，能更好地帮助团队进入正常运作的轨道。对团队的辅导者来说，在早期就激发团队成员的动机，能为团队注入前进的能量。在团队运作的过程中，促进团队澄清任务目标、制定策略、善用资源并规划行动，能大大提升团队的绩效产出。团队发展中期的干预大多侧重在任务策略层面。当组织的需要发生变化或原定任务结束时，团队将解散或重组，协助团队成员从中获得学习和成长，通过重组更新焕发团队的新活力将成为工作重点。团队发展后期的干预往往侧重在教育层面。

## 第六节 组织中的流程

组织中的流程有横向与纵向之分，但大多是横向的。因为端到端的流程实际上就是依据价值创造过程（组织的关键转化过程）的节点来划分的。在组织设计时，组织选择了不同的功能分组方式，进而划分了不同的部门。部门之间产生了边界，而横向的流程则帮助组织中的人跨越边界，连接彼此，完成关键任务。流程的设计反映了任务执行的专业属性，也表达了组织设计的意图。好的流程能够支持组织生长出特定的组织能力，如用户导向、敏捷等。组织的流程设置需要在实践中检验其合理性，综合考虑严谨风控、快速决策、沉淀组织智慧等维度后，确定设计流程的原则。此外，还应建立清晰的流程管理办法，把控好组织的流程设计、监控、更新等过程，让新流程可以顺利建立并与原有的组织运作保持协调，同时不至于令过时的流程僵化，拖慢组织的运作效率或增加不必要的成本。

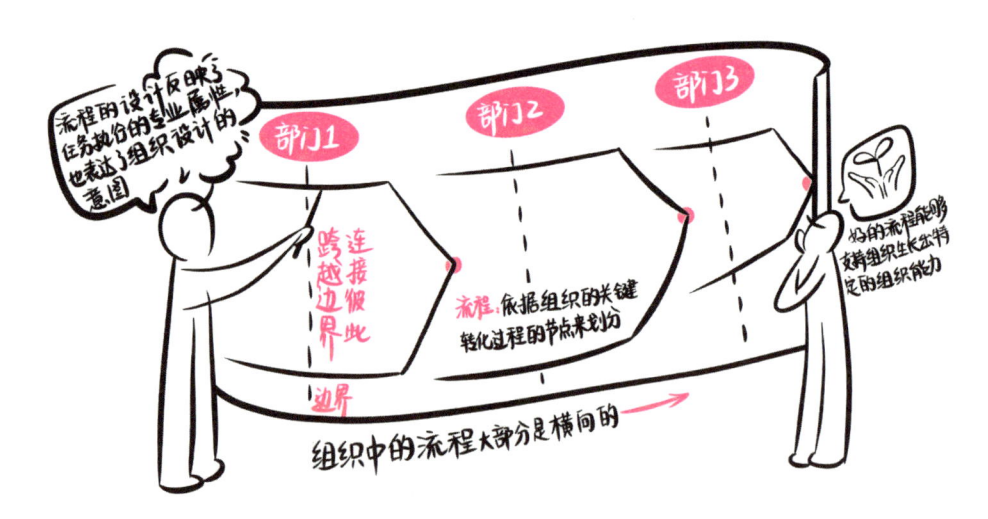

## 第七节　组织的目标与衡量

如果说组织的使命或战略意图界定了一个长期而宽泛的目的，那目标则界定了一个相对短期、量化的业务成果。没有目标，就没有成败的衡量标准。如果无法衡量成败，就无法进行管理。要从根本上思考目标与衡量，需要考虑以下几个问题。

- 可以用哪些标准来衡量组织真正想要的进展？
- 组织是否与员工充分沟通过这些标准？
- 组织想要的目标和个体追寻的目标在多大程度上保持了一致性？
- 这些目标与衡量如何与日常的执行建立足够的关联？

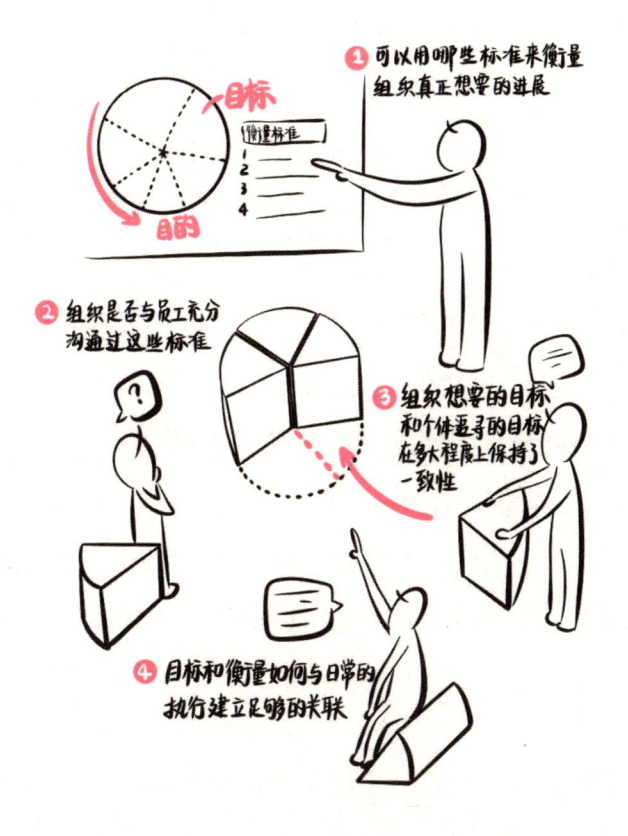

企业组织的运作是由目标引领的，如果目标含糊或相互冲突，就会显著消耗组织的宝贵能量。目标是由组织中的人在协商甚至博弈的过程中逐渐形成的。如果从人类社会系统的视角来看，目标的形成及其层层分解传递的过程，是一个复杂的、双向协商的过程，各种权力、团体利益、情感和专业判断混杂其中，令目标制定过程和上下共识的达成十分困难。组织必须认识到这是一个高难度的对话过程，一个必须激发组织成员内在承诺的过程，才不至于掉入那个普遍可见的陷阱——组织制定了目标并进行了广泛的公布，但在组织成员心中，目标似乎跟自己没有任何关系。

## 第八节 组织的5种协调手段

明茨伯格[1]总结了5种典型的组织协调手段，分别是监督指令、结果标准化、流程标准化、技能标准化及相互协调。监督指令是最强有力的一种协调手段，其成本也相当高，因为需要设置很多管理者。经典的组织理论强调管理的幅度不宜超过7人，其默认的协调手段就是管理者的监督指令。结果标准化是指为产出结果建立标准，使用标准来控制和验收结果，这是组织为确保得到预期成果常用的方式。如果无法使用直接监督和结果标准化的组织协调手段，可以考虑将完成任务的过程标准化，即流程标准化。假如上述3种组织协调手段都无法使用，还可以让执行任务的员工接受统一的训练和宣导，对其技能进行标准化，即技能标准化。相互协调则是指让完成任务的所有参与者相互协调，通过紧密沟通来保持一致。如果以控制力的强弱为标准将上述5种组织协调手段绘制在一个刻度轴上，则相互协调位于底层，向上依次为技能标准化、流程标准化、结果标准化、

---

[1] 详情请参阅亨利·明茨伯格所著的《卓有成效的组织》，浙江教育出版社2020年出版。

监督指令。

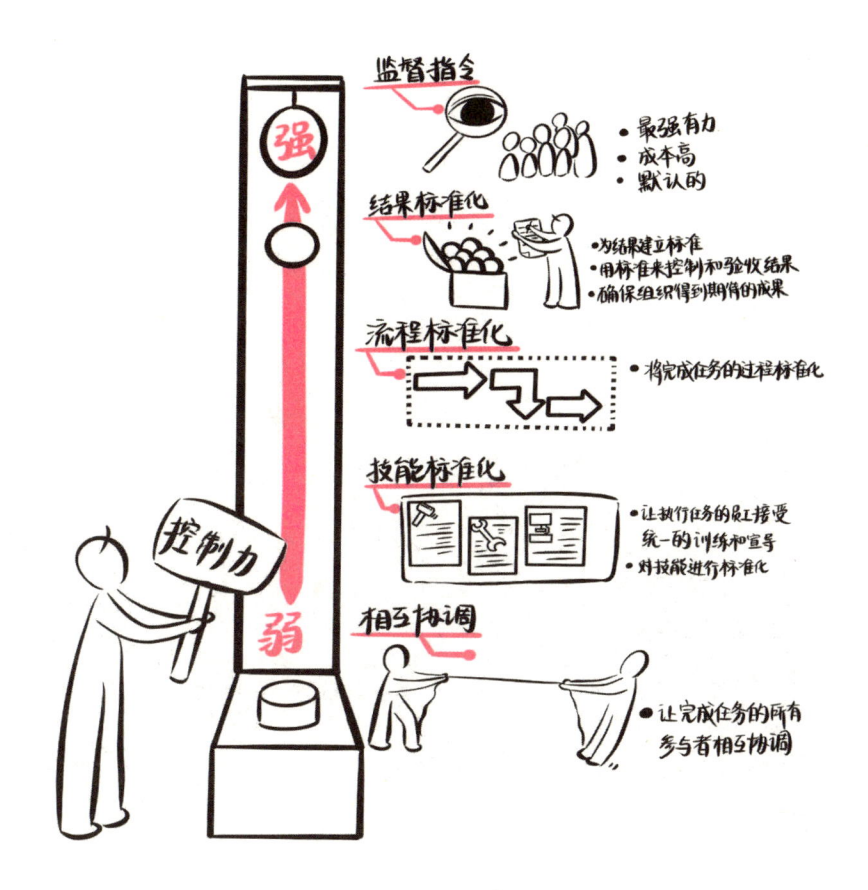

## 第九节　组织成员的激励/回报

组织是一个开放的系统，这一基本属性决定了组织的实质是人与人之间的结盟。除此之外，还意味着必须激励组织成员的行为，才能让其保持下去。因此，在诊断组织时，人们常常会询问："是不是所有组织期待发生的行为都得到了激励？"激励也是行为主义心理学中的一条重要原则，被激励的行为得到强化，从而让行为重复发生的概率变得更大。需要留意的是，激励不仅是物质层面的，还是精神层面的；不仅是绝对的数值，更重要的是心灵上的感受。领导者需要从员工的视角来感受并自问：被激励者认为值得吗？公平吗？有吸引力吗？倾听员工真正的心声，这才是至关重要的。

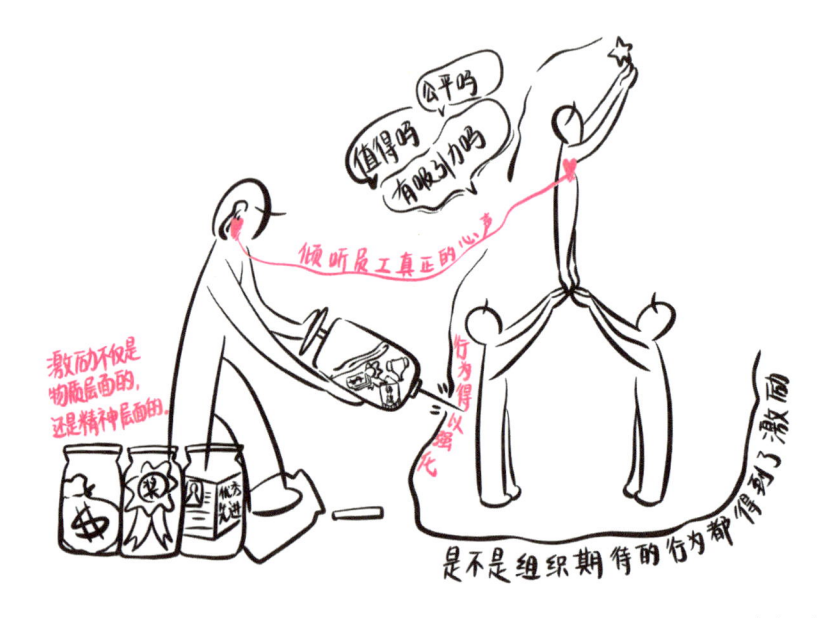

有时候，对于组织期待的行为，领导者无意中实施了惩罚或提高了实施行动的门槛。

### 例1：主动担责反而遭到批评

某项工作的职责界定模糊，员工A在面临回避和承担两个选项时，选择了主动承担，但最终的工作成效并不是特别理想。领导者只看见了其中不满意的地方，而对员工主动承担的精神毫无表示。毫无疑问，当员工A下次面临类似的情况时，会更倾向于回避不明确归属于自己的工作。而其他员工也从这个过程中"学习"了在组织中应该如何行事，最终形成一种集体的"做得多，错得多"的组织氛围。

### 例2：提建议的门槛被无形中抬高

我们在组织中常听到的一种观点是："员工若要指出问题，就要带着解决方案来，不能只提出问题。"必须承认这个观点有一定的合理成分或意图，那就是希望员工能够多思考，提出更加有建设性的提议，而不是一味地抱怨。但这种观点带来的实际影响，往往是让员工选择沉默。他们原本可以指出问题，让管理层了解更多有关前线或具体运作不畅的信息，但因为他们并没有解决方案，或者不知道自己的解决方案是否会得到认同，所以只能保持沉默，以免被指责只有问题而没有足够好的解决方案。只要没有到备受煎熬的地步——状况不变会令人痛苦不堪，大多数人都会选择沉默或回避等非建设性行为，因为看起来这些才是合理的选择。

有时候，对于组织希望避免的行为，领导者却在无意间进行了奖赏。

### 例3：这个PPT做得很漂亮

小A完成项目后，进行了一次正式汇报。领导听完汇报后，对小A及其他同事说："这个项目做得很好，这个PPT做得也很漂亮啊！"对领导来说，其本意可能是想表扬小A项目做得好，顺便提了一句"PPT做得也很漂亮"；但从员工的视角形成的认识则有可能是：不但要做得好，还要说得好，可能说得好更加重要，而最重要的是PPT要做得漂亮。简单的一句话，可能就会引发种种解读，并形成一种更加形式化的工作态度。大部分组织都会尽量避免过度形式化，因为这会造成效率损失。但员工会因为各种动机或潜在的收益让自己的行为或思维在无意识中变得更加形式化。

### 例4：我们要真实

有些领导经常强调"要真实""不伪装""要开诚布公"。这个价值导向本身是无可非议的，但有些事情和经历会改变人们的立场与态度。例如，员工在与领导的单独沟通中，透露了一位同事和自己的谈话内容。这个行为在员工看来是一种自然的表达，并没有过多的考虑或想法。而领导秉持其所倡导的开诚布公原则，在谈及上述事情时毫无隐瞒。于是，所有人都知道自己有可能会成为被谈论的对象，这种处境会让大家觉得不那么舒服，但还不能提出反对意见。因为一旦反对，就意味着反对开诚布公和真实，而这些都是被人们接受的"普世原则"。久而久之，大家就养成了一种"装得很真实"的状态。大家既不会反对真实的基本原则，也不会展现自然的真实状态，一种很微妙的组织情境就被塑造出来了。组织确实需要成员真实、不伪装，而不是维持表面的和谐，或者彻底陷入争论的泥沼。因为只有这样，组织才能获得更多的资源、资讯和主张来真正推进任务，更有效地解决问题。但过度简单地将价值观与行为相对应，同样会让组织的期待和组织成员的行为背道而驰。

以上示例旨在说明一些比较微妙的心理感受是如何影响行为的。心理感受与正式的薪酬政策、合伙人制度、股权激励等的设计一样，也会影响组织成员在现实世界中的言行。关于薪酬政策、合伙人制度、股权激励的设计和使用，可参考相关的专业图书，受篇幅所限，此处不再赘述。

## 第十节　组织中的冲突

冲突是组织生活的常态，无法回避。它既有建设性的一面，也有破坏性的一面。学会处理冲突性的需求，是当下及未来商界领导者的必修课。有些冲突是内嵌在组织架构中的，如业务部门与风险合规部门之间的冲突、不同业务种类对有限财务预算的竞争、矩阵架构中的双线汇报关系带来的不一致等。这些冲突可以被理解为组织为了获取多种收益而进行的某些组织安排。如果把组织看成一个生命体，它期待领导者考虑多种需要，并在其中寻求兼顾或平衡。只要冲突的激烈程度在合理的范围内，就是建设性的，可以帮助组织更全面地考虑多方需要，重构对情境的理解，并重

第十章 建立组织洞察的微观视角

新分配资源。组织中还存在另一些冲突的情形，如有些部门之间需要紧密协作，但由于长期存在冲突，令彼此之间的关系僵化，进而损耗组织的能量。这些冲突就是破坏性的。类似的情况有产供销链条上的责任推诿，IT项目中需求、开发和测试等不同环节的互相抱怨等。组织需要尽量降低冲突的破坏性影响，并创造机会让部门之间、个人之间构建强韧而超出平常的深层次连接关系，这样组织成员之间的情感和关系纽带的承载力才能变强，进而在变革转型时期发挥关键作用。

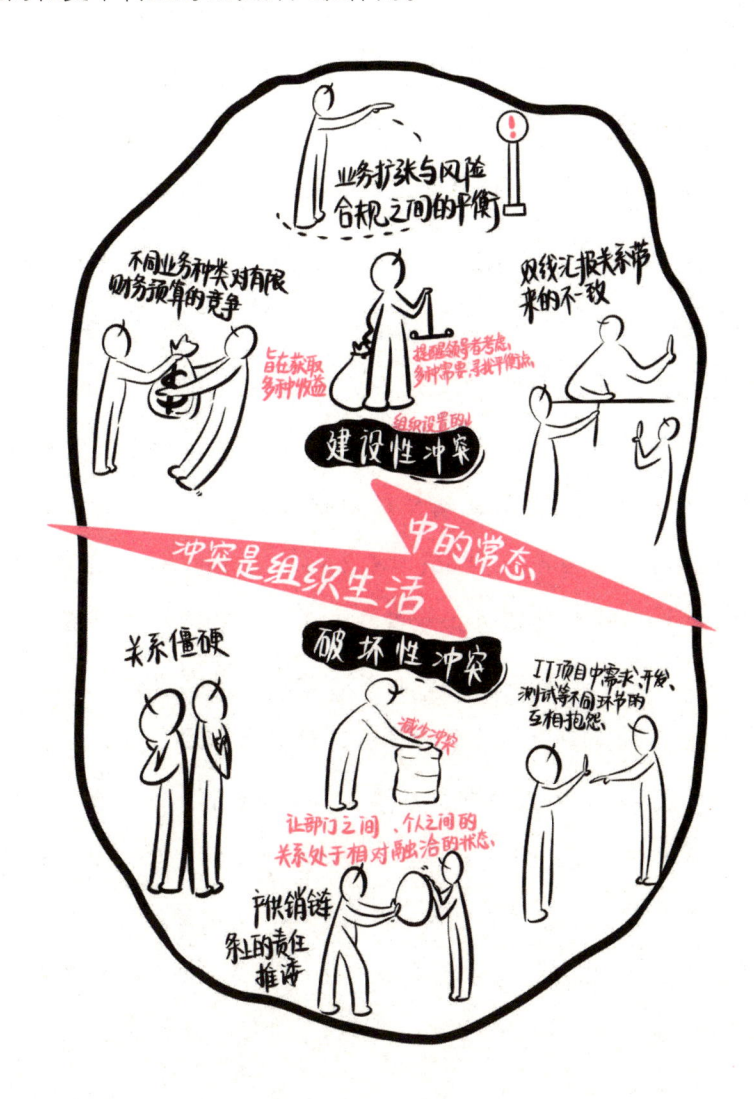

## 第十一节 组织的士气

可以把士气理解为一个群体的集体精神面貌、一种维持意志行为的积极性动机。早期,"士气"一词常常用来描述军队的战斗精神,后来泛化到非军事领域。在企业组织中,士气是衡量组织有效性的一个关键指标,受到高层领导者的重视。人们普遍接受的假设是,士气与组织有效性呈正相关关系。士气的高低与多种因素相关,对于如何提升士气,根据人们在现实中的观察,可以得出一些直觉性的假设:建立完成任务的信心和效能感,建立对目标和任务的正面态度,创造尽量多的成功经历和体验。这些努力都有助于提升组织士气,从而进一步激发员工群体的承诺和决心。

与士气相关的另一个概念——能量,也越来越频繁地为人们所谈论。《NTL组织发展与变革手册》一书第30章对该概念有如下描述。

> 研究显示能量的类型和水平关系到个人的幸福、健康和活力;会影响领导者的有效性及员工的连接性、生产力、敬业程度和工作满意度;还会影响组织的协作与战略变革以及组织实现目标的能力(Spreitzer, Lam & Quinn, 2011; Vogel & Bruch, 2011)……对于生物而言,能量被定义为行动的潜在力量……在人类系统中,它可以是身体、精神、情感、心理或社会能量……能促进全情投入当下的干预措施、能维持或生成兴趣的活动都有助于能量汇聚。开放空间技术和欣赏式探询鼓励人们全身心投入到有趣的话题中,创造或鼓励发自内心的积极情绪状态,如真诚的认同、感激和同情,会产生一种共振的频率,促进自己或他人能量再生(McCraty, 2003a)。鼓励趣味性——例如,借助幽默感或压力球这样的动觉玩具——能带来能量再生,也有助于能量外化。

第十章 建立组织洞察的微观视角

日常谈论的士气或能量，指的是个人、团队或组织的一种特定状态，如士气高昂、士气低落、能量很高或能量很低。状态与能力不同，能力是一种相对稳定的展现，习得后就基本会保持稳定。而状态是一种短暂的存在，好的状态容易失去，差的状态也相对容易转变。领导者需要有灵敏的感知力，能及时有意识地调度和管理士气与能量，使组织在良好的状态下运行。

# 第十二节 人与人之间的信任

## 信任是一种信念

基于马克·格兰诺维特（Mark Granovetter）的著作[1]，我们可以在经济视角下对信任多一些理解：信任是一种信念，相信对方即使在能够伤害你的情况下也不会伤害你。

## 信任是一种资产

信任在人际交往中扮演着重要的角色，因为信任会引导人们进行合作，使人们相互之间产生比纯粹自利动机更善良的行为。因此，信任和可信赖的行为对任何经济而言，都是关键资产。

## 信任来源于互动、关系和制度

信任的产生，往往源自社会关系网中的互动历史或关系，尤其是血缘关系。当经济发展到一定程度时，制度则在人们建立和保持信任关系方面发挥重要的作用。

## 如何创建信任

最有效的创建信任的方式，可能也是最简单的方式，就是促使组织中的人做到"带着关爱地直言"。对希望创建信任关系的领导者而言，至关

---

[1] 详情请参阅马克·格兰诺维特（Mark Granovetter）所著的《社会与经济：信任、权力与制度》，中信出版社2019年出版。

重要的是，要以身作则地展现与"真诚""透明""开诚布公""相互尊重"等重要原则一致的行为，创造有利于增加信任的互动，即"带着关爱地直言"，还要设立并维持组织制度以滋养组织内的信任关系。

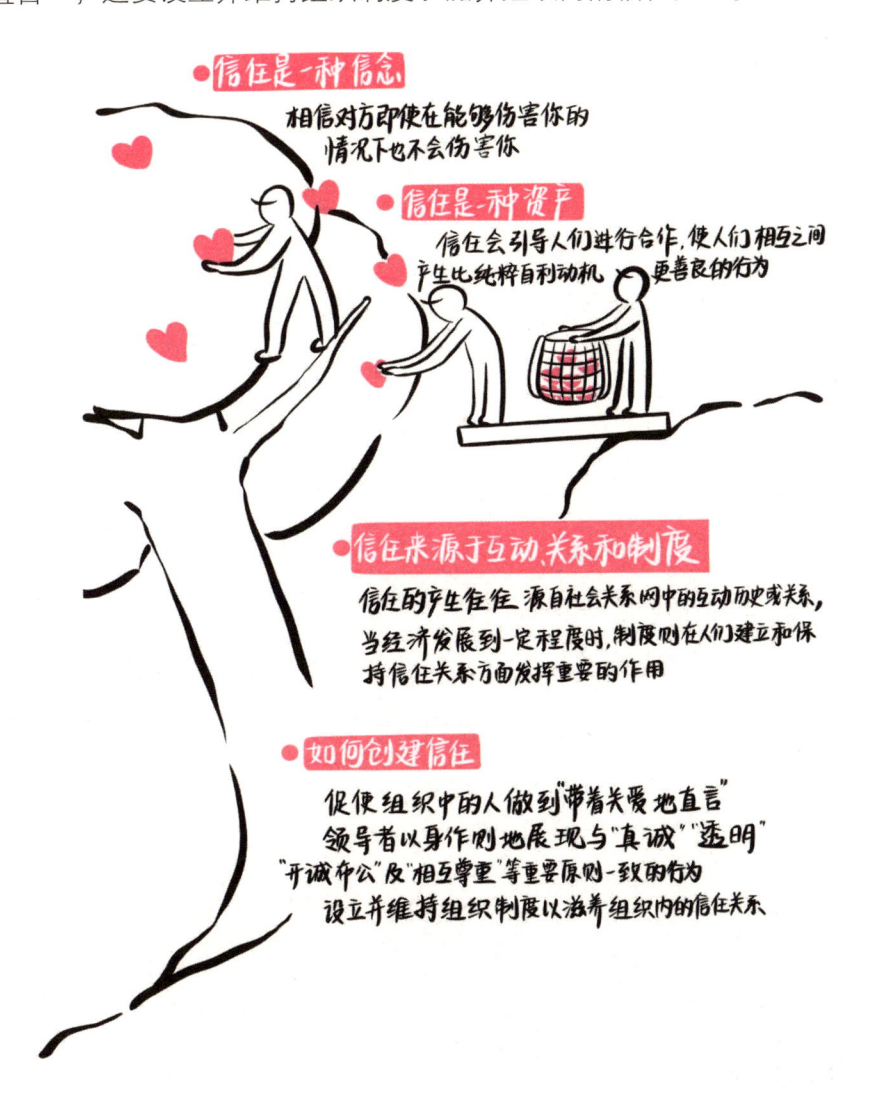

- **信任是一种信念**
  相信对方即使在能够伤害你的情况下也不会伤害你

- **信任是一种资产**
  信任会引导人们进行合作，使人们相互之间产生比纯粹自利动机更善良的行为

- **信任来源于互动、关系和制度**
  信任的产生往往源自社会关系网中的互动历史或关系，当经济发展到一定程度时，制度则在人们建立和保持信任关系方面发挥重要的作用

- **如何创建信任**
  促使组织中的人做到"带着关爱地直言"
  领导者以身作则地展现与"真诚""透明""开诚布公"及"相互尊重"等重要原则一致的行为
  设立并维持组织制度以滋养组织内的信任关系

# 第十一章　建立组织洞察的文化视角

知名组织发展专家张美恩（Mee-Yan Cheung-Judge）提到文化时，曾有过类似以下的表述：当从文化的视角来理解组织，而不是仅限于判断组织具有什么样的文化时，会令她感到兴奋，思路焕然一新[1]。因此，尽管本章的主要内容是介绍文化的内涵及重要性、文化分析的框架和文化类型，我们仍然希望你可以在运用框架的同时，摆脱并超越模型和框架的限制，仔细分辨组织现象背后的文化意味，从文化的视角来审视："这样的组织现象在文化上意味着什么？"从文化的视角来引领自己思考组织现象，进而透视组织运作的基本假设。当你能够敏捷地做到这一点时，也就有能力从更本质的视角来洞悉组织了。

## 第一节　理解组织文化

### 文化是什么

沙因（Schein）对文化的定义是：一个群体在解决其外部适应性问题

---

[1] 详情请参阅张美恩和琳达·霍尔比奇（Linda Holbeche）合著的《组织发展：OD和HR实践者指南》，浙江人民出版社2017年出版。

及内部整合问题时习得的一种共享的基本假设模式[1]。可以将这句话理解为，组织文化是群体共同经历的结果。组织中的关键个体，通过其言语和行动践行着某些特定的价值理念，在与他人的持续互动过程中，逐渐形成了群体的规范。这些规范为群体所共享，涉及领导力、决策方式和冲突管理等内容，极大地影响着组织运作的基本过程，而这恰恰就是文化的核心内容。沙因还提出了一个三层次模型来描述文化的组成部分。

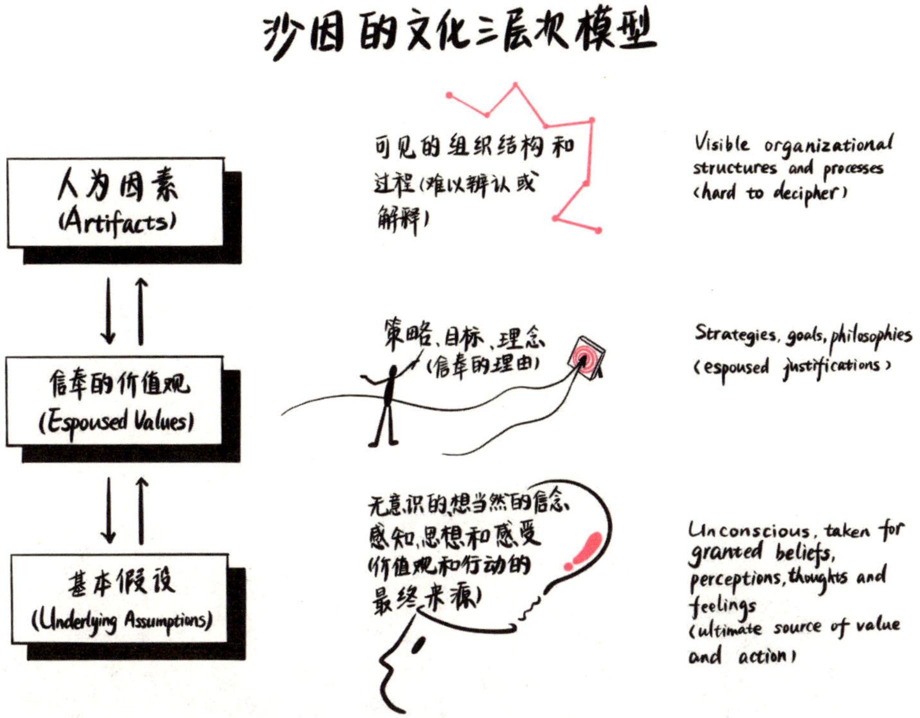
沙因的文化三层次模型
人为因素
(Artifacts)
信奉的价值观
(Espoused Values)
基本假设
(Underlying Assumptions)
可见的组织结构和过程(难以辨认或解释)
Visible organizational structures and processes (hard to decipher)
策略、目标、理念(信奉的理由)
Strategies, goals, philosophies (espoused justifications)
无意识的、想当然的信念、感知、思想和感受(价值观和行动的最终来源)
Unconscious, taken for granted beliefs, perceptions, thoughts and feelings (ultimate source of value and action)

## 为什么要重视文化

现代组织的领导者比以往任何一个时代的领导者都更加关注组织的文化，因为在 VUCA 时代，过于僵硬的制度、流程和结构都容易失效，而文

1 详情请参阅埃德加・沙因（Edgar Schein）所著的《组织文化与领导力》，中国人民大学出版社2014年出版。

化的内核就是价值观和指导原则，展现出了非常有效的行为调适功能。当文化理念在员工中深入人心且与组织环境非常适配时，组织就创造了一种难以模仿的竞争优势。从另一个更高的视角来看，打造一个有鲜明特征、充满吸引力的组织文化，不仅是组织获得竞争优势的手段，也是组织的一个重要目的。一个让企业家感到骄傲的组织，本身就是一个文化产品、一个意义深刻的象征，是企业家在价值追求上的延续。

## 如何理解组织文化

可以从类型、强度、功能、层次等不同的维度对组织文化进行分析。高层领导者需要对自身的言行有着清晰的认识，因为文化就是在当下的言行中形塑的。文化能渗透组织运作的方方面面，会在管理层的注意力、用人政策、预算分拨、典礼、榜样和奖惩等各个方面体现出来。要建立文化，更需要考虑的是如何利用上述手段进行文化植入，而非单纯的口头宣导灌输，虽然这也是必要的。

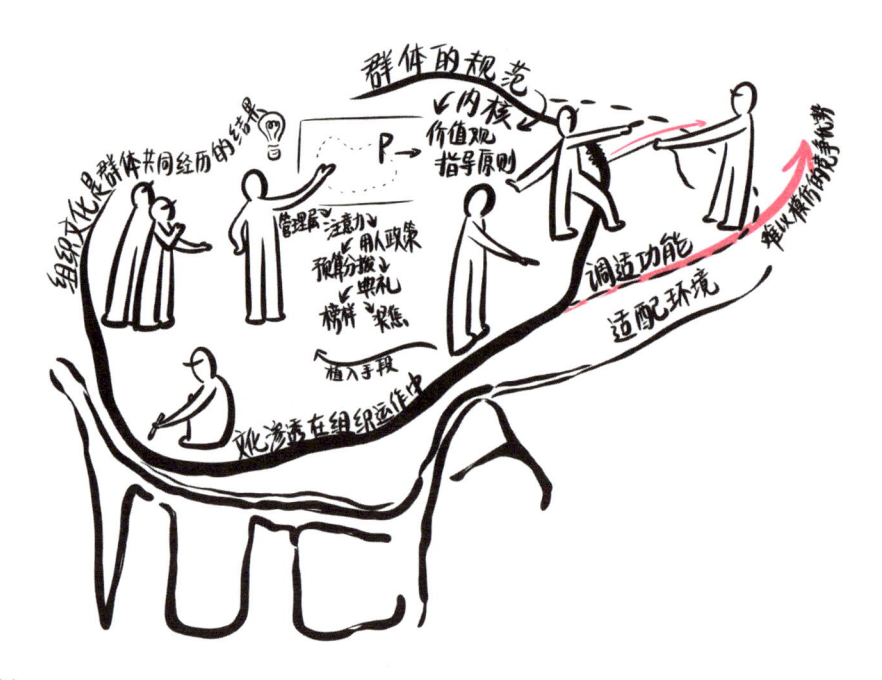

## 第二节　文化的"功能与强度"矩阵

如果你正在思考并判断是否需要进行文化变革，那使用文化的"功能与强度"矩阵，可以帮助你进行初步的定调。文化的功能，或者说文化正在发挥的作用，是助力战略。因此，能发挥建设性影响的文化，其功能就是良好的；反之，如果文化对变革起阻碍作用，或者不适配外部环境的需要，那其功能就是不佳的。文化强度的高低，指的是文化在组织内深入人心的程度，包括范围的大小及认同度的高低。文化强度高意味着在组织广泛的群体中有较高的文化认同度；强度低则相反。

利用文化的"功能与强度"矩阵，可以简要定调以下4个文化建设方向。

- 如果组织文化功能良好，而且强度高，这是比较良好的状态。此时组织文化是一种优势，需要保持。

- 如果组织文化功能良好，但是强度低，这意味着组织需要进行有效的文化推广，让更大范围内的人对文化有理解、有认同，提高文化的强度。

- 如果组织文化功能不佳，并且强度低，此时最佳的文化建设举措是实施文化共识创建活动，利用集体参与的方式，创建能匹配战略实施和业务发展的价值体系，同时在参与和对话的过程中提升理解和认同度。

- 如果组织文化功能不佳，而且强度高，此时组织面临的可能是极有挑战性的文化重塑与文化转型，以从根本上改变那些曾经帮助组织获胜的信念和假设。

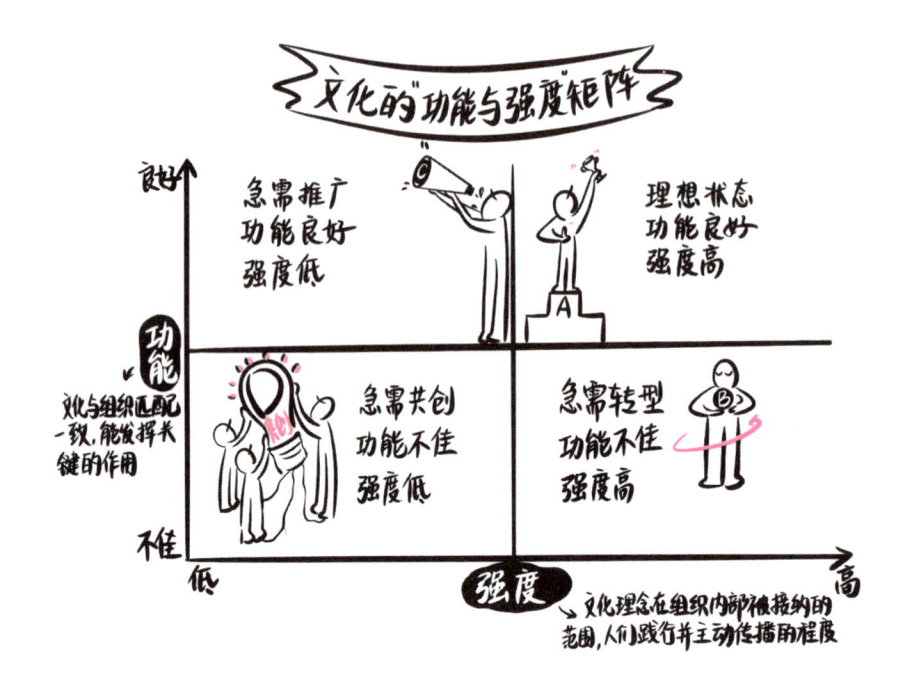

## 第三节 对立价值架构

罗伯特·奎因（Robert Quinn）和约翰·罗尔博（John Rohrbaugh）曾经针对组织效率的衡量指标做了一项研究[1]。在对39个指标进行统计分析后，他们于1983年发现了支撑组织效能的两组对立的重要维度，分别如下。

- "注重内部管理和整合"与"注重外部竞争和差异性"。
- "灵活性和适应性"与"稳定和控制"。

将这两组对立的维度放在一横一纵的平面上，就形成了对立价值架构

---

[1] 详情请参阅金·卡梅隆（Kim S. Cameron）和罗伯特·奎因合著的《组织文化诊断与变革》，中国人民大学出版社2020年出版。

下的4种典型文化类型。使用"类型说"来认识事物的主要好处是足够简化，能在较短时间内获得大概的方向和带有模糊性的整体把握。因此，对立价值架构在快速理解一个组织的全貌特征方面，有很高的实用价值。

本书介绍的对立价值架构和4种文化类型，均摘抄、整理自金·卡梅隆和奎因合著的《组织文化诊断与变革》[1]。

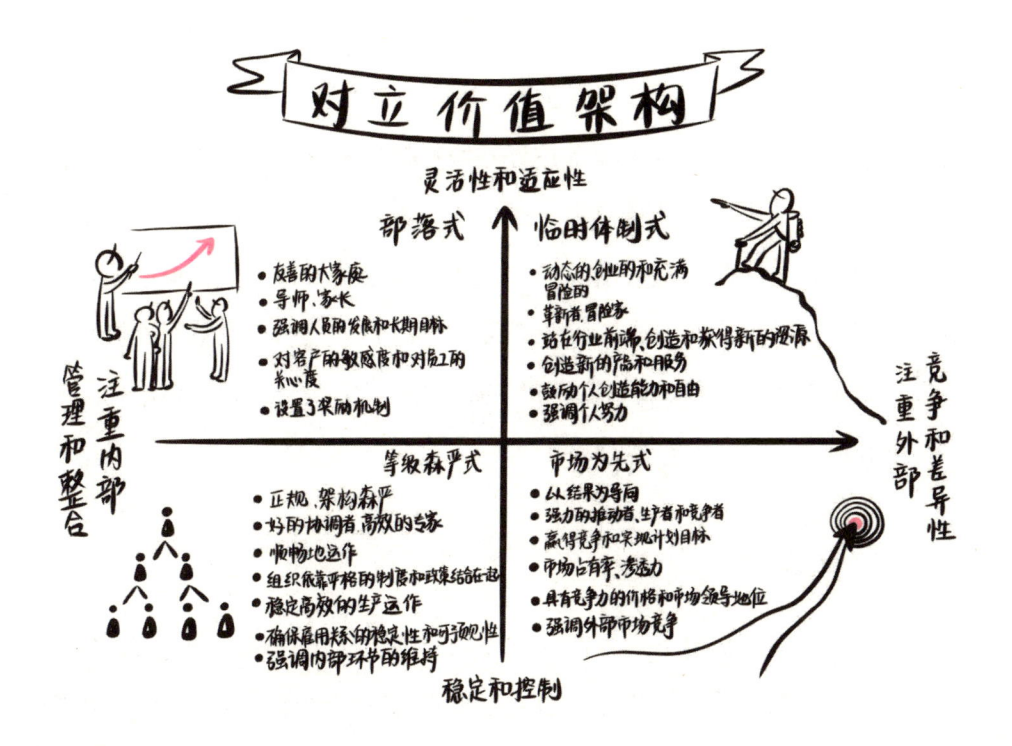

## 临时体制式文化

人们在一个动态的、创业的、充满冒险的工作场所努力寻求自己的需要，同时也承担风险。组织的领袖被看作革新者和冒险家，对试验和革新的强烈义务感让整个组织结合在一起。立于行业的前端是组织的工作重

---
[1] 本书引用的是该书的早期版本，和新版译文略有差异。

点，其长期目标则是创造并获得新的资源。在这里，对成功的定义是提供新的产品和服务。组织期望成为同类产品和服务提供者的领袖，同时鼓励员工个人的创造力和自由。组织能够非常灵活地应对外部环境，也强调个人的努力。

## 部落式文化

人们在一个非常友善的场所工作，共同分享成果，就像一个大家庭。这个大家庭的领袖或带头人通常被看作导师甚至家长。组织主要通过忠诚和传统来维系运作，成员会自觉自愿地承担所有义务。组织强调人员的发展和长期目标，同时也认为凝聚力和士气非常重要。在这里，成功与否取决于对客户的敏感度和对员工的关心度如何。组织还专门设置了奖励机制以鼓励更多的团队协作、积极参与和协同共赢。组织更注重灵活的内部管理，关心员工，对客户非常敏感。

## 等级森严式文化

人们在正规的构架下、森严的工作场所按照程序开展工作。好的协调者和高效的专家被视为好的领导者。维持组织的顺畅运作至关重要。组织依靠严格的制度和政策结合在一起。其长远目标是稳定、高效地生产运作。管理员工的重点是确保雇佣关系的稳定性和可预见性。组织在稳定和可控制的前提下强调内部运作环节的维持。

## 市场为先式文化

这是一个以结果为导向的组织，它的工作重点就是完成任务。员工非常具备竞争力且以目标为导向。领导者都是强有力的推动者、生产者和竞争者。组织的长期目标是赢得竞争和实现计划目标。成功的关键是市场占有率和渗透力。具有竞争力的价格和市场领导地位是组织考虑的重点。组织的风格也是强势的竞争者风格。组织在稳定和可控制的前提下强调外部市场竞争。

对立价值架构有配套的问卷、图示方式和匹配4种文化类型的领导力方式。人们可以使用这套工具对组织文化的类型进行概括性调查与分析,把握组织整体呈现出来的文化类型和样貌。

# 第十二章　建立充满好奇的前瞻性视角

随着经济的发展、社会文化的转变及公民意识的提升，组织的形态或快或慢地发生着渐进式转变，套用生物学进化论中的术语，可称之为"组织进化"。在实务和理论研究领域，一些具有先锋精神的企业家和学者正在践行着与传统组织差异极大的组织治理形式，如合弄制、青色组织等。对于这些新型组织现实，应该认识到，这些实践已经在部分企业中获得了成功，成为践行者宝贵的案例，是值得留意的未来应用趋势。然而，这些实践依然还处于探索阶段，或都只是特例，如塞氏企业（Semco SA），其应用也有一些前提条件。领导者在将这些新型实践运用到自己的企业时，需要结合自身的情况仔细分析，避免简单地跟随管理潮流而造成不必要的损失（不过，也许这样的视角已经反映了本书作者并未站在组织的新视角，用新眼光来看待事物）。对领导者而言，从这些潜在的新组织范式中，可以建立自己对组织系统洞察的前瞻性视角。

# 第一节　先锋理念

## 自主管理[1]

自主管理并不是一个新鲜的概念。20世纪中后期，在企业中逐渐被采用的质量研讨小组就是自主管理的一种具体形式。本文提及的自主管理，主要是指一些较为前沿创新的企业家和专业人士所尝试的组织治理新形式。所谓"新"，主要是相对于传统的科层制组织而言的。从这个意义上讲，自主管理是组织治理的主要形式，而不是被限定为传统组织管理下的补充形式。传统科层制组织强调指令式的控制手段，在自主管理的组织中则更加依赖相互协调式的手段维持日常运作。如果传统组织的形象隐喻是金字塔，那自主管理的形象更像圆圈。在这种管理模式下，组织需要有一整套正式的组织安排来推动各项组织运作事宜，包括目标设定、任务推动、质量监控、会议沟通、冲突管理等。需要认识到，与科层制组织相比，在自主管理模式下，组织过程的完成方式有较大差别，使用的是一套不一样的管理语言和思维方式。

## 合弄制

合弄制是一种不同于传统科层制组织的组织理论，该理论的提出者是布赖恩·罗伯逊[2]（Brian Robertson）。合弄制使用了一套全新的管理语言，各项分工和协作的功能由系统承载。践行合弄制的组织，围绕一个明

---

[1] 详情请参阅阿斯特丽德·维米尔（Astrid Vermeer）所著的《自主管理：博组客的自组织转型实践》，东方出版社2020年出版。
[2] 详情请参阅布赖恩·罗伯逊（Brian Robertson）所著的《重新定义管理：合弄制改变世界》，中信出版社2015年出版。

确的组织使命/目的，以角色为基本单元来承载任务，以圈子为形态组建子系统，层层嵌套，并连接起来成为一个整体的自组织、自主管理的组织系统。这种独立且互依的圈子承载了特定的组织功能，通过自治的机制，在整体上创造了高于"集权、层级"的组织有效性。虽然至今还没有足够的企业实践样本能够证明，相对于其他组织安排，合弄制更加有效，而且它的实践也有诸多前提条件，但不妨将合弄制视为人类在探索未来组织形态过程中创建的一种组织模式。在与其他组织模式的对照过程中，人们就能分辨哪些经验和做法反映了一种符合未来趋势的需求，哪些在进化的过程中只是阶段性的过渡性设计。毕竟，越是大刀阔斧的理论变革，越不可能提出精细的论述。先驱者们只是开创了一块理论领地，提出了关键的议题，不可避免地会留下大量的空白让后人继续探索。

## 第二节　只有少数特例的组织理论与实践

### 塞氏企业[1]

里卡多·塞姆勒（Ricardo Semler）是塞氏企业的变革开创者，他从父亲手中接手企业时，该企业正面临巨大的商业挑战。在进行了大刀阔斧的改革、并购，将企业的经营业绩迅速扭转之后，里卡多·塞姆勒进一步开启了超前于时代的管理变革实验。自主管理、圈子而非层级、透明、自由、民主等当前硅谷及互联网企业主张和推动的管理实验都被他引入企业，成为巴西生产制造行业的一个成功典范。让人难以置信的是，以上这些竟然发生在20世纪。人们普遍关心的问题是，塞氏企业的成功源自什

---

[1] 详情请参阅里卡多·塞姆勒（Ricardo Semler）所著的《塞氏企业：设计未来组织新模式》，浙江人民出版社2016年出版。

么？塞氏企业的做法是否可以被中国的企业借鉴？组织作为一个有机的整体，不能进行简单、机械的拆解，需要探讨要素的动态互动，而非孤立地看表面现象。因此，对于上述问题，需要整体把握且深入到本质，本书仅用寥寥数语无法言明，建议参考相关的图书或请教研究塞氏企业的专家学者。总体而言，将塞氏企业的变革过程和经验得失放置在特定的历史文化脉络中进行理解，是学习塞氏企业的重要提醒。只有深刻理解塞氏企业所处的行业、巴西社会的文化历史传统和人们的生活观念、变革领袖里卡多·塞姆勒的独特经历及其内心的信念，才能在学习借鉴时做到引用有据。同时，还要深刻洞察自身的文化历史传统、社会经济发展阶段和人们的生活方式，才能在实践中做到改造有理。

## 敏捷组织[1]

敏捷的理念在软件开发领域运用得更早。"敏捷"这个关键词的背后是一整套软件开发管理实践。本书在此讨论的是组织领域的敏捷理念，范围更大。本书所提到的敏捷组织，更多的是指组织具备特定水准的组织能力，而非一种组织类型。敏捷组织意味着组织能更快速地响应外部诉求（尤其是客户的需求），具备快速形成并执行解决方案的组织能力。敏捷组织需要有一整套组织治理机制作为支撑。为了提升组织敏捷性，需要开展的组织实践包括但不限于：训练全体员工掌握良好的判断力，以便组织分权；赋予员工明确而足够的权力，以提升其响应客户需求的速度；创造自组织、自我管理的团队，以提升组织回应临时任务的能力；建立良好的数字化系统，以确保信息能在组织内快速共享和应用。

敏捷在领导力领域也大放异彩。美国创新领导力中心有专门论述敏捷领

---

[1] 详情请参阅琳达·J.霍尔比契（Linda J. Holbeche）所著的《敏捷组织：如何建立一个创新、可持续、柔性的组织（原书第2版）》，机械工业出版社2020年出版。

导力的书。如书中所言，敏捷领导力是组织在 VUCA 环境中取得成功的关键。本质上，敏捷领导力的内核是心智的纵向发展，也就是比尔·托伯特（Bill Torbert）等人所研究的成人行动逻辑的发展[1]。一个人的主导行动逻辑越处于靠后的发展阶段，他就越有可能在行动的当下重构对情境的解读，并转化自己的行动，让其变得更加有效。只有外化的行动才谈得上敏捷。敏捷并不是简单地随波而动，也不是以不变应万变，而是敏锐地感知，仔细地辨析，同时快速地行动，基于行动所产生的反馈再继续感知，升级认识，同时重构任务，必要时还需要重构目标，然后转化任务的内容、焦点甚至结构。

## 锐意发展型组织

锐意发展型组织（Deliberately Development Organization，DDO）[2]是罗伯特·凯根（Robert Kegan）提出的一套组织建设理论。凯根用"打木人巷""推边际""建家园"这3个要素来阐述 DDO 的核心要义。简而言之，"打木人巷"是在锤炼业务能力与组织能力的同时，促进个人的心智成长，是一种规律性的修炼。"边际"是每个人当前心智发展阶段的极限位置，也就是顶点位置。用力推一推边际，以期人们实现某种心智模式的超越，这意味着能够超越过去，并兼容以往。心智的发展会让人们更加身心整合，更能实现自我，所以其本身就是人们要达成的目的。但心智的发展往往能让人们带着新的视角去试验新的世界观、业务假设、战略思考和举措等，从而带来更好的业绩表现，让组织也由此获益良多。"家园"代表一个组织的情感支持性系统，让个人所持有的社会属性，如心理安全、情义、连接和归属感等得以安放，并互相滋养，从而形成一个能量场，激

---

[1] 详情请参阅比尔·托伯特（Bill Torbert）所著的《行动探询：适时转变领导力的秘诀》，电子工业出版社2018年出版。
[2] 详情请参阅罗伯特·凯根（Robert Kegan）和丽莎·莱希（Lisa Laskow Lahey）等合著的《人人文化：锐意发展型组织DDO》，北京师范大学出版社2020年出版。

发个体对彼此更多的正向能量，这样组织中的关键个体才更有可能坦然展示自己的脆弱性，而不是费尽心思地维持不真实的完美人设。上述3个要素有机整合，互相促进，互为补充，使组织逐渐成长为一个支持"人人发展"的组织，这就是DDO的基本理念。在凯根列出的DDO的3个范本中，以桥水基金最知名，其创始人瑞·达利欧（Ray Dalio）所写的《原则》一书也广受欢迎。但如果只喜欢这本书而不了解其背后的组织建设原则，那只能算知其然而不知其所以然。

## 青色组织（进化型组织）

弗雷德里克·莱卢（Frederic Laloux）在其著作《重塑组织》中，描绘了一个组织进化的阶段性图景[1]。他使用不同的颜色来描绘不同阶段的组织的特征。红色代表冲动型组织，其典型范本是"黑帮"，这个阶段发展出了劳动分工和自上而下的权力；琥珀色代表传统组织，其典型范本是军队和教会，此阶段的组织有了可复制的流程和稳定的组织结构；橙色代表成就型组织，强调创新、当责和精英制，资本主义经济制度下的企业是该类型的典型范本；绿色代表多元型组织，强调赋能、价值驱动型文化及利益相关者的价值，觉醒资本主义的倡导者们所进行的组织建设实践，大致可以归于这个阶段；青色代表进化型组织，强调自我管理、身心整合及以持续进化为目的。从红色到青色的渐进式发展，实际上也是人类社会发展的缩影，体现的是前现代、现代及后现代等不同阶段人们的哲学思考和社会观念。当下被视为青色组织实践样本的组织是欧洲居家护理行业的领导者——博组客（Buurtzorg）[2]。

---

1　详情请参阅弗雷德里克·莱卢（Frederic Laloux）所著的《重塑组织：进化型组织的创建之道》，东方出版社2017年出版，2019年又出版了《重塑组织（插画精简版）》。
2　详情请参阅阿斯特丽德·维米尔（Astrid Vermeer）等人合著的《自主管理：博组客的自组织转型实践》，东方出版社2020年出版。

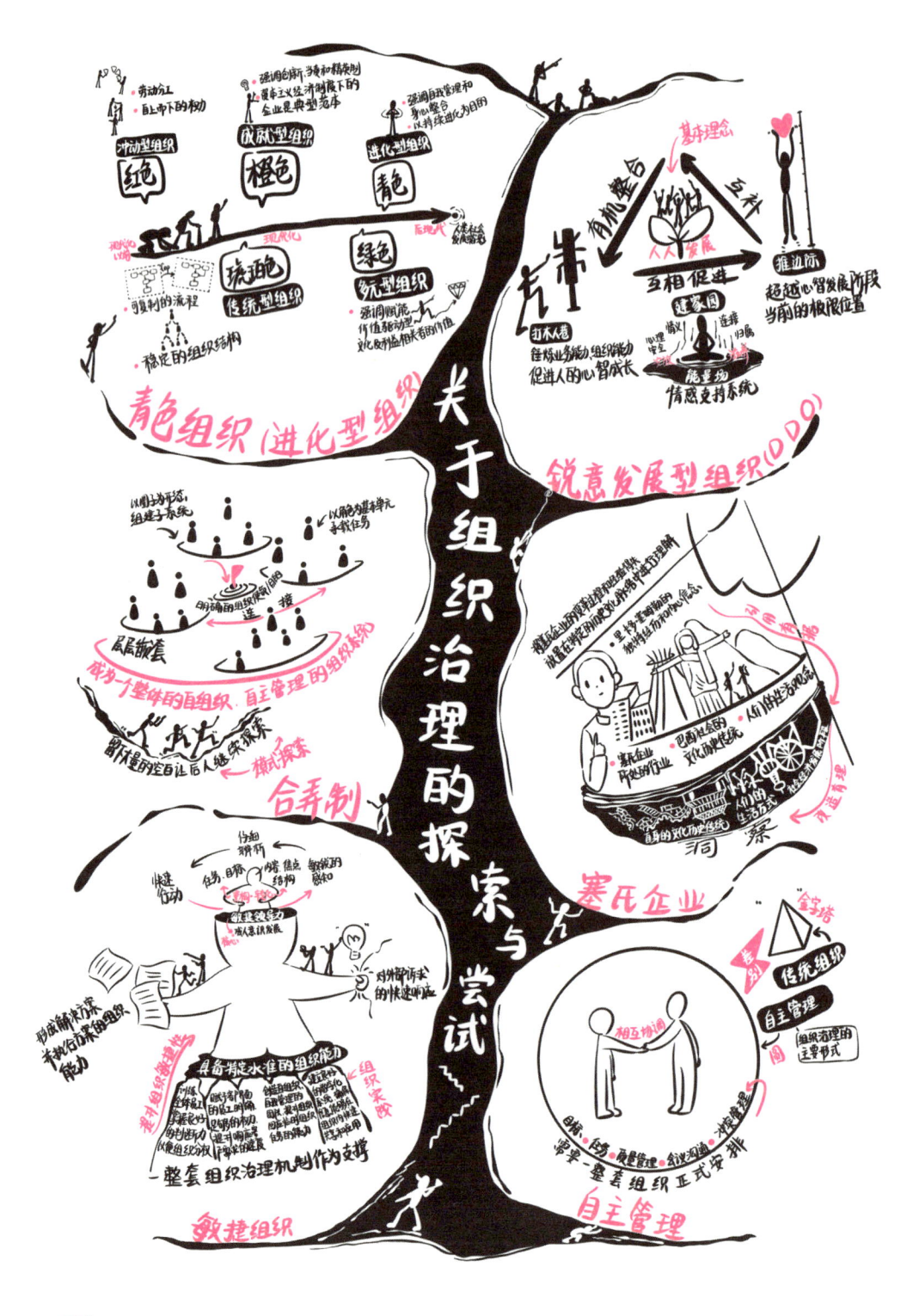

# 极简组织课

## 关于组织治理的探索与尝试

### 青色组织（进化型组织）
- 冲动型组织 红色：劳动分工；自上而下的权力
- 成就型组织 橙色：强调创新、竞争和精英原则；资本主义经济下的企业典型范本
- 进化型组织 青色：强调自我管理和身心整合，以进化为目的
- 琥珀 传统型组织：刚性的流程；稳定的组织结构
- 绿色 多元型组织：强调赋能，价值驱动型，文化&利益相关者的价值

### 锐意发展型组织（DDO）
- 基本理念：有机整合、人人发展、互相促进
- 打不人造
- 聚焦业务能力组织能力；促进人的心智成长
- 宠星功 情感支持系统：坦诚、连接、归属、心理安全、连接
- 推边际：超越心智发展阶段当前的极限位置

### 合弄制
- 以圈为基本单元开展任务
- 以圈为基本单元承载任务
- 明确的组织角色；连接
- 圈嵌套
- 成为一个整体的自组织；自主管理的组织形式
- 断开最高控制让后人继续探索；横向探索

### 塞氏企业
- 让员工在办公室充分表达
- 放员工将价值观文化传承的坚持在行为和做法上
- 聚焦业务扎根的行业
- 把雇主的文化遗传给下一代员工
- 洞察
- 把员工所在的生活方式
- 员工的文化历史使命
- 长运有理

### 敏捷组织
- 快速行动
- 任务、目标、焦点、难度的结构
- 对外部诉求的快速响应
- 具备特定水准的组织能力
- 组织架构
- 彻底解决深层的组织治理课题的能力
- 一整套组织治理机制作为支撑

### 自主管理
- 金字塔 传统组织
- 相互协调
- 自主管理
- 组织治理的主形式
- 目标、薪酬、冲突管理、会议、决策、决策机制 一整套组织正式安排

# 组织生活篇

## 学习目标：在组织中活出真我

组织生活占据了现代人生活的一大半。活在组织中，不仅是一个职业议题，更是一个生命议题。在组织环境中的生活质量直接影响人们的幸福感。未来，哪怕是普通组织的一员，也需要持续获得个人成长，才能以一种"有觉察、能选择"的状态存在于组织中；才能持续改善内在的状态，在顺境、逆境中皆可"安驻当下"；当面对内外部的各种挑战时，依然能践行正向的价值观和行为，有能耐汇聚更大的力量；在艰难的处境中，依然能够努力"活出真我"，创造属于自己的独特的生活意义！

具体要求：

- 探索自我的内在世界，促进自我成长。
- 在组织中活出真我，创造属于自己独特的生活意义。

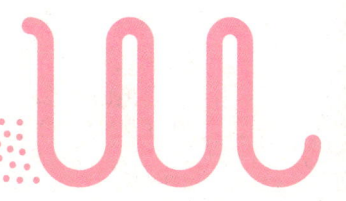

# 第十三章　在接触中理解人

组织由人组成，如果对人不理解，就无法真正理解组织。人们如果能有目的地理解自己，就可以充分发挥自己的优势；人们如果能有意识地理解他人，就能在关系中更易于立身处世。理解，就意味着在思维、情绪、人际互动等多个维度，对彼此在知、情、意、行等方面的偏好和风格都足够了解，以产生更好的协作和关系品质。

## 第一节　思维偏好探索

Emergenetic International[1] 的两位创始人基于人类大脑的功能，合作设计了一个框架，并在万人群体中进行了早期的测试，之后又在更大的群体中加以运用，逐渐打造了一种有效的工具，以帮助衡量个人的思维偏好。

他们使用由4个维度构成的两个连续轴——"发散-收敛"和"抽象-具体"，组成了4个象限。

- 抽象且收敛的区域被命名为"分析"，处于这一象限的人具有因果逻辑、数据与事实及要点式的呈现等偏好。

---

1　Emergenetic International是一家美国公司，基于Dr. Browning and Williams的研究成果，开发了思维偏好相关的测评系统和配套的培训解决方案。

- 具体且收敛的区域被命名为"结构"，处于这一象限的人具有条理性、细节导向和风险回避等偏好。
- 具体且发散的区域被命名为"人际"，处于这一象限的人具有关注他人、常用直觉去感知及期待与群体建立连接等偏好。
- 抽象且发散的区域被命名为"概念"，处于这一象限的人具有追求创新与独特性、有大局观且喜欢联想等偏好。

一个人可能有一种或两种思维偏好，也可能在4个象限都有较为均衡的运用。总之，每个人都有自己的特点。假如你回顾自己在日常决策中的表现，发现了一个比较突出的特征，即习惯第一时间先看数据和事实，再进行逻辑分析，然后才考虑其他因素，那你很可能就具有分析偏好；如果这个突出的特征是，首先会考虑决策对他人的影响、对方的感受及自己直觉上是否舒服等，则你有可能具有人际偏好。以此类推。

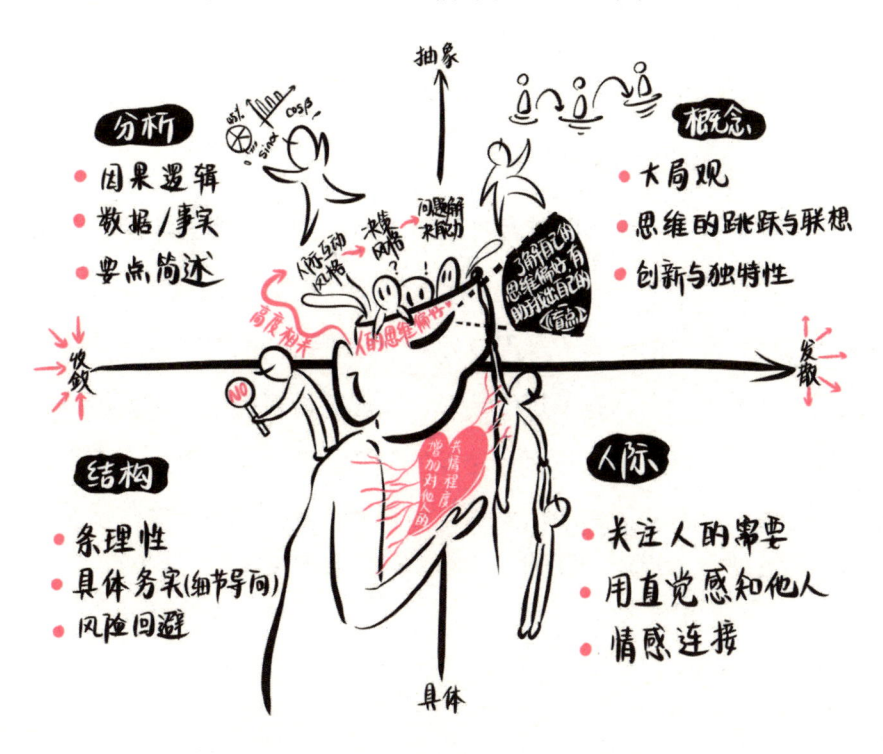

一个人的思维偏好与其人际互动风格、决策风格和问题解决能力等领域高度相关。了解自己的思维偏好，有助于找出自己的盲点，善用自己的偏好，面临关键决策时更能保持清醒，从而在综合考虑之后做出当下最佳的知情选择。使用思维偏好的框架，也能提升自己对他人共情的程度，尤其是在通过四象限框架看见人与人的思维方式竟然如此不同之后。

## 第二节　情绪模式识别

有人说，任何一件让他对别人感到生气的事情都能让他更了解自己。

生气、喜悦、沮丧、焦虑等情绪，是外界事物在人们内心创造的回响。情绪涌起又散去。研究指出，一个人一天内可能有25 000种感受在心头起起落落。阅读到这段文字的你，此刻的情绪又是怎样的呢？是平和、愉悦、惊喜、烦躁还是担心？如果你的第一个念头是"我没有什么情绪呀"，那很有可能你只是不习惯关注自身的情绪感受而已。当然，你也可能是过于投入而进入了某种忘我的状态。

在日常生活中，你可以尽量仔细辨别自己身上有哪些典型的情绪"按钮"，它们在何种情境下容易被触发。尝试带着觉察去关注，就能更好地感知自己情绪变化的模式，从而学习如何摆脱这些模式对自己的控制，真正做到行为皆出于自己有意识的选择，而非被情绪绑架，沦为情绪的人质或奴隶。如果你身处暴怒或悲伤之类的激烈的情绪体验之中，但身体内还有一个观察性的自我，提醒你有意识地调整状态，那你在践行领导工作时就能更加有效。

## 第三节 人际互动风格剖析

人际互动是人们在心理和行为方面的交往与交流。不夸张地说，领导力的践行过程主要就是一个人际互动的过程。人际互动包含丰富的内容，本书抽取了其中3个维度来描述人际互动的复杂面相。这3个维度包括情感连接、冲突面对和对负面反馈的态度。

对这3个维度简述如下。

- 情感连接：是指自己与他人感受到彼此能够在深层次互相理解、互相看见并互通情感的状态。可以用"困难""中等""容易"作为标尺衡量自己在这方面的倾向。

- 冲突面对：可简单区分为对话、对抗和回避3种典型的姿态。
- 对负面反馈的态度：可划分为拒绝、接受和追寻3种不同的倾向。

借助这3个维度，可以绘制一个"人际互动风格"立方体来帮助探索自己和他人的人际互动风格。躬身自问：我通常处于立方体的哪个位置？我容易跟别人建立连接吗？我会倾向于回避冲突吗？别人给我负面反馈时我能欣然接受吗？当能够直面这一个个灵魂拷问并深入探索时，你就会更加清楚自己在群体中拥有一种怎样的形象。

需要注意的是，人际互动风格是一个宽泛的概念，并不仅限于上述3个维度，但可以把它们作为自我探索的起点。说到底，真心寻求他人对自己的反馈，是最有效的人际互动风格探索方式。毕竟，自己的盲点，就是自己看不见而别人可能看见的部分。

## 第四节　理解团体和团体中的人

没有人是一座孤岛（John Donne，1623）。

用这句话作为理解团体的引言，再合适不过了。要理解团体，首先需要理解以下3个关键点。

### 关键点1：人是群居性动物，不可能离群索居，因此人不可能离开人类这个大团体

人类从一出生便开始了家庭式的团体生活，在婴儿期就开始体会"我"与"别人"的世界，体会到团体的存在。成长到青少年阶段，人们的思想、观念、行为和态度都深受同侪团体的影响。到了成年期，人们的生活方式和价值观念更是广受社会上各种类型团体的影响。

### 关键点2：团体的力量超越任何个体的力量，能够完成个体不可能完成的任务

在历史的长河中，人类取得了无数伟大成就。但这些成就往往不是个人凭一己之力独立实现的，它们通常是人类面对的最复杂、最艰难的任务，需要发挥团体的力量。身为团体的领导者，需要理解人们如何相互依赖，完成共同的目标，也需要处理领导力的议题，促进沟通互动，更需要塑造建设性的团体运作规范，包容差异，明确彼此的职责和角色以发挥分工合作的优势等。有时候，任务似乎已经超出了人类能力的范围，如登陆火星；有时候，任务又比较简单，如制定团队的绩效措施。无论人们的努力、理念、兴趣及自我意识如何，都必须组织起来，才能产生整体大于各部分之和的效果。

## 关键点3：团体在人类和组织生命中是最丰富同时也是最令人费解的元素

人们在团体互动中会产生各种反应和影响——爱、恨、想接近、想回避……因此，当人们身处团体中要开展工作时，面临的一个主要挑战就是理解团体动力的多样性和复杂性。人们需要认识到以下几点。

- 团体中的每个人都会遇到复杂的问题。
- 团体中人与人之间存在复杂而心照不宣的动力。
- 在团体层面会发生复杂又难以观察到的现象。
- 团体与环境之间存在互动。
- 以上所有内容都会深刻地影响其他的一切。

读到此处，你可能会有更多疑问涌上来：团体是什么？团体动力又是什么？为什么要理解团体动力？要怎么做呢？……问题一个套一个，却毫无头绪。笔者回想起自己第一次参与大团体和小团体活动时的懵懂，可能就和现在的你有些类似。这种懵懂的状态，让你我即使隔着文字与千山万水，似乎也会有一些若有若无的连接。但是倘若有一天，所有读过这本书的人聚在一起，谈论起这一章的这一段，共同连通彼此的情感和疑惑，那就有了一个独特的团体——《极简组织课》读者团体。这个团体内的成员可能只是零零散散地做些交流、分享和互助，也可能有人牵头有计划、有目的地实施一些活动。有些人可能特别热心组织/参与活动；也有些人一开始热情满满，但激情褪去后就退出了团体。也许有些人因为读书而走进了对方的世界，最终双方成了至交好友；还有些读者本身就是企业家，在与团体成员的接触中恰好发现彼此业务互补，可以合作大干一场……这些都是读者团体中可能会发生的事情。而在现实社会中，在不同的商会、

第十三章　在接触中理解人

学校、联盟、产业协会等团体中，每天都可能会发生上述种种事情。这就是团体的一些现象，它会扰动团体的动力，也会为团队动力所带动……此刻，你是更懵了还是更懂了呢？套用台湾辅仁大学心理学教授夏林清[1]在课堂上的一句话：我们总是摇摆在懂和不懂之间，也许这是一个最佳的学习状态，有一些理解，有一些疑惑，还有一些兴趣，使我们能往前了解更多……

---

[1] 夏林清教授的著作有：《大小团体动力学：理论、结构与工作方法》，北京师范大学出版社2020年出版；《家是个张力场：历史视野下的家庭关系转化》，心灵工坊文化事业股份有限公司2020年出版。译作有：唐纳德·A. 舍恩（Donald A. Schon）所著的《反映的实践者：专业工作者如何在行动中思考》，北京师范大学出版社2018年出版；克里斯·阿吉里斯（Chris Argyris）等人合著的《行动科学：探究与介入的概念、方法与技能》，教育科学出版社2012年出版。

# 第十四章 走进自我与他人的内在世界

本书鼓励大家积极走进自我和他人的内在世界,原因有二。第一,人的幸福感往往源自向内求索,组织中的人更是如此。要寻求幸福,需要从理解自我开始,先看内在。第二,作为需要紧密协作的伙伴,组织中的人常常会陷入各种冲突之中,或者因为某些人际关系因素触发了难以平衡的内在冲突。要处理这些冲突,就需要对彼此的内在世界有更好的理解。这样的理解,建基于对一些关键议题的清晰思考。例如,"我认为什么最重要",涉及价值观排序的议题;"我该听谁的",涉及内在权威与外在权威的议题;"我为什么会不舒服",可能是因为被人侵犯了边界或无意中承受了太多的期待。

## 第一节 价值观排序

根据社会心理学家施瓦茨(Schwartz)的定义,个人层面的价值观是一种个人所希冀的跨情境目标,它能作为个人生活和其他社会实体的指导原则[1]。价值观能激发行为,也是评价行为的标准。

---

[1] 详情请参阅施瓦茨(Schwartz S. H.)于1992年在 *Advances in Experimental Social Psychology* 期刊上发表的文章 Universals in the Content and Structure of Values: Theoretical Advances and Empirical Tests in 20 Countries。

一个人的价值观主要是通过主流群体价值观的社会化和个人独特的学习体验而习得的。这意味着，人的价值观在形成过程中，不可避免地会受到客观社会文化环境的影响，这就是社会化的过程。同时，每个人的主观心理过程可能差异巨大，故即使外部环境非常相似，每个人所习得的价值观也可能各不相同。由此形成推论：领导者完全可以通过塑造组织文化的土壤来滋养特定的价值取向，但这种文化土壤实际上并不一定只具有培育人和同化人的功能，也可能具有吸引人和筛选人的功能。

一个人如果能清晰地认识自己所持有的价值观、更理解自我的内核，并且有意识地让自身的行为与价值观保持一致，就能显著提升自我的整合度。而一个整合度高的人，也许会少一些焦虑，更能感受到内心的笃定。

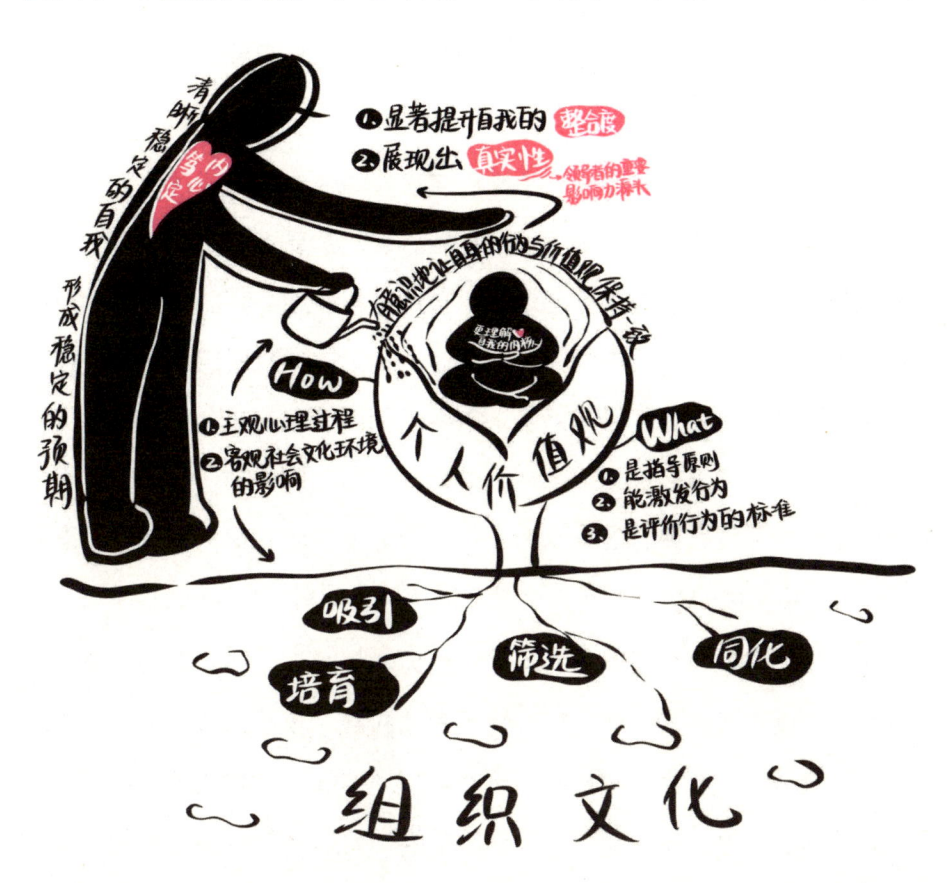

清晰而稳定的自我，可以让身边的人形成更稳定的预期，有助于改善人际互动的质量。更重要的是，只有价值观与行为保持一致的人，才能展现出真实性。而真实，是领导者影响力的重要源头。

如果你有兴趣进行自我价值观的排序，强烈建议你寻求一位知心好友或教练、心理咨询师等专业人士的协助。对方也许可以从旁观者的角度提供一些线索，或者使用专业的工具辅助你进行自我发现。相信这样的时间和精力投入，会给你带来长期的超额回报。

## 第二节　理解自我与权威的关系

人类作为个体，在成长过程中，一直都要处理与权威之间的关系。权威代表权力、让人服从、可信赖等。

在儿童时期，父母、师长等常常扮演权威的角色，孩子往往需要在一定程度上顺从权威，才能有更好的生存状态，更加受到认可（保护）。青少年时期，独立自主的需求大幅增加，自由选择、独立判断等内在的权威感开始萌生并体现在生活中的方方面面。这种内在的权威感往往与外在权威角色（最典型的就是父母和师长）的要求和期待存在或多或少的冲突，因此，青少年也常常被打上"叛逆"的标签。到了成年期，很多人都未必能清晰地意识到自己拥有内在权威，但在面对上司时，他们往往会无意识地复刻自己与父母的相处方式，不管是顺从、压抑自我还是对抗。

每个心智成熟的个体都有某种程度的内在权威——独立自主的需求。同时，人们也不再拘泥于要么压抑自我顺从权威、要么彰显自我对抗权威的对立两分思维，而会时刻提醒自己有意识地选择与外在权威保持健康的互动。可以说，面对权威能否秉持适当的姿态，以及与权威人物的互动关系是否健康，很大程度上决定了个体的主张能力、冲突管理能力及处理分歧和差异的勇气。

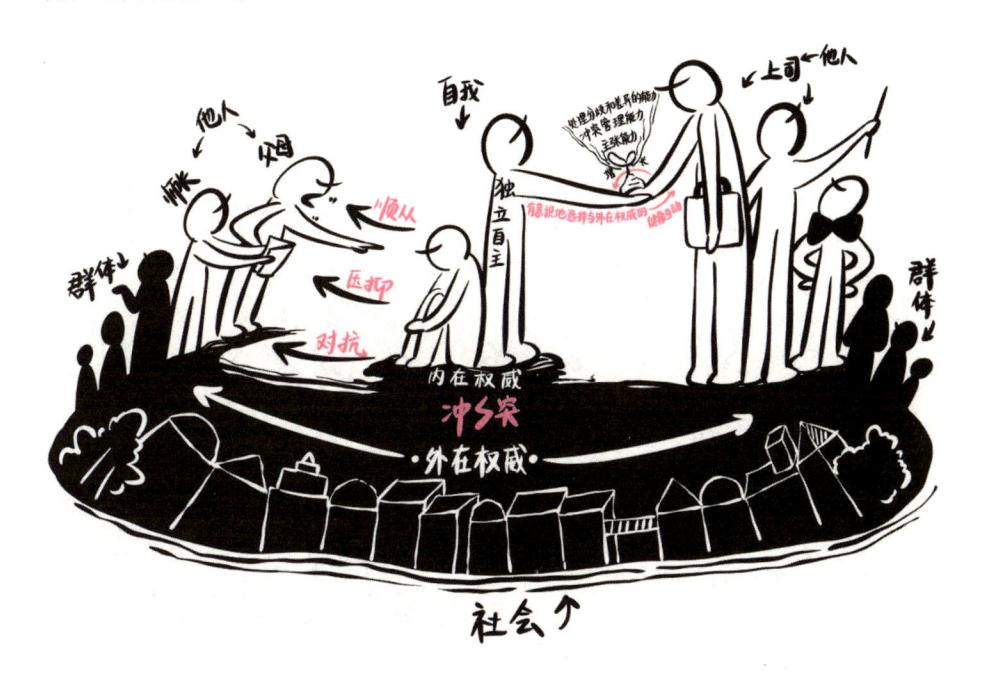

## 第三节　理解自己的边界意识

人们对边界的理解大多是实实在在的物理边界，如国家之间领土的界线，这是肉眼可见的。对于心理上的无形边界，却不是所有人都能意识到的。有趣的是，生活中的很多问题，都可以归结为边界不清。

- 古人说的"杞人忧天"，表达的是将不可控的小概率事件列入自己忧虑的边界范围之内，进而产生不必要的烦恼。
- 在中国家庭中，典型的婆媳矛盾往往也是因为彼此的权力边界不清造成的。对于谁管/不管什么、彼此的空间和领地在心理上是如何划分的，这些关于心理边界的问题往往都可以在冲突中逐渐找到一

- 种彼此都能接受的状态。
- 在家族企业中，家庭系统和组织系统的重叠所带来的边界模糊和不清，也常常会引起额外的烦恼。

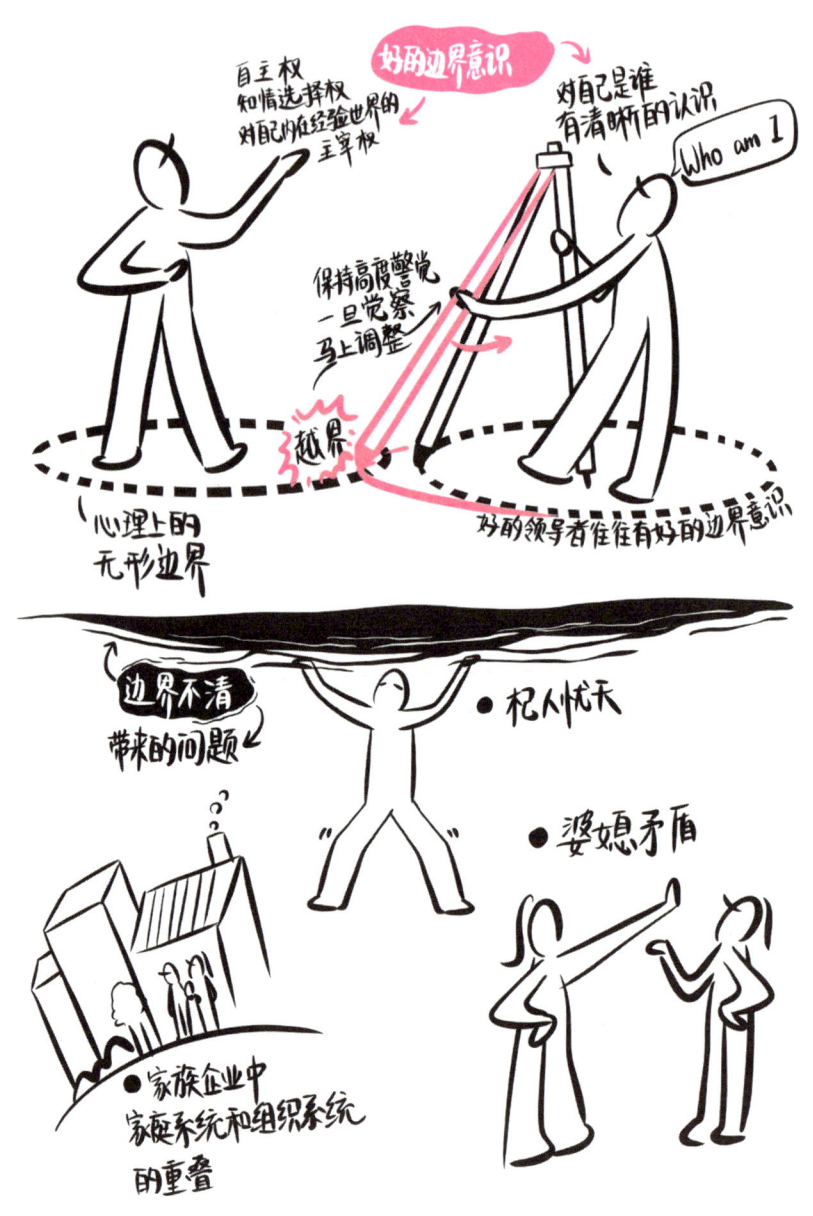

好的边界意识
- 自主权
- 知情选择权
- 对自我内在经验世界的主宰权
- 对我是谁有清晰的认识
- Who am I
- 保持高度警觉，一旦觉察马上调整
- 越界
- 心理上的无形边界
- 好的领导者往往有好的边界意识

边界不清带来的问题
- 杞人忧天
- 婆媳矛盾
- 家族企业中家庭系统和组织系统的重叠

好的领导者常常都有好的边界意识，能够减少很多不必要的人际关系问题。一个人边界意识强,意味着他对"自己是谁"有着清晰的认识,能够给予他人空间去处理自己的事情;也意味着他认同他人有独立自主性,无论这个人与自己的关系有多亲密,自己对其有多关切,也不剥夺对方的自主权、知情选择权及对其内在经验世界的主宰权。

好的领导者对于在什么情况下意味着自己可能已经越界,也保持着高度的警觉。一旦有所觉察,他们马上就会做出必要的调整。

## 第四节　理解自身的多重角色和期待

在社会关系网络中,人们往往需要承担多种多样的角色。

在意识层面,一个人在家庭中可能是某人的父亲/母亲、子女或兄弟姐妹,在企业组织中可能是某人的上级、同级或下属。

在潜意识层面,人们可能扮演着一些比较隐蔽的角色,如冲突中的和事佬、基层员工的保护者、部门中的替罪羊或在公开场合指出真相的"勇敢者"等。

如果深入探究,这些意识层面的显性角色包含人们对自己的期待、他人对自己的期待及自己对他人的期待。潜意识层面的隐性角色则往往意味着自身的某些特质在无意识中被系统调用,承载了系统的某种需求或发出了系统的某种呼声,它并非一种有意识的选择。

当这些角色和期待之间存在冲突时,往往会产生角色冲突,从而引发人们的烦恼。理解自己有什么样的身份角色认同,梳理各个角度的期待,通常能让自己更清晰地兼顾、平衡或排出明确的优先级。在冲突性情境中,那种"既要、也要、还要、更要"的贪多求全心态是普遍的,也是可以理解的，在特定的情境中，确实可以兼顾。只有当真正面临冲突性需求而必须有所取舍时，才能真正体现自身的身份认同。

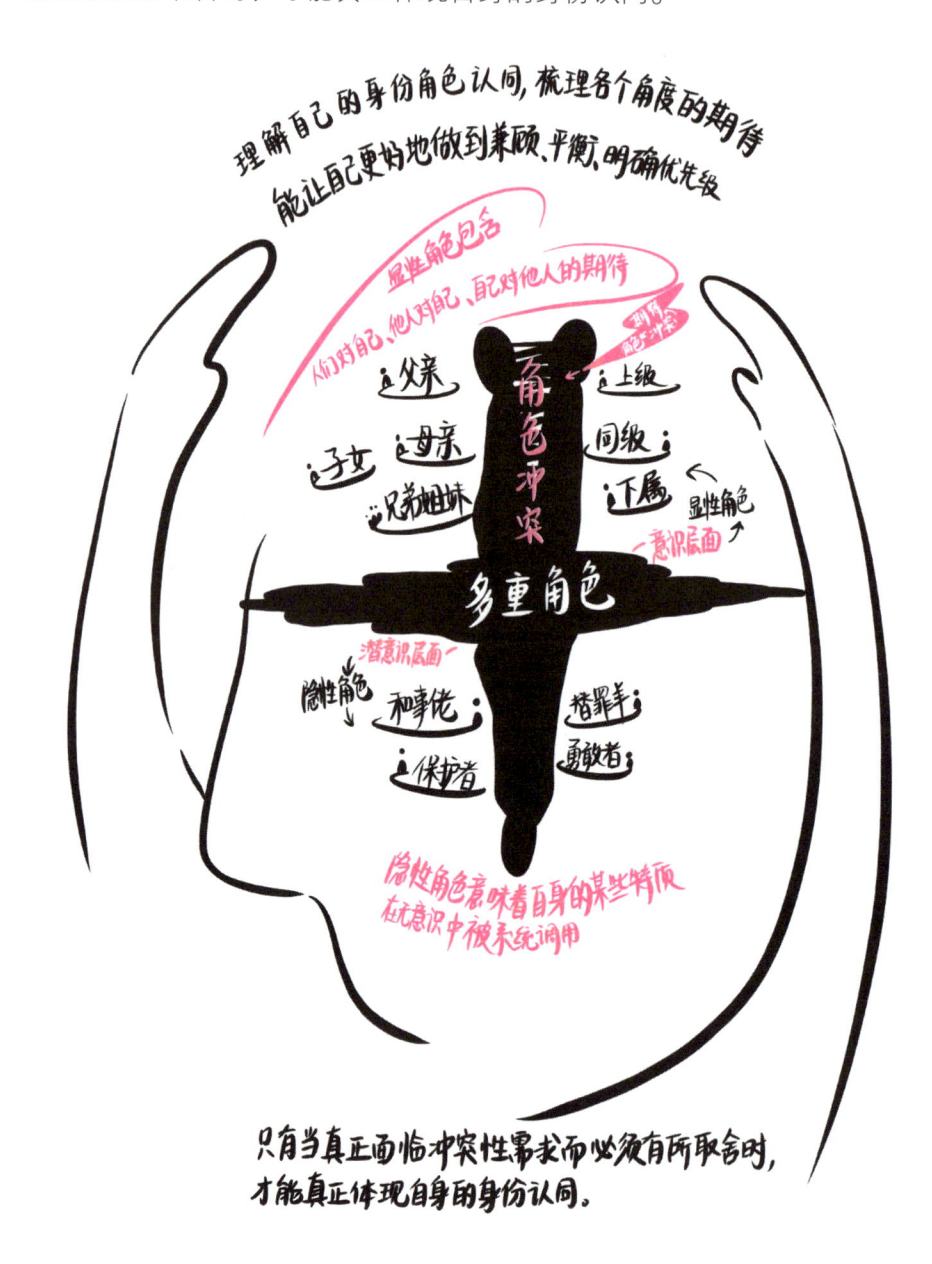

理解自己的身份角色认同，梳理各个角度的期待，能让自己更好地做到兼顾、平衡、明确优先级

显性角包含：
自己对自己、他人对自己、配对他人的期待

角色冲突
多重角色

父亲、母亲、子女、兄弟姐妹
上级、同级、下属 ← 显性角
意识层面

潜意识层面
隐性角：和事佬、保护者、替罪羊、殉难者

隐性角色意味着自身的某些特质在无意识中被系统调用

只有当真正面临冲突性需求而必须有所取舍时，才能真正体现自身的身份认同。

## 第五节　探索自身理性、感性和灵性的力量

人是特别复杂的存在，身上兼具理性、感性和灵性等多个面向。

理性的面向往往是社会大众所呈现出来的主导面向。这是长期教育带来的结果。一直以来，学校的基础教育都偏重理性、逻辑和分析，让人们只会使用头脑来解决问题。这是科学思维带来的力量，诚如培根所说："知识就是力量。"

感性的面向一直以来都被人们忽视。早在上百年前，哲学家就明确表达了，冰冷的理性并不能催生行动，但热烈的情感可以，感性的地位不应低于理性。遗憾的是，现实中人们往往会忽视感性的力量，贬低感性的价值，甚至给感性的表达和行为贴上"软弱""无能""太感情用事"等标签。在组织中，当你询问一些领导者有什么感受时，会发现很多人其实是没有能力使用感性系统来感知自己和他人的，感性的力量被严重抑制。人们如果能够察觉到自己的感受并说出这种感受是什么，就能带出更多的信息、直觉或期待，进而帮助彼此改善处境。

至于灵性的力量，只能说在普罗大众中残存着，在小众人群中践行着。随着现代化进程不断加快，宗教和信仰退出了大部分人的世俗生活，灵性生活迅速被边缘化，人们身上灵性的力量被逐渐埋没。要重新激活这些灵性的力量，需要在新的社会脉络下再次启动那些超越了原始宗教实践的灵性修炼。当下流行于美国硅谷的正念、禅修等实践，可被视为这方面的一些尝试。

想象一下，如果一位领导者不仅高度理性，还充满了感性，更散发着灵性的光辉，那他该是怎样一位让人赞叹不已的灵魂人物呀！

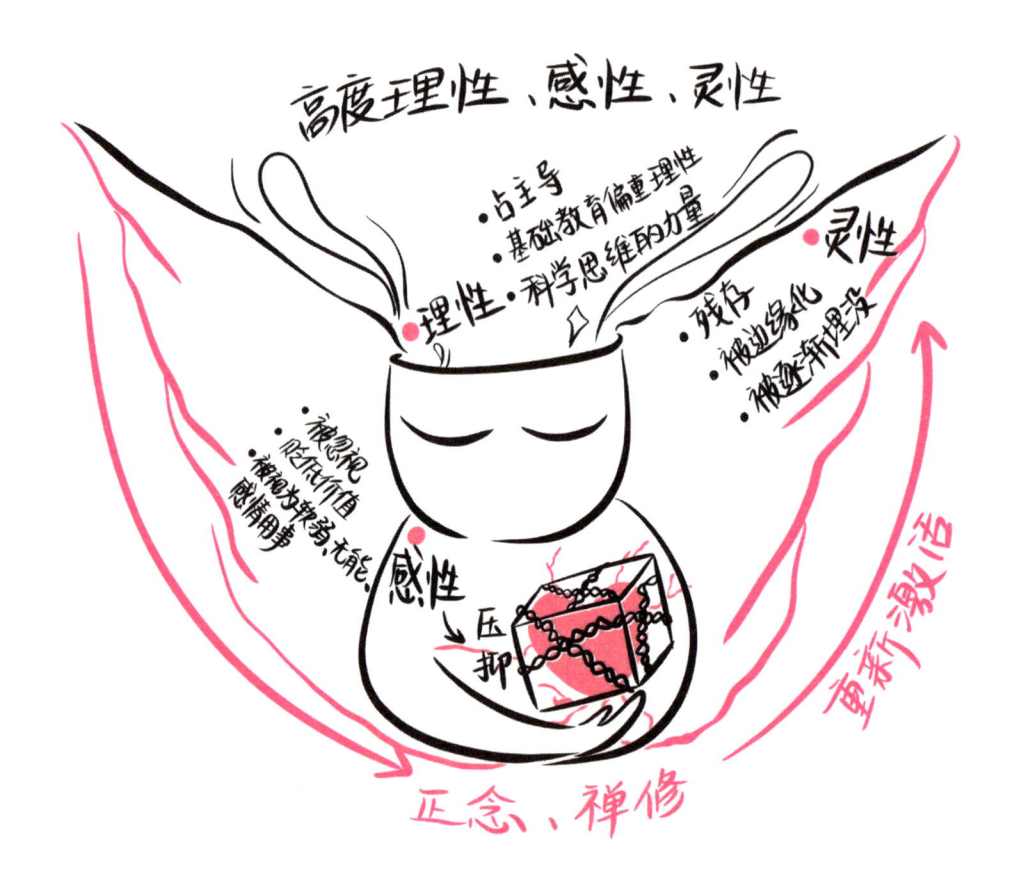

## 第六节 从成人发展的角度理解人

发展心理学的学者们普遍认为成年人的学习发展持续终生。基于自身的研究，他们还各自提出了不同的成人发展理论，试图描述人在不同发展阶段所具有的普适性特征，比尔·托伯特（Bill Torbert）就是其中一位。

当人们说"学习需要有空杯心态"时，意味着学习是一个获取资讯的过程，即资讯式学习（Informational Learning）；当人们说"学习就像把杯子的容积扩大"时，意味着学习是一个转化的过程，即转化式学习（Transformational Learning）。心智发展主要是指后者，一种与资讯获取关系不大、更强调内观与反思的学习过程。发展，意味着质的改变，是长期的渐进式调整与阶段性的快速跃迁相混合的复杂过程。

比尔·托伯特使用"机会主义者""外交官""专家""成就者""重新定义型""转化型（战略家）""炼金术士"7个定义来描述心智的不同发展阶段[1]，每个阶段都对应了理解世界的不同方式及不同行动理论。了解这个理论框架，有助于人们更好地感知不同的世界观如何影响个人的内部经验世界，进而逐渐塑造其所处的客观世界。

人们建构意义的方式不同，在极大程度上影响了领导者的行动有效性，对这个深层结构进行探索，能够带来深刻的学习和成长。

在整个心智发展的过程中，发展阶段越靠后，人们在思维中所展现出来的复杂性就越高。尽管心智处于靠后阶段的人也有自身的盲区和不利的方面，但人们相信这种心智层面的复杂性，让他们更有能力去应对复杂的外部环境。你可能会疑惑，发展心智，难道只是为了更好地求生存吗？当然不是。事实上，心智成长的意义，不仅仅在于促使人们更好地应对外部环境，更在于使人们以一种清醒的方式存在于这个世界上，有觉察地活着，更加有意识地选择做什么或不做什么，进而提升生命的质量。

---

[1] 详情请参阅比尔·托伯特（Bill Torbert）所著的《行动探询：适时转变领导力的秘诀》，电子工业出版社2018年出版。

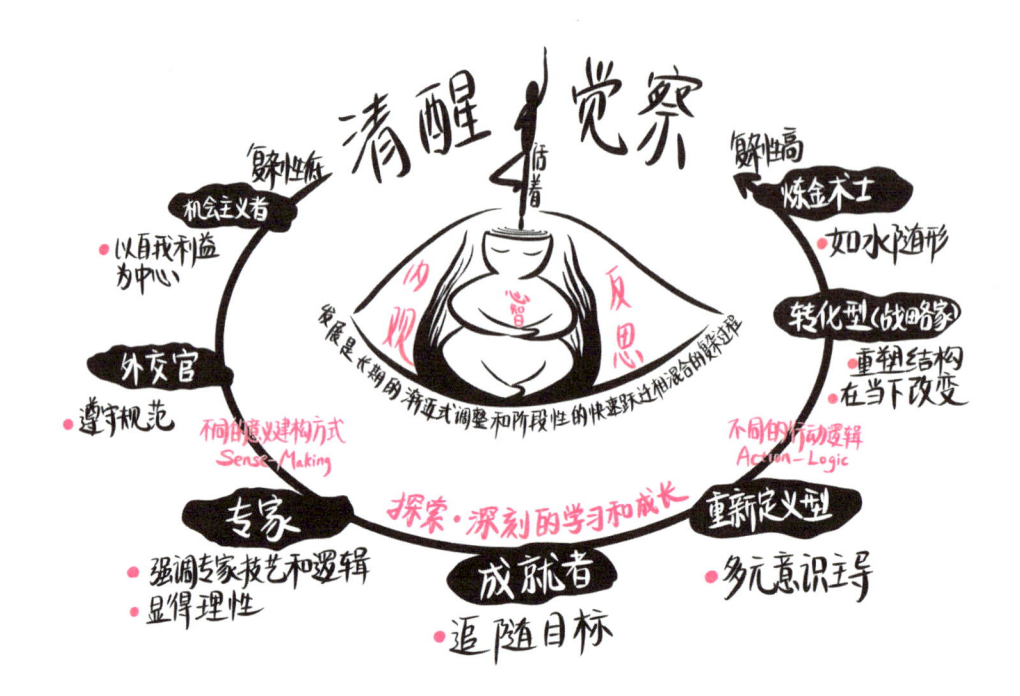

# 极简组织课

清醒 觉察

活着

发展是长期用渐进式调整和阶段性的快速跃进相混合的蜕变过程

内观 心智 反思

**韧性低**
机会主义者
- 以自我利益为中心

**韧性高**
炼金术士
- 如水随形

转化型（战略家）
- 重塑结构
- 在当下改变

外交官
- 遵守规范

不同的意义建构方式
Sense-Making

不同的行动逻辑
Action-Logic

专家
- 强调专家技艺和逻辑
- 显得理性

探索·深刻的学习和成长

成就者
- 追随目标

重新定义型
- 多元意识主导

# 第十五章　从领导自我到领导组织

组织生活包含领导和追随的过程。诚然，人们不可能在所有的领域都担任领导者的角色，但同时，人们也不应该在任何时候都只把自己定位成追随者的角色。因此，本书鼓励大家使用能力、行为或活动的框架来理解领导力，而非局限在用职位、身份或角色来界定领导力。在阅读本章时，希望你能从企业创始人或企业CEO的角度来看待有助于提升组织有效性的领导力原则，即使你现在并非身居其位。

## 第一节　理解领导力的内涵

领导力一直是一个热门的研究领域，不同的学者从不同的角度提出了多种解释。

### 特质/类型的角度

有学者从领导者的个体因素出发进行研究。这类研究的基本假设是：领导者具备一些特定的性格/风格特征，而非领导者大多不具备这些特征，或者这些特征不够明显。例如，一种观点认为，外向的人更适合担任领导者，这符合很多人生活中的直观感受，因此被广泛认同。当然也有人持不同意见，如哈佛商学院教授小约瑟夫·巴达拉克（Joseph L. Badaracco, Jr.）就提出了"沉静领导"的概念，指出了另一些类型的领导者，他们低调、谦逊，更喜欢待在幕后，但同样是非常成功的领导者[1]。

## 情境/权变理论

有学者从情境出发对领导力进行剖析，认为恰当的领导力风格取决于特定情形的需要，这就是领导力的权变理论。领导者会根据情况，选择独裁、参与、民主或放权等不同的领导方式。也有学者提出了具体的情境领导力指引，具体请参阅相关文献[2]。

## 互动过程

有学者将研究的焦点放在了领导者和追随者的互动方面，提出互动是一种交易，个体通过交易获得影响力（Edward E. Jones，Kenneth J. Gergen & Robert E. Jones，1963；Edwin P. Hollander，1978；Morris P. Fiorina & Kenneth A. Shepsle）。例如，领导者为追随者提供支持，这种支持包括确定方向、建议策略等行为，以帮助追随者减少不确定性，从而换取领导地位和影响力。

这些研究给人们带来了很多启发，创建了理解领导力的不同视角。但现实中的领导者，或者那些有志于成为领导者的人，依然渴望得到具体的指导和协助，以帮助自己更好地应对所面临的处境。在当前时代，经济、政治还有新型冠状病毒的大流行构成了一个复杂的环境，没有组织不被其

---

[1] 详情请参阅小约瑟夫·巴达拉克（Joseph L. Badaracco, Jr.）所著的《沉静领导》，机械工业出版社2015年出版。
[2] 类似书籍如保罗·赫塞博士（Dr. Paul Hersey）所著的《情境领导者》，中国财政经济出版社2002年出版。

裹挟、影响。企业组织在应对不确定性方面，急需一种能够与VUCA环境特征相适配的领导力思想。从这个角度来说，罗纳德·A.海费茨（Ronald A.Heifetz）在《并不容易的领导艺术》一书中阐述的观点，特别值得一提。

## 领导力是一种动员众人解决棘手问题的行动

海费茨特别强调将领导定义为一种活动、行动。这个观点与很多其他领导力研究者的观点是一致的。海费茨认为，领导力的行为可以概括成动员众人解决棘手问题。所谓棘手问题，大多数情况下是一种适应性的挑战，并没有现成的解决方案，需要创造性地予以应对。同时，复杂的社会问题和组织问题都涉及各种利益相关者，这些利益相关者需要被动员起来。动员的难度在于，这些人存在诸多不同甚至相互冲突的诉求。在解决问题的过程中，需要这些持有各种立场和观点的人达成某种程度的共识，才能让特定的转变发生，带来状况的改善。

## 领导者与法定权威的关系

法定权威在既定的框架内更加有机会实施领导，这是不争的事实。但是，领导者与法定权威并不一定相关。从宽泛的角度来看，当有人在协助众人确定使命、寻找方向、激励他人共同为社会的福祉而努力付出时，他就是在践行领导行为。因此，也可以将持续上述行为的人称为"领导者"。但这些领导者并不一定拥有法定权威，甚至在特殊时期，这些领导者扮演的是一个带领群体挑战既定权威和制度合法性的角色。

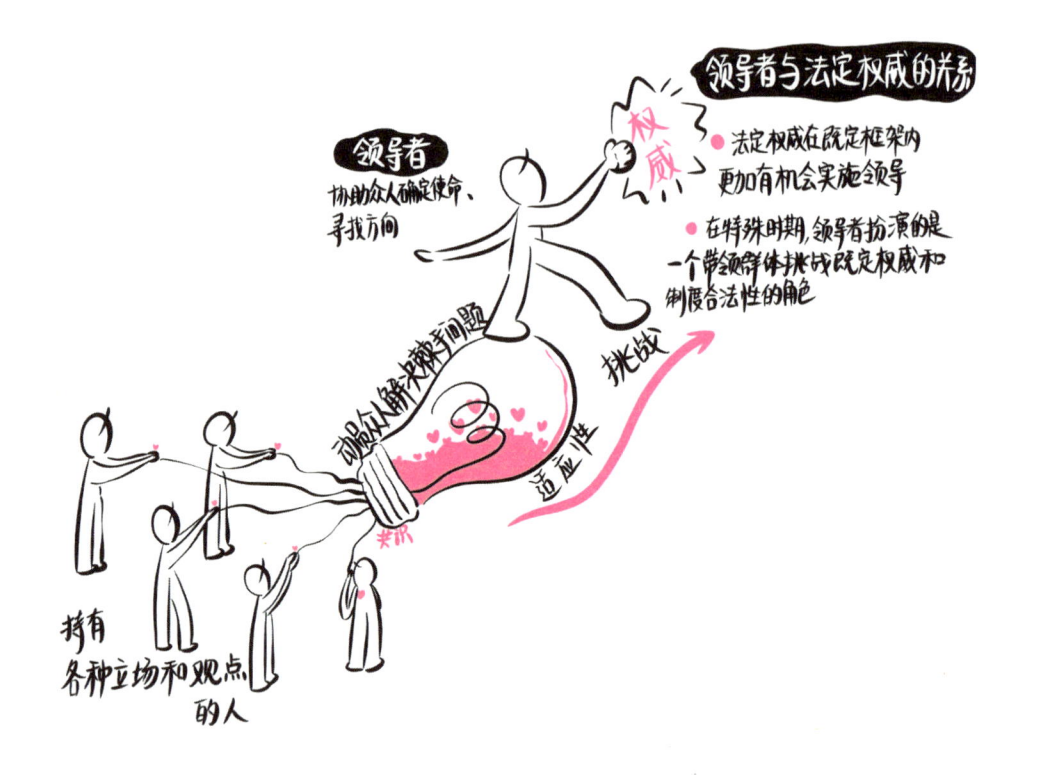

## 第二节　做一个内外一致、格局宽广的领导者

内外一致，方能真诚透明，让个体的影响力由内而外源源不断地散发出来；格局宽广，才不屑于锱铢必较，让个体愿意让渡利益，吸引更大的群体同向而行。这是领导者的重要修为，不经历一番磨炼、痛苦，也许难以真正体会其中的深刻内涵。

领导者内外一致，常常意味着有清晰的价值取向，深刻地理解自己是"谁"，对自己有清晰的定义，对于"什么（想法、行为）是我，什么（想法、行为）不是我"，有明确而笃定的答案，能够随时检视自身行动与所秉持的价值观之间的差距，勇敢直面之，努力缩小之，不断趋近真诚透明。

领导者格局宽广，意味着需要从"以自我为中心"转变为"以更大的世界为中心"。领导者的视野和努力不再局限于证明自己，而是为社会创造不同，为他人谋取福祉。领导者的心胸因为这样的焦点转移而瞬间开阔，能够涵容更多、接纳更多，同时对秉持的信念有更多的坚持，对挫败有更强的韧性。创业的艰难和守业的不易，能够升华为一种更高的社会情怀，让一切辛劳都有了宽广厚实的安放之处。

## 第三节 视人为人

著名的犹太思想家马丁·布伯（Martin Buber）在名篇《我和你》中描述到，"我-它"是经验世界的基本词，界定的是人与物之间的关系，而"我-你"则界定了两个能动主体之间的关系。正如这本书中屡屡提及的名句："所有的真实生活，都是相遇。"

作为领导者，需要与人进行大量的深入互动。视人为人，意味着认识到每个人都是一个独特的个体，有自身的意志和需要，渴望被平等地对待；同时也认识到，"操控"针对的是"物（它）"，不应该是彼此相遇的"你"，因为没有人喜欢被操控、被贬低。

作为领导者，要以人为本，从心底关怀他人。不仅是因为这样做可以让员工更加努力地工作，从而产生更高的生产力——这只是把人当作一种手段；更是因为"以人为本"就如同追寻个人幸福一样，其本身就是目的，一种无须通过外物来证明其存在的价值的理念，它不是通往任何目的的手段，其本身就是目的。

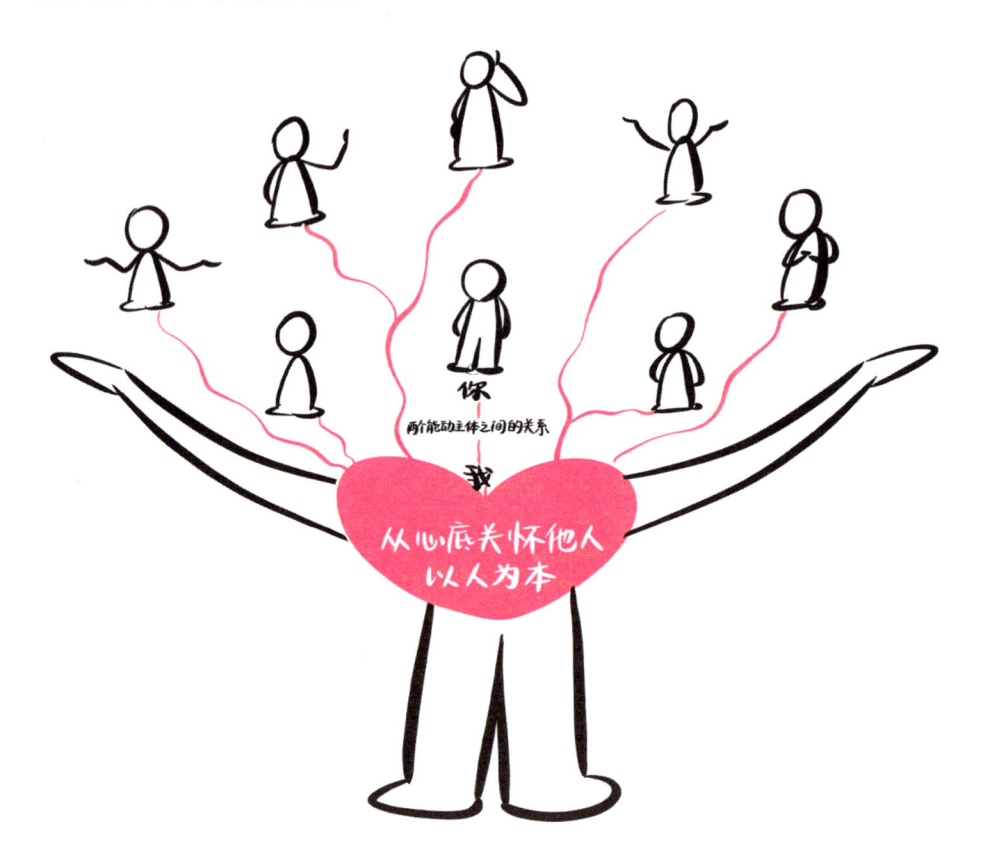

# 第四节　树立一个超越金钱的伟大使命

伟大的企业，本质上是伟大的价值创造者，为社会和人类生活的环境创造性地解决重大问题。当企业组织聚焦于解决社会的大问题、创造大价值时，财务和金钱回报或早或晚终会来到。这是顶级创投者的信念，也是信奉"使命驱动"信条的组织领导者正在践行的行动。

超越金钱的使命，并不意味着与金钱无关，但一定意味着这个使命本身就能极大地促使人们发自内心地愿意为此奉献。它的关注点往往是利他的：为别人创造什么价值，为社会提供什么服务，为环境保护做出什么样的努力，等等。当和别人谈起自己所从事的工作时，说者充满自豪，这无关证明自己有多厉害，而是表明愿意为了一个崇高的目的而奉献自己，从而为世界、为他人创造一点不同！

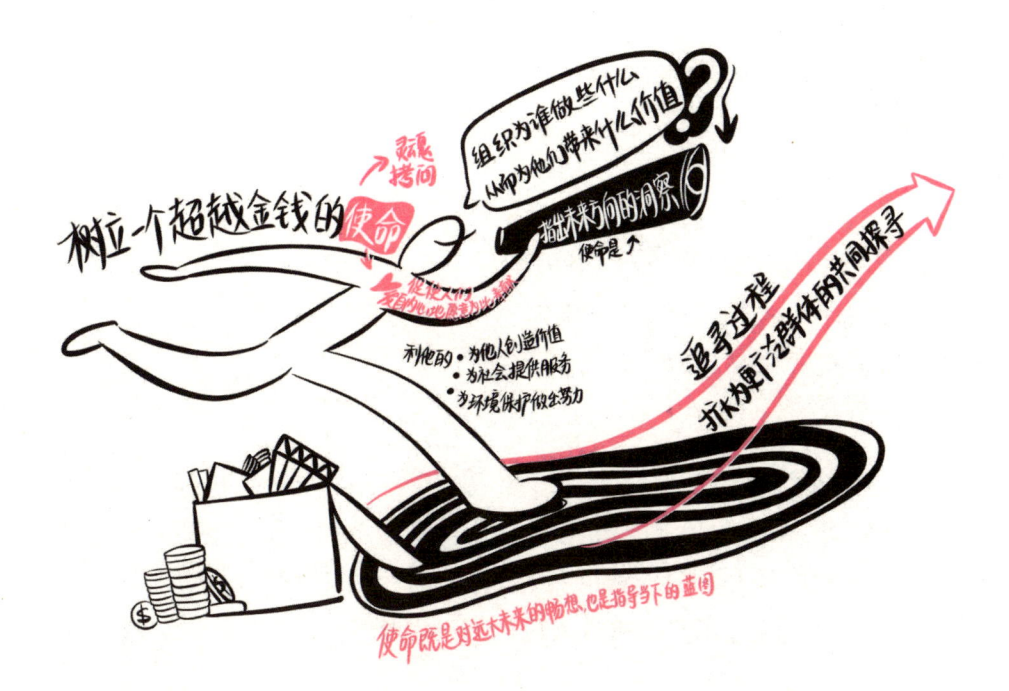

本书第九章曾提到，使命是组织不断拷问自身的产物：组织为何存在？为了谁？做什么？要使其得到什么价值？在追寻答案的过程中，如果不仅限于组织的创始人、企业家或CEO本人，而是扩大到更广泛的群体，让大家一起探寻，就能极大限度地调动集体的智慧和动能，吸引并保留与该使命同频共振的人才，驱动组织不断为实现该使命而敢于挑战"不可能"。使命，既是一种对既存现状的不满和挑战，也是一种指出未来方向的洞察；既是对远大未来的畅想，也是指导当下的蓝图。

## 第五节 汇聚一群能够一起奋斗的能者

汇聚一群能够一起奋斗的能者，要求组织领导者投入大量的时间和精力，物色一流的人才，激发他们的能量，引领他们紧密合作，从而成就一番事业。这意味着需要对人才和激励进行重新审视。

### 重新审视人才

能者，是有能力且有能量的人，是掌握扎实的专业能力和实务能力的人，也是保持着一种积极向上的活力的人，这是组织最理想的人才。这样的人不仅能力突出，还有极其良好的工作态度和精神面貌，让组织充满向上的振奋氛围。

### 重新审视激励

奋斗，意味着至少100%的精力投入。而一群有能力、有能量的人投入100%的精力所创造出来的乘数效应，一定会形成惊人的生产力。领导者必须设计有效的激励举措，促使关键人才愿意持久地全情投入，为了共同的福祉和个人的回报，付出足够的精力和智慧。

对领导者而言，需要把握以下几个激励原则。

- 高于市场平均水平的薪资。心理学研究指出，高竞争力的薪资能激发更高的努力水平，也能一定程度上替代监督，同时能创造分选效应，吸引并保留高素质人才。基于互惠原理，得到高薪的员工也更愿意回报组织。

- 合伙打造利益共同体。单打独斗难以在今天的商业世界获得成功，只有"合伙打天下"才能最大限度地实现优势互补，这个观念已经被广泛接受。但具体的合伙制度设计，需要仔细斟酌。更重要的是，合伙制度、股权激励等计划，都需要建立在业务目标明确的基础之上。

- 激励关乎心灵的感受。对名与利的追求无疑是人们工作的重要驱动力，但是也不应该忽视心灵的需求。归属感和被尊重是人们的普世需要。一句真心实意的认可和鼓励，虽然无法替代基本的物质回报，却能让人们在历经艰辛后依然觉得不枉付出。与其纠结心灵回报和物质回报的替代关系，不如思考如何以力所能及的物质回报和人人渴望的心灵回报，缔造一个卓越的激励系统。

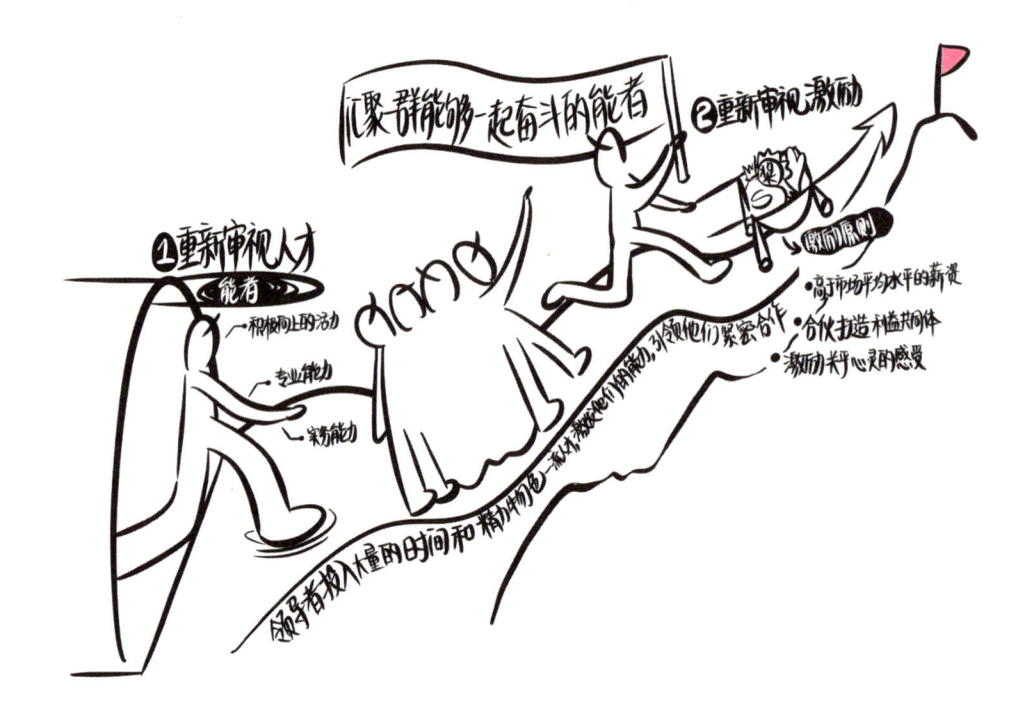

## 第六节　创造并维持有自主能动性的工作环境

当下进入职场的新一代员工向往自由，追求独立自主，更看重工作场所是否有足够的空间来施展才华、成就自我。而当代的组织系统更加扁平化、网络化及去中心化，因此需要员工具备更高的自主性，组织才能有效运作。两种趋势交会，呼唤组织转化为一个更加具有自主能动性的工作场所。组织领导者应顺应这样的诉求，创造并维持有自主能动性的工作环境。

人是复杂且可塑的。如果要激发人才的自主性，最重要的不是一味寻求控制，而是释放控制。有些工作，尤其是知识型工作，本身就难以控制。如果领导者能释放控制，尽量移除妨碍员工开展工作的不必要限制，反而能激发员工更大的潜能。

然而，在等级森严的组织模式下成长起来的一代人，对此普遍深感焦虑。在他们眼里，自主管理似乎等同于胡作非为。新生代领导者反而对此并无太多成见和枷锁，往往可以放手尝试并取得成效。

学者的理论与实践者的尝试都在发出一个声音：创造并维持有自主能动性的工作环境，能够带给奋斗者更多的意义感、自主感和幸福感，同时也能够为组织和社会创造更大的价值。

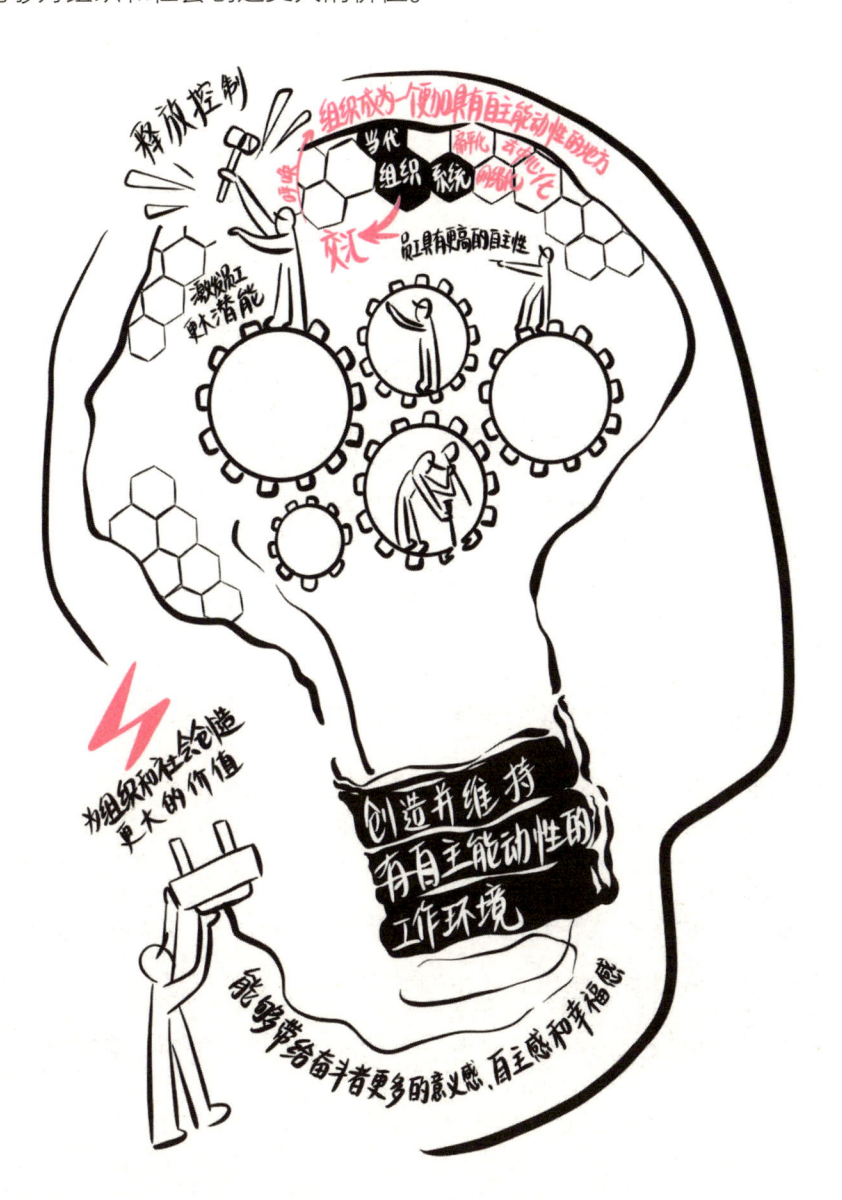

## 第七节　有意识地塑造组织文化

如前所述，文化是组织人员共同经历的结果。核心领导者需要有意识地管理自己的言行，并利用随时发生的各种事件来践行、彰显并强化那些他们希望植入组织中的核心价值观。

领导者的言行，包括日常管理的关注点、关键决策、私下沟通、会议情境下展现出来的各种特征等，能传递出一种强有力的声音，告诉所有人组织真正信奉和践行的东西是什么。核心领导者在组织文化强度还不太高时，通过个人的言传身教和非正式的沟通互动，即可对组织文化造成相当程度的影响。

当组织越来越庞大、组织文化的强度越来越高时，核心领导者就需要用更多的杠杆手段或媒介来影响文化了，如下所示。

- 将一些标志性事件编写成易于传播的故事。
- 设立一些特定的庆祝仪式，如庆功宴。
- 树立英雄人物形象。
- 制定符合核心价值观的人事政策和管理制度。
- 资源分配的原则要反映核心价值取向。

……

即使是有意为之，文化的形成也需要极大的时间和精力投入。毫不夸张地说，领导者需要长年累月的持续努力，才能对文化的形成产生一定的影响。要塑造组织文化，越及早有意识地实施干预，越有可能种下好的种子，长出好的果实。

第十五章 从领导自我到领导组织

文化的形成　长年累月　竭尽全力

树立英雄人物形象

设定一些特定的庆祝仪式

设计符合核心价值观的人事政策和管理制度

当组织越来越庞大，文化强度越来越高时，核心领导者需要更多杠杆和媒介

产生标志性事件编写成易于传播的故事

影响↓

组织核心价值观　植入

资源分配的原则要反映核心价值取向

强化期待

组织强度不太高时，通过核心领导者的言传身教对文化造成影响

彰显

在组织文化的塑造上，越早有意识地采施干预，越有可能种下好树，长出好的果实。

践行

日常管理的关注点　私下沟通　群体会议

关键决策

## 第八节 践行创造性推理和行动

践行创造性推理和行动,其目的主要是破除组织中的"组织防卫"现象,让组织能够打破僵化的牢笼,有更多的空间进行学习和改变,从而保持组织活力。

组织防卫是一种普遍存在的现象,克里斯·阿吉里斯的著作《克服组织防卫》对此有详细的论述。这种现象妨碍了组织的学习、创新和成长,是影响组织有效性的关键因素。简单来说,组织中的人,为了避免尴尬、困窘、丢面子等情况的出现,会对一些情况加以掩饰。不仅如此,他们还会对自己的掩饰行为继续加以掩饰。这种层层叠叠的掩饰和隐藏,使组织无法展开透明公开的探寻和对话,从而也就丧失了从中进行深刻学习、成长和转变的机会。长此以往,组织会逐渐跟不上环境的变化,变得失能、失效。要破除组织防卫,推动组织成功变革,首先要做的,是觉察这些组织防卫现象,并积攒勇气和智慧直面这些现象。而领导者首先要学会的,则是放下防守性推理和行动。

根据阿吉里斯的研究,防守性推理常常让组织陷入困境。持有防守性推理的人,往往有一些想当然的假设,举例如下。

- 怎么可以向同事甚至上级流露出那些负面的情感呢?我会把他惹火的。
- 直接向下级表达我认为他不负责任?不行!那只会让事情变得更加糟糕。

持有防守性推理的人,常常带有类似上述未经验证的论断。而且,因为公开探寻可能会带来潜在的威胁,如引起尴尬、冒犯他人或引发冲突等，持有防守性推理的人往往并不会公开验证自己的假设，而是基于假设直接采取行动，其结果可想而知：只会让局面越来越复杂；让组织在低效的沟通中运作；让成员信任度降低，损耗大量的精力。虽然组织财务报表上不会列出这样的"成本"，但实实在在的浪费确实发生了。

阿吉里斯还指出，帮助组织走出困境的思维方式是创造性推理。进行创造性推理的目的是帮助组织"长出"坦诚、透明和信任，从而提升组织有效性。

创造性推理的主导观念包括以下几个。

- 探寻可验证的有效信息。
- 基于更多的有效信息，做出自由的选择。
- 持续检视行动的内在承诺。

创造性推理让推理的过程变得更加透明，各种主张可以得到充分的验证，人们也可以学到新的技能和观念。但要做到创造性推理，就需要直面情境中的要害，以交互探寻为手段，澄清模糊之处，检验假设；言行一致，展现真诚，创造良好的信任与亲和关系，以讨论那些不可讨论之事。

组织在面对各种动荡和不确定的内外部需求时，尤其需要这样的思考和行动方式，以利于沟通信息。同时，组织中的成员要能够直面冲突、创造信任，联手行动。作为领导者，更需要以身作则地践行创造性推理和行动。

极简组织课

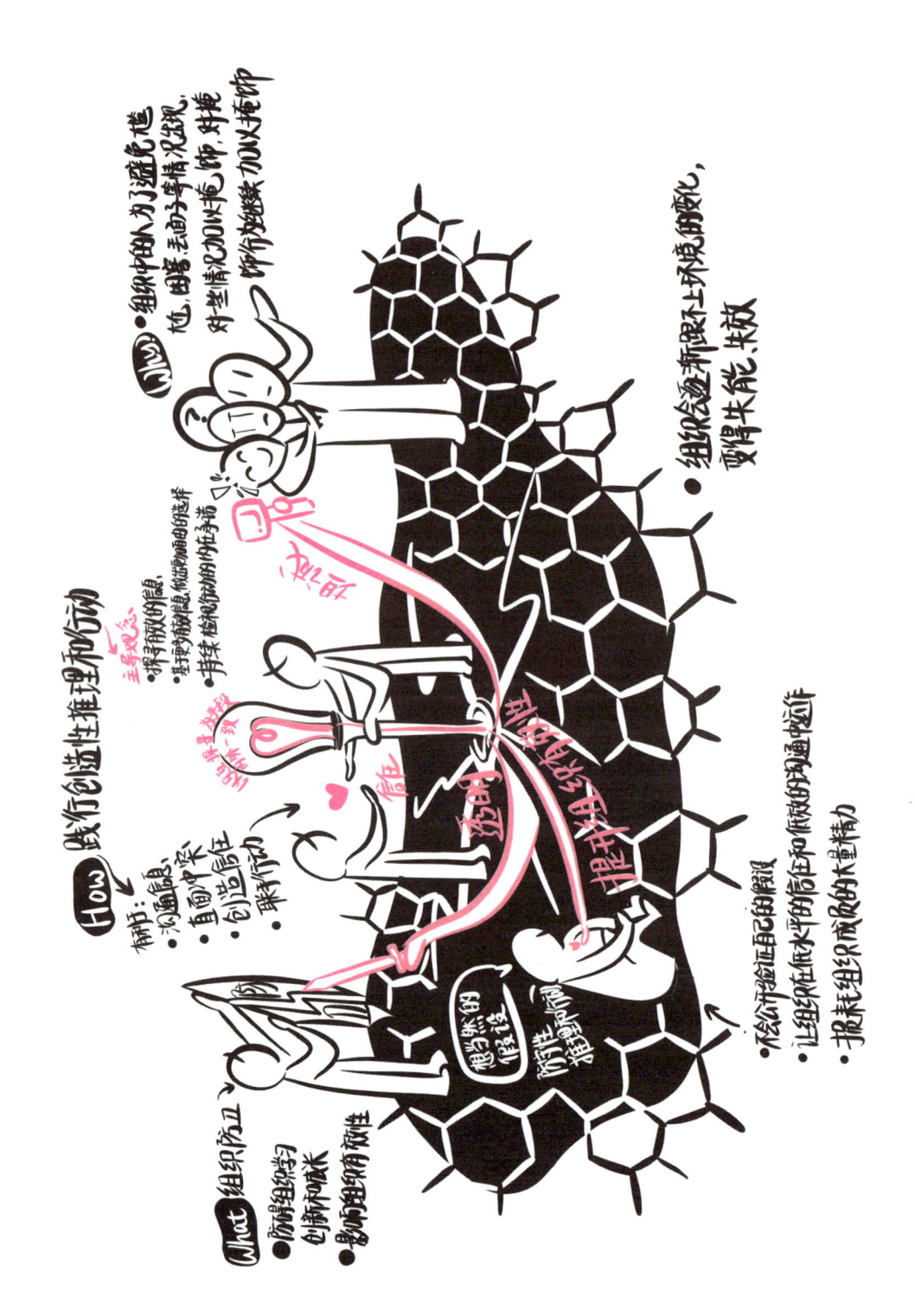

# 组织发展篇

## 学习目标：激发组织活力

组织系统是由彼此独立的个体组成的。同时，组织系统本身也是一个生命系统，个体与组织整体互相形塑。一个绽放的个体必然会寻求改变组织系统的不合理之处，而有生命力的组织本身也在不断自我调适以回应外部的环境要求。在多方诉求的互相作用之下，影响组织就成为一项重要的领导活动，一种必备的技能。影响组织，旨在为组织创造更多的活力，而不是为了追赶所谓的管理时髦。

具体要求：

- 掌握增长与发展、变革与转型等核心概念。
- 了解如何催生与促进变革。
- 能够使用多元框架促使变革的涌现，激发组织活力。

# 第十六章 辨析增长、变革与发展

业务的增长、组织的发展、战略与业务的转型……这些到底意味着什么？组织的管理者经常需要解决各种问题，那么，解决这些问题有章可循吗？如果说组织发展一定会涉及某种程度的变革，那变革有哪些阶段性特征呢？本章尝试为上述问题提供一些线索。

## 第一节　发展组织以支撑业务增长

增长与发展是两个不同的概念，简要区分如下。

- **增长**：业务增长是指量的增长，无论是企业组织营业收入的增长，还是客户数量的增长，都表明组织的业务正在变得越来越好。这可能意味着市场非常有前景，组织采取了正确的战略或抓住了某种趋势和机遇。增长，意味着组织得到了更多的收入、客户等有形或无形的收获。

- **发展**：组织的发展涉及质的改变，组织的发展通常是指组织能力变强了，状态改善了。发展必然意味着某种变革的发生，无论是渐进式改变，还是跃迁式转型。如果说业务的增长会在当下带给组织更多的回报和资源，那组织的发展就会让未来的业务增长更加具有制度、资源与能力基础。

业务的增长与组织的发展可以成为一个互相促进的良性循环。业务的增长往往是先决条件，没有一定的业务增长，组织就不会迎来人员的增加和系统的扩张。而这些往往会让组织内部的复杂度飙升，由此组织发展的各项需求就产生了。反之，倘若组织没有实施前瞻性的组织建设，随着业务的增长，组织或多或少都会体验到成长之痛[1]——一种由成功带来的痛感，影响未来的持续成功和进一步的业务增长。

---

[1] "成长之痛"是由埃里克·G.弗拉姆豪茨提出的概念，是指由组织业务的高速发展与组织基础建设之间的差距形成的一些表征，差距越大，痛感越明显。具体请参阅他所著的《成长之痛：建立可持续成功组织的路径图与工具》，中信出版社2017年出版。

## 第二节　认识变革与转型

变革与转型都涉及组织发生某种程度的改变。在本书的话语体系中，变革泛指各类改变，转型则特指根本上的改变。我们将变革与转型的区分放入"变革-转型"坐标轴中，横轴被定义为"性状改变程度"，纵轴被定义为"改变范围"。在这个坐标轴中，大的椭圆形代表变革，泛指在组织中发生的各种改变，范围可大可小，程度可高可低；小的椭圆形代表转型，特指在组织中发生的范围大、程度高的改变，是包含文化在内的根本性转变。

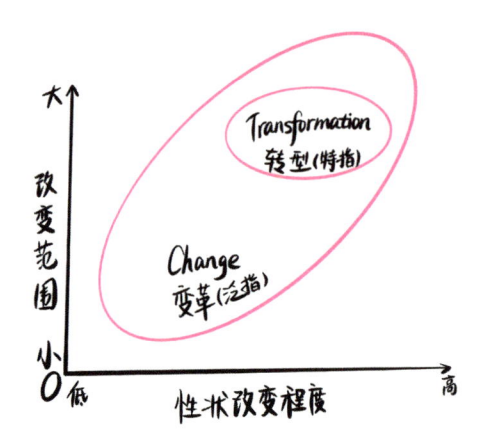

进行上述区分的意义在于，尽管小范围的变革和根本性的转型都属于变革的范畴，但对两者的管理需要不一样的思路。小范围的变革是一种局部的改变和调整，往往属于系统内的优化。简单有效的变革思想是通过识别变革的动力与阻力，有计划地推动改变发生。针对这种情境，传统偏计划性的项目式变革管理大致上是够用的。而根本性的转型是系统本身发生大幅度的变化，是一种深层的、性质上的改变，犹如破茧成蝶的过程。作为领导者，面对根本性的转型，需要管理的是复杂的连续性改变，不仅要有计划性思维，还要有促进变革涌现的思维。

# 第三节　组织发展与变革的契机

虽然说"趁天晴修屋顶"的未雨绸缪更符合逻辑,但在现实中,理性的思维不一定占据优势,因此人们往往在变革契机上变得后知后觉。一般而言,外部环境的变化提供了组织发展与变革的第一推力。这些变化包括但不限于消费趋势的变化、监管政策的变化、技术跃迁或竞争加剧等。内部力量的变化也会驱使组织发生变革,包括但不限于新CEO的到任、管理层的更迭及员工群体的诉求等。除此之外,业务的发展为组织的发展提供了最持久的变革力量源泉。业务在短时间内爆发,从而带来因资金投入扩大、人员队伍扩张所引发的各种矛盾和问题,此时的变革需要解决的问题是组织的成长之痛。而当组织在成熟的平台期徘徊,未能有效回应组织需要的"二次增长"时,也往往会萌发变革的诉求和期待。

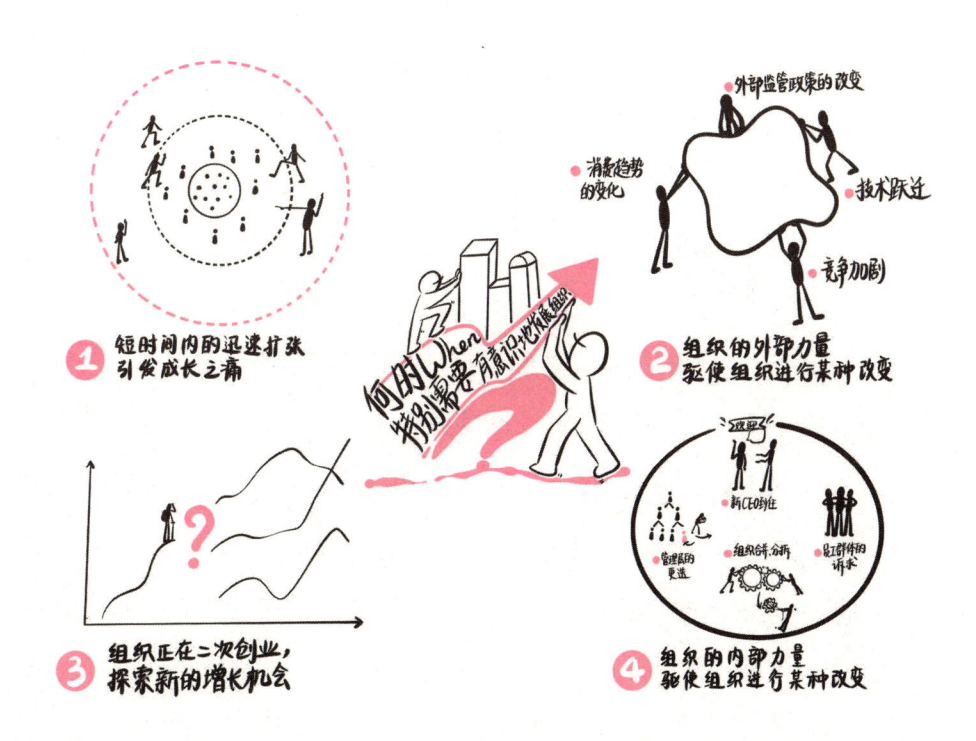

# 第四节 辨别"技术性问题"与"适应性挑战"

提出问题与解决问题，是人类的主要活动，作为领导者，尤其如此。在一个特定的场景脉络中，人们会提出一个问题，以表达现实中存在某种令人不满的差距。如果希望改变此局面，就要对问题进行分析并寻找解决思路，进而在现实情境中采取行动，评估结果以确定问题是否被解决。当问题比较复杂时，分析问题的过程往往涉及对问题进行重构，在原有问题的基础上界定一个新的问题，让原有问题的解决变得可行或更加容易。人们常说的"发现问题就已经解决了一半的问题"，形象地说明了这样的情况。

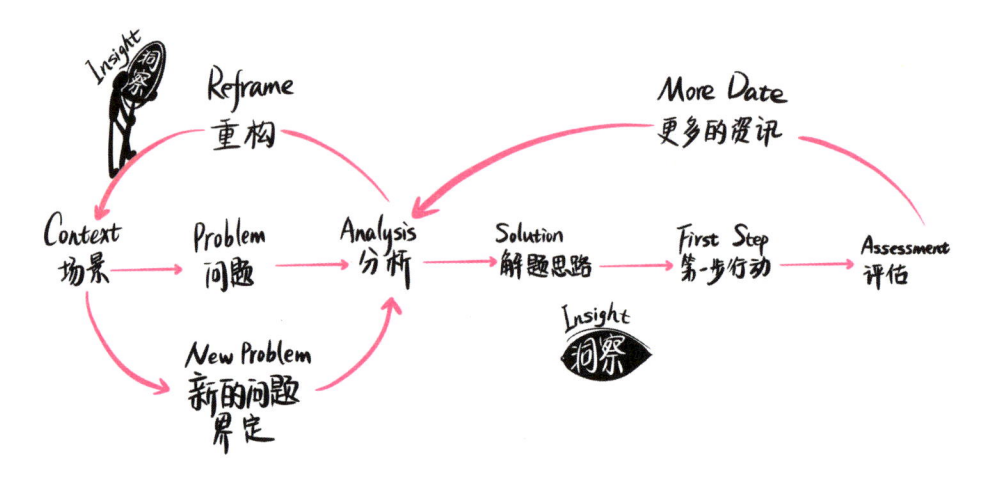

如果从一个宏观的视角来划分问题，区分不同的复杂度，可以将问题分为两大类：技术性问题和适应性挑战。

- **技术性问题**：是指问题已有明确的界定，也有清晰的解决路径和相关知识。它们可能储备在专家的大脑中，甚至已经有了显性化的知识并被编制成了标准化操作流程。这类问题往往有最优的正确答案，要解决这类问题，只需要找到相关专业的专家和技术人员。技术性问题也可以是非常繁杂的，需要很多专家的判断才能逐渐解决，但比起适应性挑战，技术性问题的界定是相对明确的。

- **适应性挑战**：顾名思义，主要是指那些没有既存经验和知识能直接应对的问题。这类问题往往是以往未曾遇到的，也没有哪个专家能直接给予指导来解决它们。解决这类问题通常需要进行一些冒险尝试，在过程中不断调整，最后在不断加深认识的情况下，有一部分能转变为技术性问题得到解决。适应性挑战一般都是劣构问题——相对于良构问题而言，指的是那些难以界定清楚的问题。在这种情境下，构建问题极其关键，而且随着得到的有效反馈数据越来越多，问题重构的发生频率也会增加，有时甚至会多次重构。

变革中涌现的问题，既有技术性问题，也有适应性挑战，需要使用合理的框架进行感知、辨别并做出适当的回应。使用肯尼芬框架有助于人们更好地感知环境，从而采取有效的回应方式，以改善处境或产生高价值的成果。

肯尼芬框架是威尔士学者达夫·史诺登[1]（Dave Snowden）提出的一个感知框架，以帮助感知环境、描述问题并选择适合的响应方式。肯尼芬框架本身有一定的复杂性，还是一个立体框架。在YouTube上有一些学习资源可作为初步了解，但要想了解透彻，需要专门求学并在实践中揣摩、反思。

本书主要使用肯尼芬框架来感知变革及变革中混杂并存的技术性问题和适应性挑战。例如，某公司客服部门需要增加二次营销的功能，从纯粹的客服部门转变为具备营销和客服双重功能的部门。在感知这个变革时，如果很自然地将变革的实质视为客服部门员工角色的转变，基于这种解读，再从相关的变革实践中寻找经验或通过对标寻找最佳实践，此时就是

---

[1] 可参阅达夫·史诺登（Dave Snowden）2011年发表的一篇文章 Cynefin, A Sense of Time and Place: an Ecological Approach to Sense Making and Learning in Formal and Informal Communities。

在运用肯尼芬框架中"显而易见"象限的"感知-归类-反应"回应方式。但是，如果客服部的这个转变是一个更宏观的组织转型过程的一部分，这个转型涉及战略、业务目标和架构的一系列转变，以进一步巩固优势或扭转劣势，那这就是一个典型的适应性挑战情境，也许组织会先进行一些探索，感知由此带来的反馈，基于反馈再决定进一步的响应方式。此时，组织更像在运用肯尼芬框架中"复杂"象限的"探索-感知-反应"回应方式。复杂系统中的多因多果，让因果关系难以分辨，只有通过一定的探索行动，由此获得系统的反馈，才能感知更多，从而调整行动。这里的变革往往是突然涌现的改变，与其精心制订严格的计划，不如加快"探索-感知"的循环以促进变革的涌现。

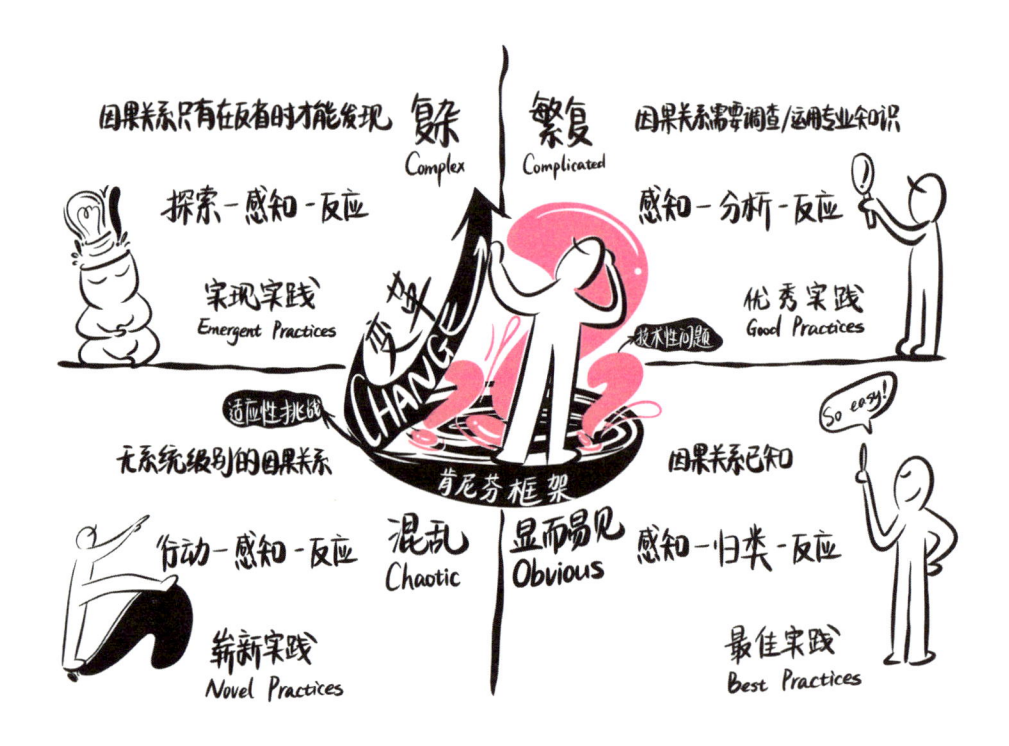

## 第五节　变革的阶段循环

根据相关学者[1]的研究，组织系统的变革可以被划分为6个不同的循环阶段，包括在黑暗中、直面挑战、初始行动、实施变革、产生成果和重新出发。

- **在黑暗中**：这一阶段的名称就意味着，在这个阶段，组织成员还不清楚面临的具体转变要求，正处于一个充满疑惑和不安的时期。大家可能意识到了需要做出某种改变，或者现状让人十分不适，处于一种折磨人的模糊状态。

- **直面挑战**：逐渐地，组织成员开始清楚自己面临的问题是什么，或者此时已经明确了有价值的目标是什么，并决定鼓起勇气直面挑战。

- **初始行动**：组织成员开始采取行动，并通过行动增进对系统的理解，以扩大行动的范围，增强行动的力度。

- **实施变革**：变革领导人唤起了组织中更多的人开始关注组织的变革，让组织系统逐渐做好了心理和行动上的准备，在更大的范围内实施所期待的系统变革。

- **产生成果**：在变革的过程中，若有阶段性的成果涌现，则很有可能建立了变革的正向循环，成果不断积累，组织系统逐渐进入新的状态并实现了动态稳定。

- **重新出发**：当在适应外部和整合内部方面遇到新的挑战时，组织系统会重新出发，探索下一个循环的转变。

---

1　详情请参阅里克·莫瑞尔（Rick Maurer）所著的《遇墙皆是门：超越变革的阻力》，清华大学出版社2018年出版。

# 极简组织课

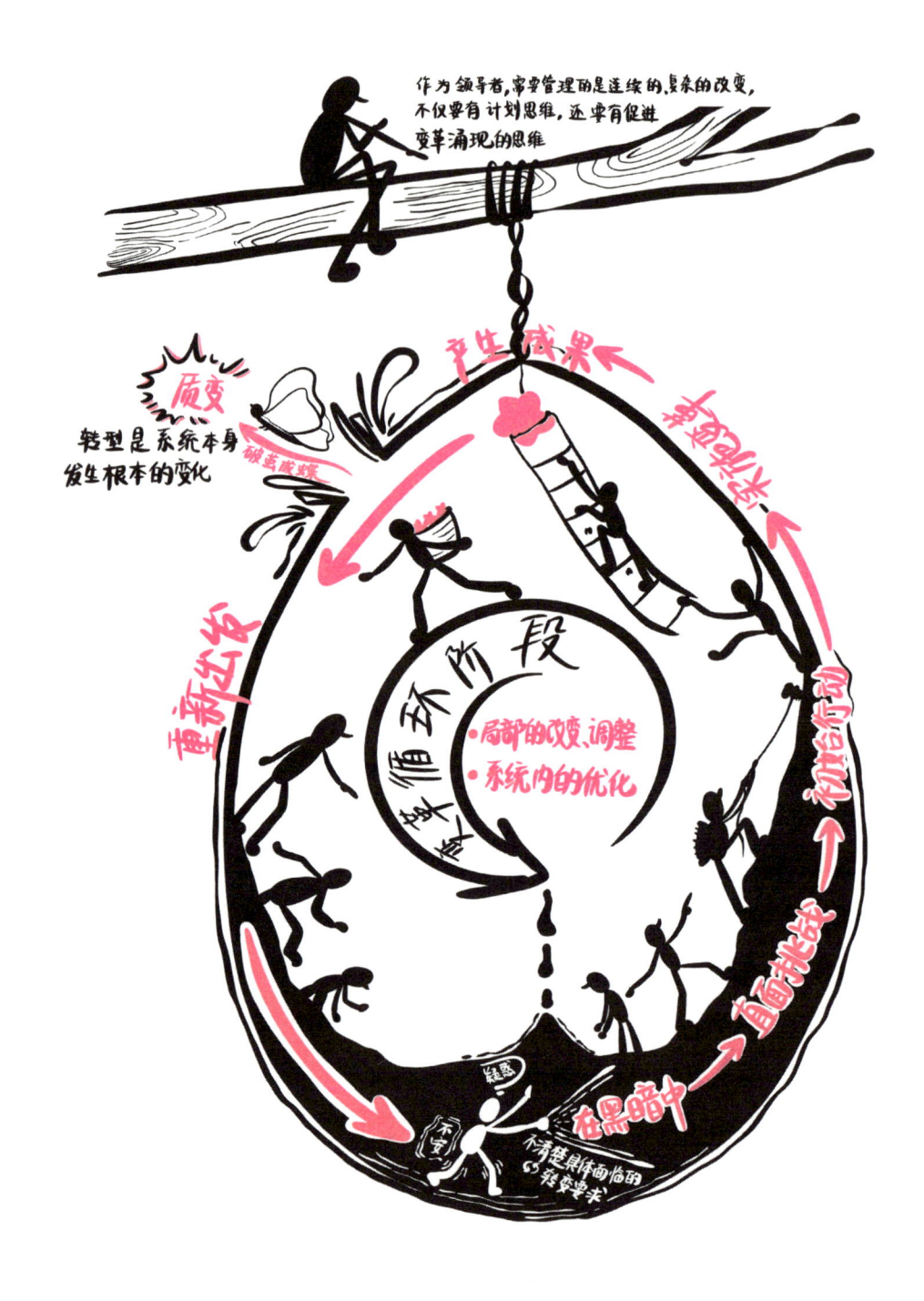

作为领导者，需要管理的是连续的、复杂的改变，不仅要有计划思维，还要有促进变革涌现的思维。

**质变**
转型是系统本身发生根本的变化

**产生成果**

**重新达发**

**破茧成蝶**

**重复循环阶段**
- 局部的改变、调整
- 系统内的优化

**在黑暗中 直面挑战 不断行动**

不清楚具体面临的挑战是什么

疑惑 不安

# 第十七章 催生组织系统的变革与转型

变革与变革管理，既是无比宏大而复杂的议题，也是十分聚焦而明确的任务。根据企业生命周期理论，作为一个有机生命体，组织系统本身也会经历类似人类所经历的婴幼儿、童年、少年、青壮年和老年等特征各异的生命阶段，每个阶段都必须完成该阶段的核心任务。同时，在不同阶段的衔接和转换上，组织需要主动管理，这样才能把由各内外部因素触发的变革需求，在科学合理的前提下予以回应和满足。

## 第一节 复杂系统组织变革的5个关键任务

要规划复杂系统的组织变革，意味着要完成以下5个关键任务[1]。

- 为变革寻找令人信服的理由。
- 评估对变革的准备度、能力和承诺度。
- 确定可识别且能实现的未来。
- 为过渡阶段提供指引。

---

1 这5个关键任务出自《NTL组织发展与变革手册》（简致咨询组织发展系列丛书），电子工业出版社2018年出版。

- 让变革持续。

## 为变革寻找令人信服的理由

人是惯性动物，组织系统也有巨大的惰性，如果没有一个令人信服的理由，令组织成员相信改变必须发生，就无法产生足够大的原动力来实施改变。组织的财务及业绩表现糟糕，客户充满怨言，与竞争对手相比劣势明显，面对大量的机会自身却能力有限……这些信息若能以适当的方式传递到组织的员工群体中，在一定程度上可强化员工的紧迫感，让足够多的组织成员在心目中构建坚定的变革初心和起点，从而在变革一开始，很多可能的阻力和抗拒就会被消解。

## 评估对变革的准备度、能力和承诺度

准备度是指组织各级成员在变革的方向、方式、影响等关键议题上的认知程度和情感准备；变革的能力是指组织对规划、执行和持续管理变革的方式方法的掌握程度；承诺度则是指员工表现出来的对变革的态度和行为，包括极力倡导、支持、中立、反对或极力排斥等。

组织系统变革是一个需要组织自主启动、自主管理的过程，这种变革过程必然会带来对原有系统运作"稳态"的冲击，制造一定的混乱，给组织成员带来或多或少的困扰和不便。甚至对特定的关键群体来说，还会存在利益损失、工作压力变大或两者兼而有之的情况。这些复杂的动力，都有可能让自主变革失去动能和聚焦的方向，最终不了了之。因此，在启动变革之初，针对组织整体或重要的利益相关者，进行变革准备度、能力和承诺度方面的评估，可以最大限度地提前把握变革的态势，因势利导，提升变革的成功率。

## 确定可识别且能实现的未来

一个足够具象的优质愿景，不仅能提供前进的方向，还能激发内生的动力。一个足够吸引人的愿景，应该成为组织的标配。在变革时期，愿景则扮演着更加重要的角色。就像我们一直强调的，系统是动态稳定的，要有足够的动能才能让系统离开原有的惯性，移动到新的状态。用勒温的力场分析来说，要么增加驱动力，要么减少阻力。而愿景，就是增加驱动力的重要源头。当然，在变革的混乱时期，当常规的制度、流程等正式安排失效时，有足够吸引力的愿景还扮演着重要的协调功能，帮助组织中的人建立决策标准、判断事情的轻重缓急并处理分歧和冲突等。

## 为过渡阶段提供指引

过渡阶段介于两个稳态之间。在这个阶段，原有的系统稳态已经被打破。换句话说，就是旧的秩序被打乱了，而新的秩序尚未形成。此时，身处其中的组织成员不仅在心理上感到不安，在现实的组织运作中，也会遭遇各种各样的冲突、混乱、不知所措和无所适从。这个时候，必要的指引能帮助组织在变动中保持某种稳定性和秩序，这是重要的辅助措施。过渡阶段的指引动作可以涉及方方面面，包括变革领导小组的周期性信息共享、谈论愿景、提出新的业务目标、发布新的部门结构等。

## 让变革持续

外部环境在持续发生变化，变革不可能是一劳永逸的，需要将持续变革嵌入组织运作的常规活动中，让组织持续进化，长保活力。

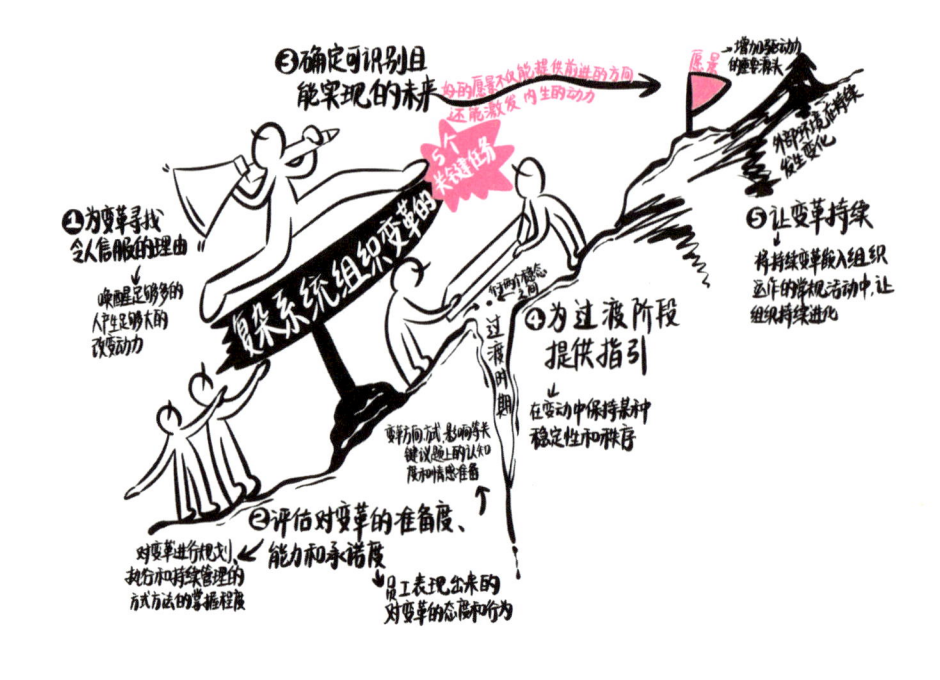

## 第二节 持续地感知并诊断组织

组织诊断是一个涉及数据收集、数据分析和数据反馈的专业工作。作为领导者，很可能基于日常的数据和事实把握做出直观的分析并直接行动。如果组织系统庞大而复杂，超出了领导者的感知范围，那最好借助HR 或外部组织发展顾问的能力，收集完整的系统信息，使用恰当的框架/模型作为透镜来评估组织当前的有效性，帮助领导者更好地理解现状，并锁定组织干预的焦点。

组织诊断所使用的数据收集方式主要有4种，可以单独使用，也可以组合使用。

- **问卷调查**：使用标准化的组织有效性问卷在组织中进行调查，分析所得到的数据并进行思考、研讨和推论，形成发现。
- **面对面访谈**：访谈通常是抽样进行的，将访谈对话中挖掘的信息进行定性分析，整理出主题，形成发现。

- **观察**：作为组织的领导者，通过观察日常的例会、关键的经营会议及工作场所中的现象，形成发现。
- **专题研讨会**：召集关键群体，共同对组织现状进行讨论，以创造成员集体对组织现象的共同看见、共识发现及共商行动。

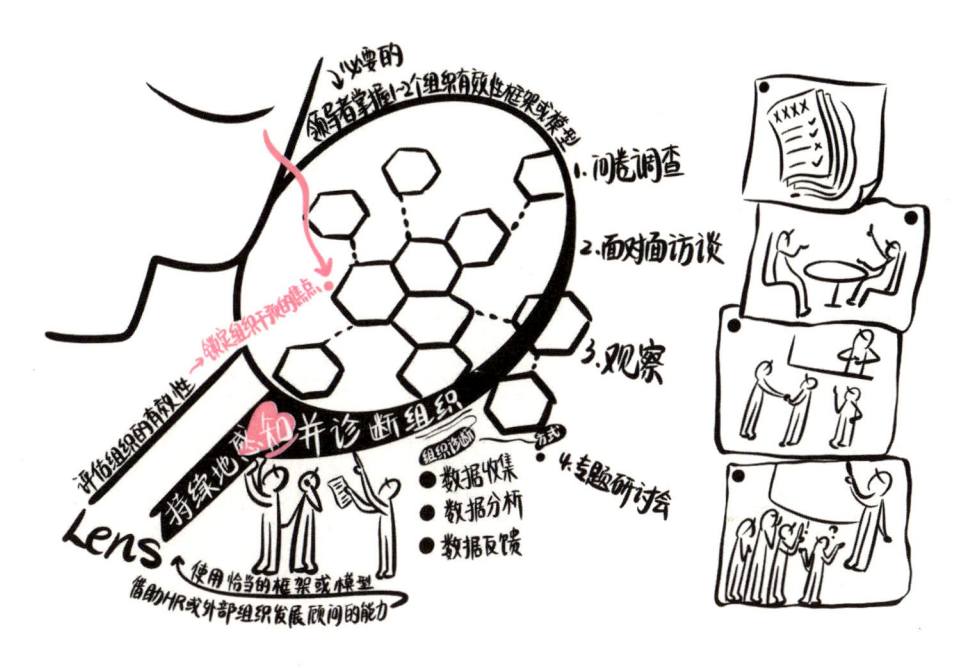

组织诊断可以简单分为数据收集、数据分析和数据反馈3个阶段，每个阶段都有一些具体的工作。以下将对诊断过程进行进一步的切分和具体化，以便你对组织诊断的整体过程有一个较为具象的理解。

无论是外部的OD实践者，还是内部的HR，在实施具体的诊断工作前，都需要先拿到"合约"——一份经过业务领导者或CEO同意的口头或书面介入约定，以界定诊断工作的大致范围。它也许只限定在某个事业部或特定区域，也可能涵盖整个组织。除此之外，还要约定所收集的数据及最终的分析发现将向谁反馈，在多大的范围内披露。

在规划数据收集工作的环节，需要明确诊断的对象及系统边界，然后综合考虑以何种方法或方法的组合来收集关于组织运作的各项信息。前文已经介绍了几种典型的信息收集方法，根据实际需要，可以选择面对面访谈、焦点小组、问卷调查、观察或专题研讨会等一种或多种方法。

在数据分析阶段，诊断团队首先需要从宏观上把握诊断对象系统的输入、输出和转化过程，以及其所面临的外部环境约束，然后利用收集的信息描绘组织的现状，最后进行分析、判断并形成一些可能的发现。这些发现往往是组织运作中需要解决的一些问题，诊断的基本假设是这些问题得到解决后，能够带来组织有效性的提升。根据所选择的方法，数据分析的过程有可能是顾问组/HR部门单独完成的，也可能是通过研讨会，利用研讨的框架，与业务系统的核心领导层共同完成的。

数据反馈指的是诊断团队将整理好的定性和/或定量数据，以反馈会议的方式呈现给组织的CEO、业务领导者等，并与他们一同探讨，寻找可能的干预切入点，协助组织领导者创建必要的行动，进而提升组织的有效性。

## 第三节　寻找杠杆点改变系统稳态

系统具有动态稳定性。因此，要改变系统，必须深刻理解系统的动态稳定性。

首先需要了解的是系统的两个基本循环：加强循环和调节循环。加强循环是指因与果形成闭环，不断累进，自我强化。人们常说的恶性循环或良性循环，本质上都是加强循环。加强循环让系统随着时间的推移而展现出某种趋势或方向。调节循环是指让系统动态稳定在某个目标水平的机制。例如，空调的温度控制系统，让室温动态稳定在特定的水平。

第十七章　催生组织系统的变革与转型

正是由于调节循环的存在，系统会保持动态平衡，这意味着系统无论暂时受到什么扰动，都会自我调节并恢复稳态。从这个角度来阐释变革阻抗，其实也就是组织动态平衡的本能。当变革发生时，组织系统的稳态就会遭到破坏，组织会本能地利用自身的平衡机制把变革的力量抵消，因为在系统看来，这些变革是一些扰动。这就像人体的免疫系统，有时候为了保护机体，也会将一些旨在提升身体健康的外界干预视为威胁与扰动，从而引发防御。

理解了系统的特征，组织中的变革举措就应该更加具有系统循环观。在变革阶段，利用系统的正负反馈回路机制，将局部的改变通过"加强循环"影响辐射到整个组织。在杠杆点施加足够的推力，同时移除尽量多的阻力，从而让组织有力量进入新的状态并稳定下来，形成新的稳态。此时，变革才算取得了成功，并能产生持久的成效。

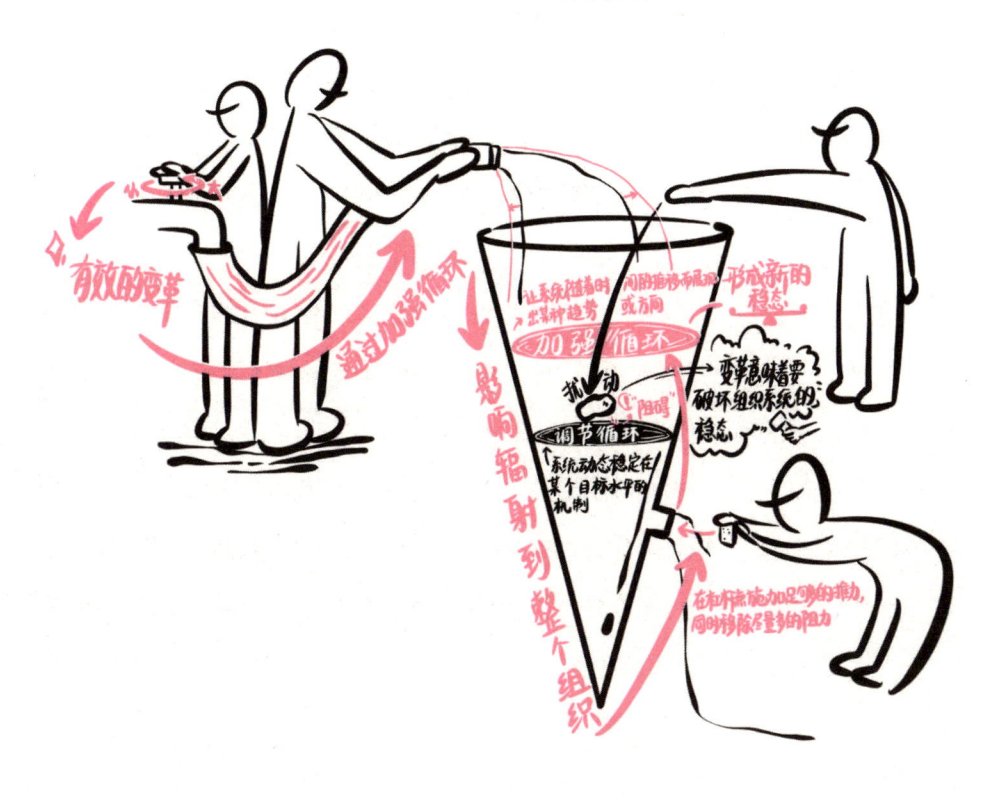

# 第四节　对利益相关者进行有效整合

第九章介绍企业组织的商业模式时，使用的是魏炜和朱武祥两位教授的定义：商业模式指的是利益相关者的交易结构。组织需要精心设计"互动-交易"结构，才能有效整合各利益相关者，进而形成方向一致的力量，创造更大的经济价值和社会价值。

整合，绝非道德上的绑架或一厢情愿的劝说，也非一时兴起的善意或装点门面的说辞，而是对利益相关者诉求的深刻洞察，以及基于此的商业模式设计，从而让各方能够贡献价值，获取合理的回报，彼此形成利益共同体，持续为社会创造价值。整合的前提是对价值网络中的利益主体有着深刻的理解，否则就无法设计共赢的结构。

利益相关者对变革的承诺，对变革成功至关重要。变革的利益相关者是一群与变革相关并受到变革影响的人。贝克哈德和哈里斯（Beckhard & Harris，1987）建议评估每个利益相关者群体对变革的准备度、能力和承诺度。变革的准备度是指对变革的积极态度或动机，以及对变革的意向和兴趣。能力是指与变革相关的物理、财务或组织能力。它涉及权力、影响力和分配资源的权威。列出所有利益相关者群体，并在意愿和能力方面将其分为低、中或高的类别，可以评估他们的变革准备度和能力，这个过程也是对利益相关者所代表的立场进行有根据的推测的过程。此外，还需要进一步分析以识别出哪些利益相关者必须投入变革中以促使变革发生。所有的组织中都有一些具有影响力的领导者。这些人的声誉和受尊重程度在整个组织中众所周知，其影响力往往超过他们在组织中担当的职务。当他们支持变革时，变革通常会发生。

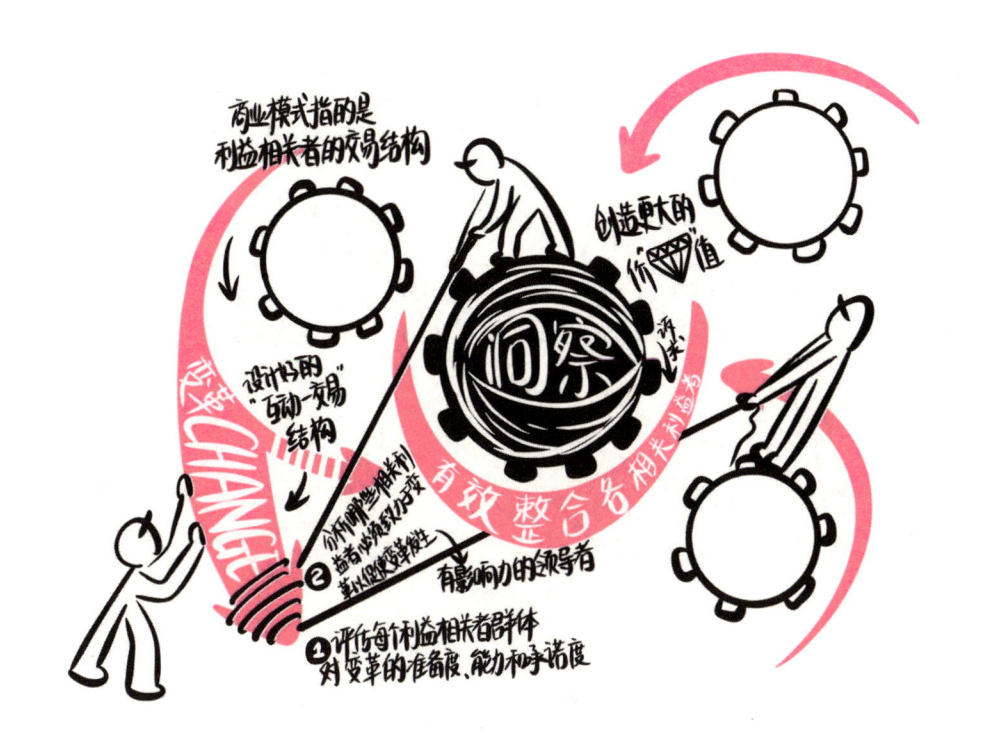

## 第五节 描绘吸引人的组织未来景象

组织的愿景代表组织期待的未来状态，传递了某种象征意义，描绘了未来的景象，是组织变革中的关键环节。清晰的愿景创造了一个明确的未来焦点，为变革提供了方向；为领导者挑战现状、激励人心创造了前提和基础，创建了组织发展的动能；让人们在困难的转型期能够坚持下去。描绘愿景需要组织成员的广泛参与，且往往会历经数月的绞尽脑汁。组织成员彼此共享、彼此碰撞，这是一个汗水和灵感相结合的过程，而描绘愿景的过程和所描绘出的愿景同样重要。但是，正如约翰·P.科特（John P. Kotter）所言，愿景的制定过程总是凌乱而艰难的，没有太多章法可循，还需要投入情感，再加上人们容易低估愿景的力量，因此在描绘愿景的过程中，人们容易中途放弃或草草了事，愿景的力量也就没有充分释放出来。

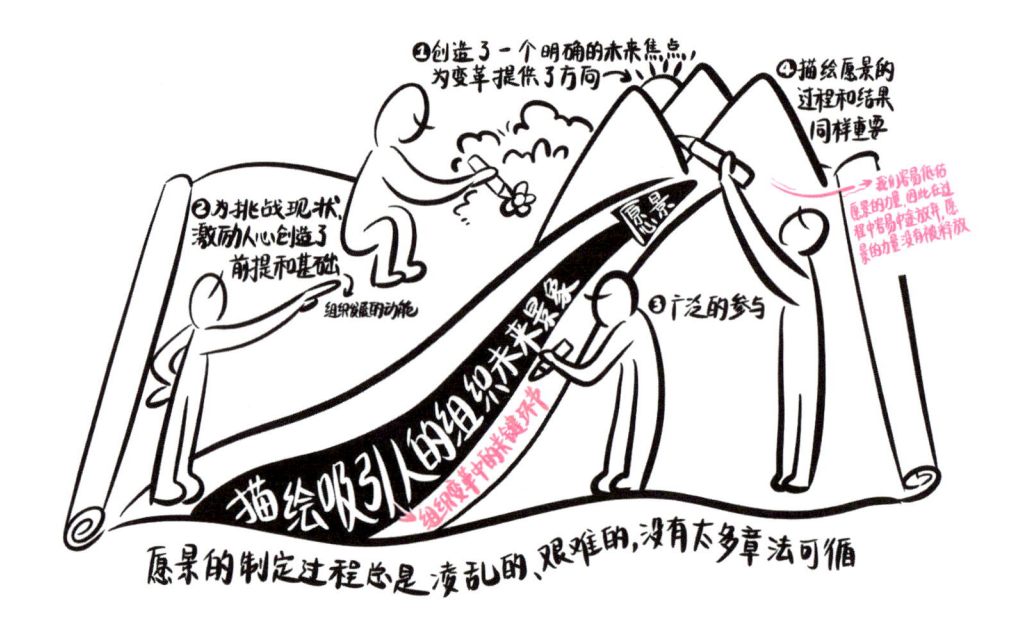

## 第六节　为高管团体提供领导力团体教练

著名学者曼弗雷德·F.R.凯茨·德·弗里斯（Manfred F. R. Kets de Vries）在欧洲工商管理学院践行了一种行之有效的高管训练方式——领导力团体教练。这种方式借鉴了心理动力学，利用团体体验和互助的过程，帮助领导者在认知和情绪上重构自己的人生体验，进而改变自身的行为模式。从曼弗雷德的实践中，可以看到综合性的领导力发展实践叠加起来的威力。在一次典型的领导力团体教练中，可能包括但不限于以下干预行动：为关键团队（往往是CEO及高管团队）成员提供360度评估，从而为后续的反馈建立数据基础；创造一个抱持的环境，以支持参与者深入探索自我；不停留在理性认知层面，而让对话和探索深入到潜意识层面和被尘封已久的情感历程层面；运用隐喻、梦境、观察、反馈、提问、维持规则（如"不伤害彼此"）等多种手段来促进人们的自我探索和自我转变。

第十七章 催生组织系统的变革与转型

曼弗雷德的教练实践手法具有极大的丰富性和灵活性。正如他总结的，领导力教练就像破案，刚开始其实并不知道问题是什么，更别提解决方案了（2014）。教练唯一能做的事情就是寻找模式和主题，然后努力描绘一幅图画，把侦察到的显性和隐性的东西都画进去，图画就会逐渐明朗，问题也会凸显出来。找出问题后，解决问题就"不是问题"了。

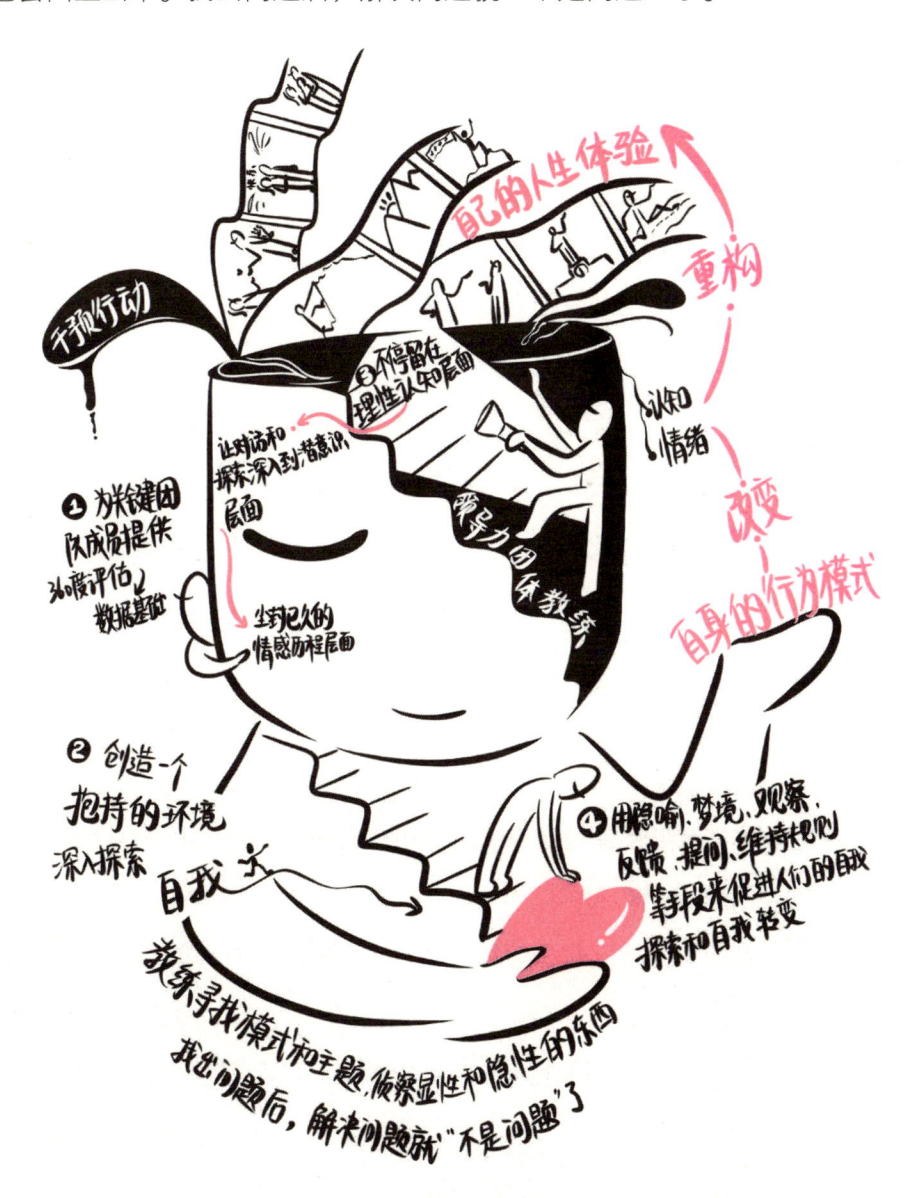

# 参考文献

[1] 琼斯，布拉泽. NTL组织发展与变革手册：原则、实践与展望[M]. 王小红，吴娟，魏芳，译. 北京：电子工业出版社，2018.

[2] 托伯特. 行动探询：适时转变领导力的秘诀[M]. 邝耀均，谢丹，孙茜，译. 北京：电子工业出版社，2018.

[3] 弗拉姆豪茨，兰德尔. 成长之痛：建立可持续成功组织的路径图与工具[M]. 葛菲，译. 北京：中信出版社，2017.

[4] 威尔金森. 共创式战略：经理人战略与业务规划引导指南[M]. 郝君帅，王培杰，王冰，译. 北京：电子工业出版社，2015.

[5] 达利欧斯. 原则[M]. 刘波，綦相，译. 北京：中信出版社，2018.

[6] 凯根，莱希，等. 人人文化：锐意发展型组织DDO[M]. 薛阳，倪韵岚，陈颖坚，译. 北京：北京师范大学出版社，2020.

[7] 卡梅隆，奎因. 组织文化诊断与变革[M]. 王素婷，译. 北京：中国人民大学出版社，2020.

[8] 莱卢. 重塑组织：进化型组织的创建之道[M]. 进化组织研习社，译. 北京：东方出版社，2017.

[9] 弗里斯. 刺猬效应：打造高绩效团队的秘诀[M]. 丁丹，译. 北京：东方出版社，2014.

[10] 弗里斯, 米勒. 神经质组织: 引领组织变革的成功之道[M]. 丁丹, 译. 北京: 东方出版社, 2019.

[11] 弗里斯. 组织的反思[M]. 丁丹, 译. 北京: 东方出版社, 2016.

[12] 斯科特, 戴维斯. 组织理论: 理性、自然与开放系统的视角[M]. 高俊山, 译. 北京: 中国人民大学出版社, 2011.

[13] 沙因. 企业文化生存与变革指南[M]. 马红宇, 唐汉瑛, 译. 杭州: 浙江人民出版社, 2017.

[14] 沙因. 组织文化与领导力[M]. 章凯, 罗文豪, 朱超威, 译. 北京: 中国人民大学出版社, 2014.

[15] 科特. 领导变革[M]. 徐中, 译. 北京: 机械工业出版社, 2014.

[16] 张美恩, 霍尔比奇. 组织发展: OD和HR实践者指南[M]. 夏钰姣, 译. 杭州: 浙江人民出版社, 2017.

[17] 克拉克, 奥斯特瓦德, 皮尼厄. 商业模式新生代（个人篇）: 一张画布重塑你的职业生涯[M]. 毕崇毅, 译. 北京: 机械工业出版社, 2012.

[18] 欧文. 开放空间引导技术: 集思广益, 解决冲突, 达成共识, 实现自组织的高效方法[M]. 林恩慈, 罗筱, 译. 北京: 电子工业出版社, 2018.

[19] 爱迪思. 企业生命周期[M]. 王玥, 译. 北京: 中国人民大学出版社, 2018.

[20] 海费茨. 并不容易的领导艺术[M]. 伍满桂, 译. 北京: 商务印书馆, 2016.

[21] 布伯. 我和你[M]. 陈维纲, 译. 北京: 商务印书馆, 2015.

[22] 阿吉里斯. 克服组织防卫[M]. 郭旭力, 鲜红霞, 译. 北京: 中国人民大学出版社, 2007.

[23] 明茨伯格,阿尔斯特兰德,兰佩尔.战略历程:穿越战略管理旷野的指南[M].魏江,译.北京:机械工业出版社,2012.

[24] 梅多斯.系统之美:决策者的系统思考[M].邱昭良,译.杭州:浙江人民出版社,2012.

[25] KATES A,GALBRAITH J. Designing Your Organization[M]. Hoboken: John Wiley & Sons Inc,2007.

[26] 魏炜,朱武祥.发现商业模式[M].北京:机械工业出版社,2009.

[27] 达维拉,爱泼斯坦,谢尔顿.创新路图:如何管理、衡量创新并从中获利(修订版).顾晓敏,译.北京:电子工业出版社,2017.

[28] 西蒙.管理行为[M].詹正茂,译.北京:机械工业出版社,2014.

[29] 明茨伯格.卓有成效的组织[M].魏青江,译.杭州:浙江教育出版社,2020.

[30] 韦斯伯德.组织诊断:六个盒子的理论与实践[M].胡智丰,张小雨,译.北京:电子工业出版社,2020.

[31] 维米尔.自主管理:博组客的自组织转型实践[M].薛阳,译.北京:东方出版社,2020.

[32] 罗伯逊.重新定义管理:合弄制改变世界[M].潘千,译.北京:中信出版社,2015.

[33] 塞姆勒.塞氏企业:设计未来组织新模式[M].师冬平,欧阳韬,译.杭州:浙江人民出版社,2016.

[34] 霍尔比契.敏捷组织:如何建立一个创新、可持续、柔性的组织(原书第2版)[M].刘善仕,眭灵慧,译.北京:机械工业出版社,2020.

[35] SCHWARTZ S H. Universals in the Content and Structure of Values: Theoretical Advances and Empirical Tests in 20 Countries[J]. Advances

in Experimental Social Psychology, 1992.

[36] 巴达拉克. 沉静领导[M]. 杨斌, 译. 北京: 机械工业出版社, 2015.

[37] 麦基, 西索迪亚. 伟大企业的四个关键原则[M]. 史建明, 译. 北京: 电子工业出版社, 2015.

[38] 史诺登. Cynefin, A Sense of Time and Place: an Ecological Approach to Sense Making and Learning in Formal and Informal Communities. https://www.researchgate.net/profile/David-Snowden-2/publication/264884267 Cynefin A Sense of Time and Place an Ecological Approach to Sense Making and Learning in Formal and Informal Communities/links/541816620 cf 25 e bee 9880456/Cynefin-A-Sense-of-Time-and-Place-an-Ecological-Approach-to-Sense-Making-and-Learning-in-Formal-and-Informal-Communities.pdf, 2011.

[39] 格哈拉杰达基. 系统思维: 复杂商业系统的设计之道[M]. 王彪, 姚瑶, 刘宇峰, 译. 北京: 机械工业出版社, 2014.

[40] 夏林清. 大小团体动力学: 理论、结构与工作方法[M]. 北京: 北京师范大学出版社, 2020.

[41] 哈里森. 组织诊断: 方法、模型与过程（第3版）[M]. 龙筱红, 张小山, 译. 重庆: 重庆大学出版社, 2007.

[42] 赫塞. 情境领导者[M]. 麦肯特企业顾问有限公司, 译. 北京: 中国财政经济出版社, 2002.

[43] 哈里曼. 群体智慧: 用团体解决难题[M]. 孙晓敏, 薛刚, 译. 北京: 北京大学出版社, 2014.

[44] JONES E E, GERGEN K J, JONES R E. Tactics of Ingratiation among Leaders and Subordinates in a Status Hierarchy[J], Psychological Monographs,1963（77）:1-20.

[45] HOLLANDER E P. Leadership Dynamics: A Practical Guide to Effective Relationships[M]. New York: Free Press，1978.

[46] FIORINA M P，SHEPSLE K A. Formal Theories of Leadership: Agents，Agenda Setters，and Entrepreneurs，in Jones，ed.，Leadership and Politics，pp. 17-40.

[47] 莫瑞尔. 遇墙皆是门：超越变革的阻力[M]. 王雷，译. 北京：清华大学出版社，2018.

# 持续学习的支持

《极简组织课》一书，正如其名，简洁地呈现了故事和知识。但是，不得不承认，相对于繁杂无比的组织领域知识，我们选择的要点确实是"挂一漏万"的，书中的每个主题也都是"概述性"的，单纯依靠本书中列示的内容，无法满足读者深入学习的需要。因此，我们期待建立一个学习社群，提供更多的直接互动和交流平台，供读者相互连接，交流想法，剖析疑惑，分享经验，共促彼此的成长。

如果你也对该社群感兴趣，或者希望与作者团队直接沟通和交流，可以添加小助手的微信，我们期待与你的连接与互动！

小助手：小简——18902234862

小助手：大致——19875986685

## 作者简介

**邝耀均（Simon）**

邝耀均先生是简致咨询的创始合伙人，《引导型教练》《行动探询》《NTL组织发展与变革手册》的译者/审校，中国组织发展联盟的创始理事和专家，国际行动学习协会的授证导师和评审委员，也是新加坡Dialogue POQ的大师级引导师。他在组织发展、行动学习、教练和引导领域接受过大量的专业训练并有丰富的实践经验。他曾在中山大学担任私董会教练，为来自多个行业的各类企业提供组织诊断、文化共识、绩效跃升、领导力发展等专业服务。邝耀均先生视自己为一个具有多元化技能的组织发展实践者，致力于在国内推动人际动力实验室。

**王小红（Tony）**

王小红先生是简致咨询的创始合伙人，《NTL组织发展与变革手册》《引导型教练》《行动探询》《IAF群体引导手册》的译者/审校，中国组织发展联盟专家。他具有组织发展实践者、CEO教练、团队引导者、行动学习专家、团体心理咨询师等多重专业身份，也是国内人际动力实验室的推广者。王小红先生兼具理论和实务知识，曾担任多家快消品公司营销副总裁、CEO等职位；曾担任中山大学黄埔私董会教练，并为多个行业的各类企业提供组织发展咨询服务及其他专业服务；在组织发展方面受训自NTL并获得COD核心能力认证；在塔维斯托克TIHR接受系统培训，获得塔维斯托克团体动力师、组织变革顾问和团体关系会议顾问认证。王小红先生目前正受训成为人本取向咨询师，也正在攻读应用心理学博士学位。

### 孙茜（Ivy）

孙茜女士是简致咨询的高级合伙人，国际引导者协会认证的专业引导师，国际行动学习协会认证的行动学习教练，TAI管理人员个性测试认证的测评分析师，美国MSCC认证战略组织管理发展咨询顾问。她曾在大型国企、政府机构及民营企业任职，有20多年的管理工作经验，在组织发展专业领域、引导及个人和团队的MAQ报告解读方面拥有专业受训和丰富的实践经验。她有志将引导和教练技术融入个人与组织发展的探索过程中，协助企业解决经营中实际面临的问题。她是《IAF群体引导手册》《行动探询》《NTL组织发展与变革手册》的译者/审校，致力于在国内推动人际动力实验室。

### 尹光镕（Amos）

尹光镕先生拥有近30年的企业管理经验，曾任大型光电公司中国区总经理，在9个月内，将所并购的企业从月亏损4 000万~5 000万元扭转为月盈利1 000万~2 000万元，并安全度过2008年下半年的金融海啸。作为变革实战专家、组织发展顾问，他有大量的专业训练经历，涉及塔维斯托克、完形、NTL等多个机构。近十年来，他一直致力于提升企业组织效能与健康程度。他的主要服务领域包括但不限于：为总裁/高管提供一对一教练指导，参与、陪伴企业完成重大战略决策；为企业培养中高层主管，提升其团队管理与领导力；为成长型企业提供长期系统的一揽子顾问服务，助力企业发展。

### 董晓琪（Sherry）

董晓琪女士服务于欧、美、日跨国公司近20年，涉足汽车、电子、医疗行业，经历过公司的开创、高速发展、重组转型、收购、兼并、分拆等各阶段的组织挑战和发展。她曾担任亚太区总裁执行助理、行政管理和运营、业务人力资源合作伙伴等职务，致力于提升整体组织能力，实施了文化转型、变革管理等诸多项目，有效支持了业务战略的发展和创新。

### 汤如枫（Icey）

汤如枫，"斜杠"中年，视觉记录师、插画师、手工编织重度爱好者、新晋二胎宝妈，热衷于尝试各种美好的事物，性格冷淡疏离，热爱独处，喜欢用视觉记录生活，相信热爱可抵岁月漫长，在有限的时间里获得更多的能量，在VUCA时代探索更大胆的自我。《极简组织课》一书中的所有手绘图皆由她亲自创作。